자녀양육 전반에 걸친 통찰을 '복음'이란 렌즈를 통해 바라보도록 돕는 이 책은 천천히 곱씹어 보아야 할 깊이 있는 내용을 다룬다. 부부가 함께 읽되, 특별히 세상 속에서 날로 바빠져만 가는 아버지들이 이 책을 꼭 읽기를 추천한다.

― 박진하 홈스쿨지원센터 소장, 아임홈스쿨러 운영자, 홈앤에듀 대표

이 책은 자녀들을 어떻게 믿음의 자손으로 양육할 것인가에 대한 놀라운 지혜를 담고 있다. 특히 아버지의 영적인 깊이와 진정성이 가장 중요한 요인이라는 통찰은 깊이 공감된다. 우리 학교의 부모 교육 방향과도 아주 잘 맞아서 마음이 후련하다. 이 책을 통해 많은 부모들이 세상을 이기도록 자녀를 준비시키는 효과적인 부모가 되기를 기대한다.

― 이윤석 독수리기독학교 기독교학교연구소장, 보배교회 협동목사

《복음의 능력으로 양육하라》는 일종의 보물지도였다. 이 책은 자녀를 상대하기보다 먼저 하나님을 상대함으로 자녀를 상대하라고 말한다. 이것은 자녀에게 무언가를 자꾸 기대하기보다 자녀에 대한 하나님의 신실하심을 기대하라는 말과 유사하게 들린다. 나아가 이 책은 복음으로 구원받은 우리가 자녀들에게 율법을 들이대는 기이한 현실을 날카롭게 지적한다. 이 책을 읽어가는 동안, 복음을 강조하며 복음을 설교하고 복음적 삶과 복음적인 목회의 선택들을 반복해서 강조해 오던 내가, 자녀들에게는 어째서 그토록 율법적이고 도덕적이고 종교적이었는지 돌아보며 뼈저리게 각성했던 그날을 떠올렸다. 또한 이 책은 죄의 성찰과 복음의 징계를 무겁게 다룸으로써 우리 자신의 치우친 연약함을 발견하게 한다. 나 또한 예외가 아니었다. 겸비한 마음으로 읽어 내려갈 모든 이에게 참으로 고마운 책이

될 것이다.

— **정갑신** 예수향남교회 담임목사, 예수향남기독학교 이사장

이 책은 부모를 위한 지혜롭고 시대를 뛰어넘는 유효한 처방이다. 그 이유는 이 책이 참으로 성경적일 뿐 아니라 그 내용을 직접 자신의 가정에서 실천하여 입증해 낸 목사 겸 신학자의 입에서 나온 것이기 때문이다.

— **켄트 휴즈** 휘튼칼리지교회 은퇴목사

이 책은 완전히 충족적인 하나님의 말씀과 은혜의 복음 위에 견고하고 심오하게 바탕을 둔 책이다. 저자는 신학적인 진부한 이야기를 하지 않고 자신의 부족함을 인정하고 자신이 자녀양육에 있어 복음의 지혜를 크게 필요로 한다는 것을 정직하게 인정한다. 이 책은 예수 그리스도의 복음 안에 자리잡은 소망으로 가득 찬 자녀양육 서적이다.

— **더글라스 본드** 저술가

가정에 관한 많은 기독교 서적들이 있지만, 이들 거의 대부분은 의도는 좋으나 사실상 전혀 도움이 되지 않는 잔소리에 불과하다. 그 이유는 그 책들이 복음을 가정하면서 실제적으로는 무시하기 때문이다. 저자는 그러한 책들의 오류를 뛰어넘어 부모들에게 복음의 변화시키는 능력을 알려줌으로써 참으로 기독교적인 자녀양육 접근법을 제공한다.

— **아트 아주디아** 웨스턴신학교 목회신학 부교수

복음의 능력으로 양육하라

Gospel Powered Parenting

Copyright ⓒ 2009 by William P. Farley
Originally published in English under the title *Gospel-Powered Parenting*
by P&R Publishing Co., Phillipsburg, NJ, USA.

This Korean edition is translated and used by permission of the P&R Publishing Co.,
Phillipsburg, NJ, USA. through rMaeng2, Seoul, Republic of Korea.

This Korean Edition ⓒ 2021 by Reformed Practice Books, Seoul, Republic of Korea.

이 한국어판의 저작권은 알맹2를 통하여 P&R Publishing Co.와 독점 계약한 개혁된실천사에 있습니다.
신 저작권법에 의해 한국 내에서 보호받는 저작물이므로 무단 전재와 무단 복제를 금합니다.

복음의 능력으로 양육하라

지은이	윌리엄 P. 팔리
옮긴이	이대은
펴낸이	김종진
편집	김예담
디자인	이재현
초판 발행	2021. 3. 26.
등록번호	제2018-000357호
등록된 곳	서울특별시 강남구 선릉로107길 15, 202호
발행처	개혁된실천사
전화번호	02)6052-9696
이메일	mail@dailylearning.co.kr
웹사이트	www.dailylearning.co.kr

책값은 뒤표지에 있습니다.
ISBN 979-11-89697-17-4 03230

Gospel Powered
PARENTING

자녀양육의 개혁된 실천

복음의 능력으로 양육하라

윌리엄 P. 팔리 지음 | 이대은 옮김

개혁된실천사

나의 다섯 자녀
사라, 앤, 룻, 데이비드, 조셉에게

목차

감사의 글 · 10
서문 · 13

1장 지적 잠수함 · 19
2장 복음의 능력으로 하는 자녀양육 · 47
3장 복음적 경외 · 65
4장 거룩한 아버지 · 87
5장 은혜로운 아버지 · 109
6장 자녀양육의 제1원칙 · 133
7장 복음 아비지 · 157
8장 징계의 토대 · 181
9장 복음을 전하는 징계 · 203
10장 영적인 양식을 공급하라 · 219
11장 복음의 사랑 · 245
12장 놀라운 은혜 · 273

미주 · 279

감사의 글

먼저는 부모님께 감사를 드리고 싶다. 나는 놀라운 섭리로 베푸신 하나님의 자비로 말미암아 안정적이고 사랑이 넘치는 가정에서 자랐다. 우리 부모님은 힘을 다하여 신실하게 결혼 서약을 삶으로 실천하셨다. 부모님의 결혼 60주년을 축하드린 지 얼마 지나지 않았다. 부모님이 몸소 보이신 헌신과 사랑과 열심에 영원히 감사한다. 우리 부모님은 나를 훈육하셨고, 큰일을 기대하셨고, 언제나 무조건적으로 사랑하셨다.

감사합니다. 아빠 엄마.

두 번째로는 최고의 친구인 사랑하는 아내에게 감사한다. 이 책에서 앞으로 계속 이야기하겠지만 자녀양육은 팀으로 하는 경기다. 그리고 내 아내 주디는 나의 가장 소중한 팀원이다. 아내는 줄곧 아이들 앞에서 나를 지지해줬다. 심지어 내게 전혀 자격이 없을 때조차도 그러했는데, 그런 경우가 잦았다. 아내는 항상 넘치도록 남편과 자녀를 섬긴다. 나는 이 여인이 아내와 어머니의 본보기라고 생각한다. 다음에 인용하는 잠언 말씀 말고 나의 아내를 더 칭찬할 길이 없다.

> "고운 것도 거짓되고 아름다운 것도 헛되나
> 오직 여호와를 경외하는 여자는 칭찬을 받을 것이라
> 그 손의 열매가 그에게로 돌아갈 것이요
> 그 행한 일로 말미암아 성문에서 칭찬을 받으리라"(잠 31:30-31).

앞으로 하나님 경외에 관한 내용을 많이 접하게 될 것이다. 그 본보기가 바로 주다다. 나와 우리 자녀 및 손주는 영원히 아내에게 감사하리라.

아울러 아내는 많은 시간을 할애하여 이 원고를 내게 다시 읽어 주었고, 그러면서 소중한 비평을 제공했다. 이 책은 우리의 자녀양육 여정을 함께 증언한 글이다. 아내의 손길이 단락마다 스며 있다.

세 번째로는 아들 데이브에게 감사한다. 데이브 역시 이 원고를 읽고 건설적인 비평을 주었다. 데이브는 커버넌트 신학대학원에 재학 중인 신학생으로서 현재 나를 돕고 있다. 이 글에서 아들 이야기도 많이 접하게 될 것이다. 그 녀석이 이렇게 훌륭하게 변했다는 사실을 알면 여러분도 감탄하고 격려를 받으리라. 우리는 크신 한 분 하나님을 섬긴다. 데이비드, 아빠에게 힘을 줘서 고맙다.

또 오리건주 로젠버그에 위치한 커버넌트 라이프 펠로우십의 데이브 요크 목사에게 큰 감사를 드린다. 그는 신실하게 글을 읽고 값진 피드백을 많이 주었다.

P&R 출판사 편집장 마빈 패드젯에게도 큰 감사를 보낸다. 이 원고를 택하는 모험을 했으니 말이다. 이 책이 하나님의 영광을 위해 그의 사업체에 많은 이윤을 가져다주기를.

워싱턴주 스포케인에 위치한 그레이스 크리스천 펠로우십 교회의 형제자매에게도 감사를 드린다. 그들은 내가 이 책을 쓸 수 있도록 용기를 주었고, 이 프로젝트 때문에 시간을 내지 못한 기간을 잘 참아주었다.

마지막으로 가장 중요한 감사의 대상이 남았다. 나는 살아 계신 하나님께 감사를 드린다. "이는 만물이 주에게서 나오고 주로 말미암고 주에게로 돌아감이라"(롬 11:36). 이 말씀은 우리의 모든 소유와 우리의 모든 존재가 하나님에게서 나왔음을 뜻한다. 우리 삶에 존재하는 모든 좋은 것은 우리를 통해 일하시는 그리스도의 영으로부터 나온 것이다. 그리고 결국 우리 생명은 하나님께로 **돌아가** 하나님께 궁극적인 찬양과 명예와 영광을 드릴 것이다.

이 책은 하나님의 은혜가 자격 없는 죄인을 통해 그 안에서 역사한 결과이다. "그에게 영광이 세세에 있을지어다 아멘"(롬 11:36)!

서문

 조지 바나^{George Barna}는 지난 십 년간 자녀양육에 관한 책이 칠만 오천 권 정도 발행되었다고 말한다.¹⁾ 그렇다면 자녀양육에 관한 책을 또 내야 할 이유가 무엇인가? 짧은 답변으로 충분하다. 기독교 자녀양육이 혼란에 빠져 있기 때문이다. 1장에서 제시할 통계 자료가 이를 분명히 밝힌다.
 이는 절대로 사소한 문제가 아니다. 자녀양육은 중대한 것이다. 자녀양육의 성공 여부에 따라 교회 안에서 영적 리더십 자리를 맡을 자격 여부도 결정된다(딤전 3:1-13). 더불어 현세대 부모 역할의 성공 여부에 따라 앞으로 올 세대들이 이룰 교회의 면면을 결정한다.
 대다수의 사람들은 성경이 부모를 구비시키기에 충분하다고 생각하지 않는다. 자녀양육에 관한 기독교 서적도 대부분 세속 학문에서 주장하는 치료 방법에서 많은 부분을 차용하고, 그 결과물에 겨우 성경 몇 구절로 양념을 하는 정도다. 나는 자녀양육의 중점을 성경에 두고 이 책을 썼다. 더 구체적으로 말하자면 성경의 핵심인 복음에 중점을 두었다. 나는 복음이 자녀양육에 따르는 모든 문제에 답하기에 충분하다고 확신한다.

미국에서 가정은 이혼 남녀, 동성 커플, 미혼모 등을 포괄하는 혼합된 개념이 되어 버렸다. 하지만 나는 여성인 한 사람의 엄마와 남성인 한 사람의 아빠가 결혼하여 한집에서 사는, 점차 드물어지는 그리스도인 가정을 목표로 이 책을 썼다. 바라기는, 홀로 선한 싸움을 싸우는 수백만의 한부모 가정에게도 이 책이 도움이 되었으면 좋겠다.

다양한 경험

나만의 독특한 경험들이 자녀양육에 대한 나의 접근법에 영향을 끼쳤다. 우선 초창기의 가장 강력했던 경험은 성경 읽기를 통해 찾아왔다. 자녀들이 유치원에 다니던 때 나는 집어삼킬 듯이 성경을 읽었는데, 특히 잠언을 많이 읽었다. 큰딸이 십 대 초반이 된 시절에는 개혁신학을 접하게 되면서 복음을 점차 깊이 이해하게 되었다. 그러면서 복음이 자녀양육에 어떠한 영향력을 끼치는지 더욱 깊이 이해하게 되었다.

두 번째, 삶의 경험들도 내게 영향을 미쳤다. 내가 이십 대 중반부터 사십 대 중반이 될 때까지 우리 가족은 십팔 년 동안 한 교회에 출석했다. 그곳에서 처음 사귄 교회 친구들 중 대부분은 유치원 또래의 자녀를 둔 젊은 부부들이었다. 그들은 충성스럽고 안정적인 가정을 이루고 있었다. 각 가정의 자녀들은 다양한 경험을 함께 하며 함께 자라났다.

우리는 많은 경험을 함께 했다. 우리는 그리스도인 부모가 되는 방법에 관해 같은 가르침을 받았다. 그 가르침은 대부분 성경적이고 실천적이었다. 우리는 신실하게 매주 교회에 출석했고, 주중에도 소그룹으로 만났다. 자녀 중 몇몇은 공립학교, 몇몇은 사립학교를 다녔고, 또 몇몇은 홈스쿨링을 했다. 우리 자녀들은 긴밀하게 연결된 그리스도인 공동체가 제공할 수 있는 모든 유익을 누리며 든든한 복음주의 환경에서 자라났다.

하지만 그 가족들이나 그들과 비슷한 다른 가족들을 돌아보면, 자녀양육의 결과는 다르게 나타난다는 사실을 깨닫는다. 몇몇 자녀들은 잘 자랐다. 어릴 때의 믿음은 성인이 되어 만개했다. 결혼도 잘했고, 각자 지역 교회에 안정적으로 정착하여, 적극적으로 참여하면서 결실을 내고 있다.

그런데 어떤 가족들의 자녀양육은 그렇게 잘되지 못했다. 많은 자녀가 부모의 믿음을 완전히 버리고 말았다. 왜 그러한가? 무엇이 잘못되었는가? 왜 어떤 부모는 성공했는데 어떤 부모는 실패했는가? 기술skill의 실패였는가? 부모들 대부분은 자녀를 징계했고, 몇몇 부모는 다른 이들보다 더 그랬다. 하지만 우리 모두 자녀를 사랑했다.

결과는 자녀가 **어디에서** 교육을 받았는지와 전혀 상관이 없어 보인다. 내 경험에 비춰볼 때 홈스쿨링을 했든, 기독교 학교를 나왔든, 공립학교를 나왔든, 그 영적인 산출물에는 질적인 차이가 전혀 없다.

성공과 실패에 영향을 미치는 요소는 부모의 영적인 깊이와 진정성인 것으로 보인다. **특히 아버지의 영적인 깊이와 진정성이 중요하게 작용하는 것으로 보인다.** 가정의 머리의 신앙과 헌신 및 진정성은, 성인이 된 자녀가 누리는 영적 활력과 강력한 상관관계가 있다.

세 번째 나만의 독특한 경험은 신학이었다. 나는 첫째 아이가 열세 살, 막내가 네 살이 되었을 때 《조나단 에드워즈 전집》*The Works of Jonathan Edwards*을 읽기 시작했다. 나는 그와 그의 청교도 선조들에게 이루 말할 수 없는 빚을 졌다. 나는 그들이 저술한 책들에서 십자가의 중심성을 배웠고, 복음의 내적 사역을 발견했다. 이렇게 얻은 교훈은 나의 자녀양육 방식에 극적인 변화를 가져다주었다.

내 경험에 비춰볼 때, 효과적으로 양육하는 부모는 십자가와 십자가가 일상의 삶에 미치는 의의를 분명히 이해한다. 그러한 의의로는 하나님을 경외함, 자녀에게 복음을 선포하는 결혼생활, 깊이 자리잡은 겸손, 감사, 기쁨, 애정과 조화를 이루는 굳건함, 부모가 일상생활에서 본을 보이는 일관된 가르침 등이 있다.

경고의 말

이 책에서 드는 모든 예는 실제 인물과 실제 상황에서 나왔다. 하지만 익명성을 지키기 위해 직계 가족이 아닌 이들의 이름과 이야기는 수정을 가했다. 또 어떤 경우에는 여러 사람이 겪은 개별 사례들을 하나로 묶어 하나의 이야기를 만들기도 했다.

이 책 전체에 걸쳐 **복음**과 **십자가**는 같은 의미로 통한다. 하지만 십자가가 복음의 전부는 아니다. 복음이란 하나님의 아들의 성육신, 그분의 죄 없는 삶, 대속적 죽음, 육체의 부활, 승천, 재림을 포함한다. 하지만 십자가야말로 복음의 정수이다. 십자가는 복음의 토대이며, 가장 중요한 핵심이다. 이러한 이유로 나는 때로 십자가를 복음으로 지칭한다. 물론 맥락이 그 의미를 분명히 밝혀줄 것이다.

마지막으로 이 책의 저자는 죄인이다. 나의 가장 큰 죄는 불신앙이다. 과거에도 그랬고 지금도 그렇다. 이는 하나님의 선하심을 신뢰하지 못하고 자녀에 대해(그리고 이제는 손주에 대해) 걱정하는 마음이다. 그 다음으로 큰 죄는 불신앙의 죄에서 비롯된 것인데 그것은 교만이다. 이러한 교만의 죄 때문에, 하나님이 아닌 나의 자녀양육 능력을 과신하여 하나님을 충분히 의지하지 않고 어려운 시기에도 하나님의 선하심에 대한 감사가 넘쳐흐르지 못한 것이다.

그래도 하나님은 주디와 나를 축복하셨다. 결혼한 자녀는 모두 헌신된 그리스도인과 결혼했다. 그들은 모두 지역 교회를 섬기며, 한 명도 빠짐없이 하나님의 아들이신 예수 그리스도를 통해 아버지 하나님과 생생한 믿음의 관계에 있다.

나는 자랑하려고 이런 이야기를 하는 게 아니다. 다만 독자들에게 희망을 주려고 할 뿐이다. 하나님이 내게 이 일을 하셨다면, 분명히 당신의 노력에도 복을 주실 것이다. 이 책을 읽어 나가면서 희망을 품고 용기를 내라. 하나님은 한없이 선하시고 은혜로우시다.

1장
지적 잠수함

나는 침대에 누워 있었다. 하지만 완전히 깨어 있었다. 내 눈은 어떻게든 희망의 징후를 찾고자 어두운 침실 천장을 살피고 있었다.

"자고 있어?" 아내에게 물었다.

"잠이 안 와."

"무슨 생각해?" 사실 물어볼 필요도 없었다. 나는 이미 답을 알고 있었다. 딸아이는 우리가 허락하지 않은 이성 친구와 데이트 중이었다. 시간은 자정을 넘겼다. 그 친구와 만나면서 딸아이는 우리와 관계가 소원해졌고, 고집이 세졌으며, 비협조적으로 변했다. 일들이 좋지 않게 돌아가고 있었다.

아내가 속삭였다. "걱정되어 죽겠어. 도저히 잠이 안 와."

최근 몇 주간 있었던 갈등을 돌아봤다. 고분고분했던 딸이 대하기 어려워졌다. 가장 큰 고통은 딸이 그리스도나 영적인 것에 아무런 관심을 보이지 않는다는 점이었다. 새로운 친구가 딸아이에게 안 좋은 영향을 미치고 있었다. 나는 제임스 돕슨의 책 제목을 생각했다. 《*Parenting Isn't for Cowards*》(겁쟁이에게 자녀양육이란 없다). 그런데 나는 겁쟁이였다. 용기가 필요했다. 희망이 필요했다. 하지만 용기와 희망이 거의 남아 있지 않았다.

아내가 물었다. "아이가 어디에 있을까? 뭘 하고 있으려나? 최근에 너무 달라졌어. 걱정되어 죽겠어." 아내의 말에서 불안, 스트레스, 공포가 묻어났다.

나는 상황을 해결하는 데 도움이 되지 못했다. 딸의 뽀로통한 반항에 짜증이 나서 신체적 체벌까지 고려해봤으니 말이다. 상식에 근거한 아내의 호소가 나를 현실로 돌려놓았다. 어두운 시기였다. 우리는 낙담했고 모든 수단을 동원해도 효과가 없었다. 어쩌면 당신도 같은 처지에 있을지 모르겠다.

하나님은 이 어려운 시기를 사용하셔서 우리를 깊이 겸손하게 하셨다. 지금은 오히려 그 일에 대해 감사한다. 이십 년 동안 우리에게 자녀양육이란 어려운 일이 아니었고, 우리는 대부분의 사람들이 모범으로 여길 만한 그런 가족을 이뤘다. 그러나 안타깝게도 우리는 우리의 자녀양육 방식을 자랑하기 시작했고, 문제가 있는 십 대 자녀를 둔 친구들을 낮춰 보기 시작했었다. 하나님의 말씀은 분명하다. "교만은 패망의 선봉이요"(잠 16:18). "하나님이 교만한 자를 물리치시고"(약 4:6, 잠 3:34). 우리는 교만했고, 결국 겸손하게 만드는 시간이 찾아온 것이다. 하나님은 딸의 문제를 통해 우리를 저지하셨고 무릎을 꿇게 하셨다. 우리는 오랫동안 기도하며 죄를 고백했다. 돌아보면 그 순간이 놀라운 전환점이었음을 깨닫는다.

감사하게도 우리 딸 역시 그러한 과정을 통해 전환점에 이르렀다. 인도의 누추한 호텔에서 독감을 앓으며, 향수병에 지독하게 시달리던 이 아름답고 젊은 여성은 마침내 그리스도를 큰소리로 불렀다. 하나님은 일 년이 지난 후 딸에게 멋지고 경건한 남편도 주셨다. 이 글을 쓰는 지금 그 부부는 매력적인 세 자녀와 함께 우리 교회를 열심히 섬기고 있다. 딸은 교회와 남편과 자녀와 모든 집안 식구에게 영광스러운 선물이 되었다.

내 이야기를 하는 이유는 주디와 내가 완벽하지 않다는 사실을 알려주기 위함이다. 모든 부모가 그렇듯이 우리는 하나님의 은혜로운 훈련을 통해서, 자녀양육의 모든 과정을 완수하기 위해서는 하나님의 영을 절대적으로 의존해야 한다는 사실을 배웠다. 우리가 할 일은 단 한 가지다. 바로 신실함을 지키는 것이다. 결과는 하나님의 몫이다!

가정(假定, Assumptions)

2장에서 이 책의 논지를 깊이 파고들기 전에, 자녀양육에 관해 성경이 가정假定하는 몇 가지 중요한 사항을 검토해보려고 한다. 이것들은 우리의 사고생활 thought life 의 바탕을 이루며, 의식이라는 표면 아래를 보이지 않게 순항하는 지적 잠수함이라고 할 수 있다. 우리는 이러한 가정들을 그저 당연하게 받아들이며, 이것들에 대해 거의 생각하는 법이 없다. 그런데 삶에 대해 우리가 내리는 결론들은 이러한 가정들에서 흘러나온다.

마찬가지로 자녀양육에 대해 우리가 내리는 결론들은 하나님, 사람, 그리고 궁극적 실재에 대한 우리의 무의식적인 가정假定에서 흘러나온다. 이 가정들이 모여서 우리의 자녀양육 세계관을 형성한다. 이렇게 형성된 그리스도인의 자녀양육 세계관은 세속 세상의 세계관과는 완전히 정반대이다.

가정假定은 매우 실천적으로 작용한다. 가정은 언제나 신을 신고 걸어간다. 그레샴 메이첸은 오늘 학문적인 사변에 불과한 문제가 내일은 군대를 움직여 제국을 무너뜨린다고 말했다. 프란시스 쉐퍼는 말했다. "어떤 전제(가정)들을 가지고 있는 사람은, 자신이 인식하는 것보다 훨씬 더 거기에 근거를 두고 일관되게 살아간다."[1] 이것은 자녀양육에도 해당한다.

효과적으로 양육할 수 있는 능력은 당신의 마음속에 자리잡고 있는 가정들과 상관관계가 있다. 그래서 나는 이 책의 내용을 자신의 것으로 내면화하는 데 꼭 필요한 다섯 개의 가정을 먼저 논하려고 한다.

자녀양육은 쉽지 않다

첫째, 당신은 완벽한 부모가 될 수 없다. 이 점을 강조하기 위해 우리가 겪었던 문제로 책을 시작했다. 혹여 당신이 완벽하게 양육할 수 있다고 하면 당신의 자녀는 구세주가 필요 없을지도 모른다. 그런데 당신은 완벽하지 않다. 오히려 당신이 보기에도 완벽함이라고는 전혀 찾아볼 수 없을 것이다. 따라서 당신의 자녀는 절박하게 그리스도를 필요로 한다.

당신의 죄와 당신의 부족함은 자녀와의 갈등을 만들어 내고, 배우자와의 오해를 불러일으킨다. 때로 당신은 마음 깊이 당신의 부족함을 느끼기도 한다.

또 당신의 죄와 부족함에 더하여, 외적인 스트레스도 있다. 어떤 자녀는 일찍 죽을 수도 있고, 또 어떤 자녀는 선천적 장애가 있을 수도 있다. 그게 아니라도 우리 자녀처럼 반항기를 통과하고 있을 수도 있다. 어떤 자녀는 밝고, 재능이 있고, 잘생겼을 것이다. 또 어떤 자녀는 느리고, 평범하며, 매력이 없을 것이다. 어떤 자녀는 성격이 편안한 것이다. 타인을 사랑하는 일은 당신의 인내와 끈기를 모조리 요구한다.

자녀양육이 어렵기 때문에, 그리고 당신은 완전하지 않기 때문에, 당신은 복음을 통해 임하는 은혜가 필요하다. 하나님은 이 문제들을 사용하셔서 당신이 하나님을 더 의존하게 만드신다. 당신은 스트레스와 장애물을 경험하게 된다. 이런 일이 있는 이유는 자녀가 구원받는 믿음으로 나아갈 때, 당신이 자신의 노력을 자랑하지 않고 오직 그리스도만 자랑하게 하려 하심이다. 당신도 바울처럼 말하게 될 것이다. "내가 모든 사도보다 더 많이 수고하였으나 내가 한 것이 아니요 오직 나와 함께 하신 하나님의 은혜로라"(고전 15:10).

당신은 은혜가 필요하다. 그리고 어디에서 그 은혜를 얻을지를 알아야 한다. 바로 당신에게 단점이 있다는 그 이유 때문에, 복음 그리고 그리스도께서 베푸신 구원 사역이 당신의 피난처가 될 것이다.

효과적인 부모는 식은 죽 먹기를 기대하지 않는다. 그들은 자녀 양육의 과정이 힘들지만 그 결과(당신의 맘에 드는 배필과 결혼한 그리스도 중심적 성인 자녀가 되는 것)가 모든 수고를 가치있게 만들어 줄 것이라고 생각한다.

하나님은 주권자이지만 수단을 사용하신다

둘째, 효과적인 부모는 영원까지 이르러도 지적으로는 결코 만족스러운 해답을 찾을 수 없는, 평행선을 달리는 두 가지 진리를 인정한다. 우선 하나님이 당신 자녀의 구원을 주관하신다는 점이다. "아들의 소원대로 계시를 받는 자 외에는 아버지를 아는 자가 없느니라"(마 11:27). 그래서 예수님을 믿지 않는 가정에서 자란 사람도 그리스도인이 된다. 또 그렇기에 믿는 가정에서 자란 자녀도 예수님이 이끌어 주시지 않으면 하나님 아버지를 향할 수 없다.

이와 더불어 효과적인 부모는 하나님이 일반적인 은혜의 수단을 통해 우리 자녀를 자신에게로 이끄신다고 인정한다. 부모는 하나님이 자녀에게 손길을 뻗치기 위해 사용하시는 "수단"이다. 이 말은 우리 자녀가 그리스도를 향하도록 만드는 책임이 우리에게 있다는 뜻이다.

하나님의 주권과 인간의 책임이라는, 긴장 관계에 있는 이 두 개념을 견지하는 일이 중요하다. 잘못 이해하면 하나님의 주권을 운명론으로 받아들일 수 있다.

나는 완전히 통제불능인 자녀를 둔 어느 아버지를 알고 있다. 그는 수동적이었다. 나는 머뭇거리다가 걱정이 되어 그에게 다가갔다. "당신 자녀를 지켜 봤습니다. 훈육이 필요해 보이더군요. 자녀들에게 더 직접적으로 개입해서 관심을 기울여주실 필요가 있어요."

그는 답했다. "하나님이 주권자이시잖아요. 아이들을 구원하시든 말든 하나님이 알아서 하시겠죠. 내가 하는 일은 중요하지 않습니다. 하나님은 세상이 창조되기 전부터 이미 삼위일체 하나님의 영원하신 작정 가운데 자녀들의 구원을 결정하셨습니다."

그의 답변은 부분적으로는 진리이다. 하지만 불충분함으로 인해 진리가 왜곡되었다. 물론 하나님은 주권자이시다. 하지만 이와 병행하는 진리가 있다. 하나님은 **수단을 사용하신다**. 하나님은 부모를 주셔서 자녀를 하나님께 이끌도록 하셨다. 하나님은 다른 수단을 사용하실 수도 있지만, 부모라는 수단을 선호하신다. 이 책의 핵심은, 일반적으로 하나님은 성경을 따라 신실하게 자녀를 양육하는 부모를 통해 자신의 주권을 발휘하신다는 점이다.

우리는 계속해서 이 두 가지 진리를 받아들여야 한다. 하나님은 주권자이시다. 하지만 부모에게도 책임이 있다. 하나님의 주권은 우리의 희망이다. 부모는 전적으로 하나님께 의존한다. 하나님은 상황이 아무리 암울해도, 어떤 아이든지 구원하실 수 있다. 반면에 하나님은 보통 부모를 통해 자녀에게 손길을 뻗치신다. 부모가 자신의 책임은 무시하면서 하나님의 주권에 편승하려 하는 것은 치명적이다. 하지만 모든 일이 우리에게 달려 있다고 가정하는 것 역시 큰 잘못이다. 그렇지 않다. 사실은 하나님이 당신의 자녀에게 믿음이라는 선물을 주시지 않으면 당신의 수고는 아무런 효과가 없다. 우리는 완전히 의존해야 하는 동시에 완전한 책임을 지고 있다.

공세적인 마음 자세

셋째, 효과적인 부모는 공격이 수비보다 낫다고 여긴다.

미식축구 경기 중 크게 이기고 있는 편에서 수비에 치중해야겠다고 마음먹는 것보다 더 치명적인 실수는 없다. 어떤 감독은 공격을 해서 추가적인 점수를 내는 일에 집중하지 않고 "수비 진영"을 내세운다. 이 전략은 "큰 실점"을 막기 위해 작은 득점을 포기하겠다는 방법이다. 그러면 선수의 사고방식은 점수를 얻겠다는 마음에서 상대방이 점수를 내지 못하게 막겠다는 식으로 바뀐다. 우리는 모두 이러한 접근법을 취하다가 공세적인 마음 자세를 지닌 상대편에게 오히려 패배하는 경우를 익히 봐서 알고 있다.

부모들도 똑같다. 팀 킴멜Tim Kimmel 박사는 이를 "공포에 근거한 자녀양육"이라고 칭한다.[21] 우리는 자녀가 세상으로 들어가 세상을 정복하도록 준비하는 일에 집중할 수도 있고, 자녀를 세상으로부터 보호하는 일에 집중할 수도 있다. 수세적인 마음 자세는 할로윈, 산

타클로스, 부활절 토끼, 그리고 어린이 야구팀에 있는 불신자 친구를 걱정한다. 물론 자녀양육에는 언제나 몇몇 보호가 수반되기는 하지만, 성경을 따르는 부모라면 절대 여기에 집중하지 말아야 한다.

종종 이러한 방어 심리는 율법주의의 열매이다. 율법주의적인 부모는 대개 자기 자녀가 거듭났다고 가정한다. 하지만 거듭남의 능력에 대해서는 확신이 없다. 따라서 자녀양육은 온통 외부에 도사린 악의 영향력에서 자녀를 지키는 것으로 점철된다.

이러한 접근법은 오히려 치명적일 수 있다. 괜찮은 복음주의 고등학교를 졸업한 친구가 하나 있다. 그 친구는 지금도 당시의 반 친구들을 만난다. 그가 최근에 내게 알려준 사실은, 그중 대부분(70퍼센트 이상)이 대마초를 피우고 성적으로 문란하다는 것이다. 나는 물었다. "그 아이들은 뭐가 문제야?"

내 친구는 답했다. "교회에 출석하고 기독교 학교에 다니니까 부모들은 지기 자녀가 거듭났다고 지레짐작했던 거지."

이 부모들은 자기 자녀는 거듭났다고 철석같이 믿었다. 따라서 남은 일은 그저 자녀를 보호하는 것뿐이었다. 많은 부모가 자녀를 기독교 고등학교로 보내는 이유가 여기에 있다.

또 다른 예가 있다. 장성한 다섯 자녀를 둔 어느 목사의 이야기이다. 지금 그분의 자녀 중 한 명만 그리스도를 따른다. 무엇이 잘못된 것인가? 그 목사를 잘 아는 사람이 그의 양육법을 이렇게 묘사했다. 텔레비전 금지, 영화 금지, 공교육 금지, 비그리스도인 친구 금지. 다시 말해, 그분은 방어적으로 자기 자녀를 보호하는 일에 초점을 맞춘 것이다.

이 책은 효과적인 부모는 공세적인 마음 자세를 지녀야 한다고 가정할 것이다. 또 당신의 자녀가 그리스도인이 아니라고 가정할 것이다. 그리고 당신의 자녀에게 모든 것을 압도하고 정복하는 거듭남의 능력이 필요하다고 가정할 것이다. 그리고 자녀가 한 번만 이 능력을 받으면 그 능력이 자녀를 세상으로부터 보호한다고 가정할 것이다. "너희 안에 계신 이가 세상에 있는 자보다 크심이라"(요일 4:4). 요한일서 5장 4절은 이렇게 말한다. "하나님께로부터 난 자마다 세상을 이기느니라." 또한, 요한일서 3장 9절은 이렇게 말한다. "하나님께로부터 난 자마다 죄를 짓지 아니하나니 이는 하나님의 씨가 그의 속에 거함이요 그도 범죄하지 못하는 것은 하나님께로부터 났음이라."

다른 말로 하자면 이 책은 효과적인 부모는 자녀가 세상을 이기도록 준비시켜야 한다고 가정할 것이다. 그런데 이는 자녀의 환경(자녀 외부에 있는 무언가)을 바꾸거나 조절하는 방법이 아니라 자녀의 마음을 얻는 방법으로 하는 것이다. 우리는 복음을 가르치고, 복음의 본을 보이고, 복음을 가정의 중심에 둠으로써 자녀의 마음을 바꾼다. 바른 본을 따라 바르게 이해한 복음은 기독교를 매력적으로 만든다. 효과적인 부모는 복음을 매력적으로 만들어 세상이 자녀의 마음에 발을 디디지 못하도록 만든다.

토마스 찰머스 Thomas Chalmers (1780-1847)는 "*The Expulsive Power of a New Affection*"(새로운 정감의 강력한 능력)이라는 유명한 에세이를 썼다

(Affection이란 단어는 심령 깊은 곳에 좌소를 둔 하나님의 것을 향한 애정을 뜻하는 용어로서, '정감'으로 번역될 수도 있고 '애정'으로 번역될 수도 있다. 여기서는 '정감'으로 번역함―편집주). 찰머스는 세상을 이기는 최고의 방법은 도덕이나 자기 수양이 아니라고 주장한다. 그리스도인은 그리스도의 아름다움과 탁월성을 봄으로써 세상을 이긴다. 그들은 세상보다 더 매력적인 것을 봄으로써 세상을 이긴다. 그 대상은 바로 그리스도이다. 성경은 "그 안에는 지혜와 지식의 모든 보화가 감추어져 있느니라"(골 2:3)라고 선포한다. 고급 차를 소유한 사람은 그보다 못한 차에 관심이 없다. 마찬가지로 그리스도인 부모는 그리스도와 그분의 나라를 영광스럽게 보이도록 노력한다. 그러면 그들의 자녀는 더 높은 열정, 즉 그리스도의 도덕적 아름다움으로 이 세상의 정욕을 정복한다.

이와 반대로 수세적인 부모는 복음의 매력을 확신하지 못하고, 오히려 세상이 더 강하다고 생각한다. 그들은 자녀를 내면에서부터 외면에까지 완전히 바꿔놓는 복음의 능력을 근본적으로 확신하지 못한다. 그들은 예수님의 다음 말씀을 믿지 않는다. "담대하라 내가 세상을 이기었노라"(요 16:33). 그들은 세상을 정복하는 거듭남의 능력을 그다지 신뢰하지 않는다.

아내와 나는 이러한 접근법의 열매를 지금까지 목격하고 있다. 나의 다섯 자녀는 모두 공립 고등학교를 다녔으며, 넷째까지는 모두 주립 대학을 나왔다. 그 난잡하고 비기독교적이고 심지어 반기독교적인 환경에도 불구하고 아이들은 영적으로 잘 자랐다. 그 이유는 무엇일까? 하나님이 거듭남의 기적을 통해 그들의 마음을 바꿔주셨기 때문이다. 성령께서 그들에게 예수 그리스도라는 최상의 가치를 보여주셨기 때문이다. 그 결과, 모든 행복은 그리스도와의 관계와 긴밀히 엮여 있다는 확신이 싹트고 자랐으며, 세상의 유혹은 상대가 되지 못했다.

나의 자녀들은 대학에 들어가자마자 기독교 모임을 찾았다. 나는 그렇게 하라고 시키지도 않았고, 그런 말을 꺼내지도 않았다. 아이들의 마음이 하나님의 나라에 있으니 스스로 그렇게 했다. 그리고 어려운 환경에서도 잘 자랐다. 또 생명력 넘치는 그리스도인 배우자를 찾아 결혼했다.

우리가 어떻게 이렇게 했느냐고? 우리가 하지 않았다. 우리는 그렇게 할 수도 없었다. 오직 하나님만이 이런 변화를 가져다주실 수 있다. 이것이 거듭남의 기적이다. 나는 자격 없는 주디와 나에게 주신 은혜와 자비에 감사하고 있으며 영원히 감사할 것이다. 내가 말하려는 핵심은, 우리의 자녀양육은 근본적으로 수세적이 아니라 공세적이었다는 사실이다. 우리는 모든 화살을 아이들의 마음에 조준했다. 마음이 한 번 바뀌면 결정적인 전투에서 이긴 것이며, 그들의 남은 삶은 그저 패잔병을 소탕하는 것임을 알았기 때문이다.

이와 반대로 자녀가 거듭났다고 가정하는 많은 부모는, 오히려 거듭남의 능력에 대한 확신이 없어서 자녀를 보호하는 일에 에너지를 쏟아붓는다. 많은 경우 그들의 자녀는 실제로 전혀 거듭나지 않았다. 그런 자녀는 집을 떠나면서 부모의 규칙과 통제에서 멀어졌음을 기쁘게 여긴다. 그들은 세상의 유혹과 싸워 이길 마음의 도구가 전혀 없다. 그러면 마음이 원하는 곳으로 향하게 되는데, 결국 하나님에게서 멀리 떨어진 파티 장소를 향한다.

무엇이 수세적인 접근법을 유발하는가? 나는 수세적인 마음 자세를 지닌 부모는 복음의 능력을 이해하지 못한 것이라고 확신한다. 그들은 거듭남의 능력에 대한 확신이 없다. 그들은 회심과 성화와 관련된 마음의 역할을 이해하지 못한다. 오히려 그들은 아이의 외적인 환경을 강조한다. 그들은 규칙, 제한, 보호를 신뢰한다.

거듭남에 대한 이해

넷째, 효과적인 부모는 거듭남을 이해한다. 통계를 보면 그리스도인 부모는 대부분 자녀가 거듭났다고 가정한다. 이는 자녀양육에서 가장 큰 실수가 될 수도 있다. WORLD라는 잡지에서 크리스천 스미스Christian Smith와 멜린다 룬드퀴스트 덴튼Melinda Lundquist Denton이 공동으로 저술한 신간을 다뤘는데, 바로《Soul Searching: The Religious and Spiritual Lives of American Teenagers》(영혼 탐구 : 미국 십 대의 종교 및 영적 생활)[3]라는 책이었다. 두 저자는 미국 십 대 3,000명을 대상으로 그들의 종교 신념에 관해 조사한 후, 그 결과를 도덕주의 치료학적 이신론Moralistic Therapeutic Deism(MTD)이라는 용어로 정리하였다.

십 대들은 행위에 기반한 의, 심리적 안녕으로서의 종교, 그리고 멀리 떨어져 간섭하지 않는 신과 같은 관념들을 가지고 있다.[4] 얄궂게도 이 젊은 이신론자들의 다수는 교회에서 활발하게 활동한다.

스미스와 덴튼은 이렇게 결론을 내린다. "종교성이 있다고 하는 십 대 대부분은, 그 종교 전통이 믿어야 한다고 말하는 내용을 실제로 이해하지 못하거나, 아니면 이해하면서도 그것을 믿는 일에는 그다지 관심을 두지 않는다." 이 기사의 필자는 더 나아가 "MTD는 사회 안의 지배적인 종교가 되었다. 그리고 이 종교는 미국 기독교를 식민지화하는 중이다."라고 말한다.[5]

모든 그리스도인 부모에게 MTD와 기독교를 분별하는 일이 중요하다. 아이가 유순하고, 행동거지도 바르며, 주일예배에 잘 참석하고, 교회 학생들과 잘 어울린다고 해도 MTD를 믿고 있을 수 있다. "괜찮은" 사람이라고 해서 그리스도인인 것은 아니다. "괜찮은" 사람이 되는 것과 기독교는 거의 상관이 없다.

복음주의 자녀들의 성생활 역시 MTD가 득세함을 드러낸다. 사회학자 마크 리그너러스Mark Regnerus는 저서 《Forbidden Fruit: Sex & Religion in the Lives of American Teenagers》(금단의 열매 : 미국 십 대의 삶에서 섹스와 종교)[6]에서 복음주의 가정이 자녀의 영적 가치관을 분별하고 바르게 형성하는 데 실패했음을 폭로한다.[7] 저자는 복음주의 십 대들이 비그리스도인 친구와 다를 바 없이 성생활을 한다고 주장한다. 사실은 복음주의 십 대들이 전반적으로 성생활을 더 많이 한다는 증거가 있다. 자신을 복음주의 십 대로 규정하는 아이들은 보통 16.3세에 처음으로 성경험을 한다. 이에 비해 자유주의 개신교도는 보통 16.7세에 순결을 잃는다. 그리고 13.7퍼센트의 젊은 복음주의자들은 세 명 내지 그 이상의 섹스 파트너를 두고 있다. 이에 비해 복음주의자가 아닌 집단에서의 수치는 8.9퍼센트이다. 순결 서약은 어떻게 된 건가? 이는 잠시 성행위를 미루는 역할만 한다. 평균적으로 서약자 중 88퍼센트가 18개월 정도 경과한 후에 자기가 한 서약을 포기한다.

이 조사와 더불어 유사한 여러 조사의 결과를 따르면 미국 복음주의 십 대들은 실질적으로 믿지 않는 친구들과 다를 게 전혀 없다. 왜 그러한가? 나는 이 울적한 통계 결과를 설명해줄 한 가지 중요한 가정을 제시하려고 한다.

그리스도인 부모들은 대부분 교회 출석이나 중고등부 모임 참석을 거듭남과 동일시한다. 부모들은 거듭남과 그에 수반되는 변화에 무지하다. 리그너러스는 다음과 같이 말했다. "복음주의자들이 종종 그다지 다를 것이 없는 근본적인 이유는, 그들의 기준 자체가 역동적인 종교성이 아니라 복음주의 개신교 교회에 소속되었느냐는 것이기 때문이다…미국에는 종교적으로 심드렁한 복음주의 청소년과 성인이 아주 많다."[8]

리그너러스가 핵심을 잘 지적했다. 어느 한 교회에 "소속"되는 것이 기독교가 아니다. 말마따나 당신의 자녀는 차고에서 한 달이라도 잘 수 있지만 그렇다고 해서 자녀가 차가 되는 것은 아니다. 당신의 자녀는 반드시 거듭나서 하나님의 나라를 보아야 하고, 하나님의 나라에 들어가야 한다(요 3:3-5).

심지어 자녀가 "예수님을 영접했어요" 또는 "예수님을 마음에 모셨어요"라고 간증해도 아무 의미가 없을 수도 있다. 이는 하나님이 거듭남을 주시기 때문이다. 물론 자녀는 하나님께 믿음과 회개로 응답해야 할 책임이 있다. 하지만 자녀가 이 단계를 거치고서도, 거듭남을 가리키는 구원받는 믿음과 회개가 없을 수도 있다. 그래서 자녀가 당연히 거듭났을 것이라고 생각하는 것은 어리석은 일이다. 거듭남은 새로운 갈망, 새로운 사랑, 새로운 삶의 방향을 불러일으키는 마음의 근본적인 변화다. "하나님께로부터 난 자마다 죄를 짓지 아니하나니 이는 하나님의 씨가 그의 속에 거함이요 그도 범죄하지 못하는 것은 하나님께로부터 났음이라"(요일 3:9). 이것은 자녀가 이제 기독교 신앙을 자신의 것으로 가지게 되었다는 뜻이다.

톰 비셋Tom Bisset은 복음주의 십 대가 집단적으로 믿음을 버리는 네 가지 이유에 주목한다. 그 가운데 네 번째 이유는 자신의 신앙을 소유하는 데 실패했다는 것이다.[9] 다른 말로 하자면 그들은 전혀 거듭나지 않았다. A. W. 핑크Pink는 다음과 같이 말한다.

> 거듭남은 단지 죄에 대한 일시적인 후회로 눈물 몇 방울 흘리는 것을 훨씬 뛰어넘는 일이다. 거듭남은 인생의 항로를 바꾼다. 이것은 나쁜 습관을 버리고 좋은 습관으로 대체하는 것보다도 훨씬 큰 사건이다. 그저 고상한 이념을 소중히 여기고 실천하는 것과도 다른 일이다. 이것은 유명한 복음 전도자의 손을 잡기 위해 앞으로 나와서 서약서에 서명하거나 "교회 등록" 카드를 작성하는 것보다 무한히 의미심장한 일이다. 거듭남은 그저 새 잎을 내는 것이 아니라, 새 생명을 개시하고 받아들이는 것이다. 이것은 그저 개선되는 것이 아니라 완전한 변화이다. 간단히

말해 거듭남은 기적이며, 하나님이 초자연적으로 역사하신 결과이다. 이것은 근본적이고, 혁명적이며, 영속적이다.[10]

나는 최근에 결혼한 젊은 부부 네 쌍에게 언제 그리스도께 나왔는지를 물었다. 그러자 그들은 모두 다음과 비슷하게 말했다. "저는 초등학교 여름 캠프 때 예수님께 제 마음에 오시라고 요청했습니다. 하지만 십 대 후반이나 이십 대 초반이 되기까지는 기독교에 대해서 그렇게 진지하지 않았어요."

나는 답했다. "그러니까 여러분이 말하는 내용은 초등학교 때 예수님을 마음에 초청했지만, 삶이 완전히 예수님 위주로 돌아가지 않았다는 거지요. 정말로 그분이 여러분의 삶의 보좌에 계시지는 않았고, 청년이 되기까지는 자신의 삶과 미래를 그분께 점점 더 맡기지도 않았다는 거지요. 맞나요?"

"네, 맞습니다."

나는 답했다. "거듭남이란 한 사람이 그리스도를 삶의 중심에 왕으로 모셨다는 뜻입니다. 여러분의 삶과 생각과 행동이 예수 그리스도를 중심으로 돌아가기 시작해야 비로소 그리스도인이 된 거죠. 그러기 전에는 아무리 고백하고 결심해도 별 의미는 없습니다. 영적으로 새 마음을 이식받은 결과로 거기서 나오는 변화된 행동이야말로 거듭남의 유일하고도 분명한 증거입니다."

그들은 우리 대부분과 같았다. 거듭남에 대해 지나치게 단순한 개념을 지닌 것이다. 그들은 그리스도를 믿겠다고 결정하는 것이 거듭남과 같다고 생각했다. 하지만 사실은 그렇지 않다. 회심은 우리 통제 밖에 있다. 하나님이 그 모든 과정을 주관하신다. "아들도 자기가 원하는 자들을 살리느니라"(요 5:21). 스테판 스몰맨Stephen Smallman은 그의 저서 《Spiritual Birthline》(영적 출산)에서 이렇게 말한다. "출산에서 배우는 교훈은 우리가 영적인 출산을 만들어 낼 수도 없고, 준비되기 전까지는 출산이 일어나게 할 수도 없다는 점이다. 이는 우리 자녀들에게도 그대로 적용된다. 우리는 하나님을 신뢰한다. 하지만 우리는 또한 기꺼이 기다린다."[11]

핵심은 이것이다. 거듭남은 결심이 아닌 열매로 안다. 가장 중요한 열매는 하나님을 향한 굶주림이다. 효과적인 부모는 이 사실을 안다. 그래서 자녀의 상태에 대해 평가를 내리기에 앞서 일관적인 열매가 나오기를 참을성 있게 기다린다.

하나님은 자신을 기쁘게 하는 부모의 자녀에게 거듭남을 **주신다**. 부모나 자녀 모두 거듭남을 자기 힘으로 얻을 수 없다. 이는 하나님이 은혜로 주시는 선물이다. 하지만 믿는 자, 그리고 정말로 믿는 바대로 사는 자들은 그분을 기쁘시게 한다. 하나님을 기쁘시게 하는 부모의 믿음이 드러나는 한 가지 방식은 하나님을 경외하는 것이다(3장에서 관련 내용을 더 다룰 것이다).

하나님은 주권자이시다. 하나님은 때로 자신을 기쁘게 하지 않는 부모의 자녀도 거듭나게 하신다. 때로 거듭남은 급작스럽고 극적이다. 그렇게 거듭난 사람은 거듭난 날짜와 시간을 기억한다. 그렇지만 때로는 언제 그 일이 있었는지 확신하지 못하는 그리스도인도 있다.

대부분에게 이는 믿음을 향해 성장해 나가는 과정 중에 일어난다. 그러한 사람은 정확한 순간 또는 정확한 날을 특정하지 못한다.

거듭남은 보통 부모의 가르침, 본보기, 그리고 부모와 맺은 관계, 그것도 특별히 아버지와 맺은 관계를 통해 자녀에게 임한다. 부모는 자녀의 회심을 일으키기 위해서 하나님이 주신 은혜의 수단이다.

교훈은 간단하다. 지혜로우라. 자녀에게서 분명한 증거를 보기 전까지는 당신의 자녀가 거듭났다고 짐작하지 말라. 첫 번째 신호는 하나님에 대한 굶주림이 커지는 것이다. 다른 신호로는 경건에 대한 굶주림, 점차 부모에게 순종함, 개인 기도와 성경 읽기를 향한 갈망 등이 있다.

자녀 중심적 가정

다섯째, 효과적인 부모는 자녀를 중심에 두지 않는다. 그들은 하나님 중심적이다. 그들은 하나님을 가정의 중심에 두려고 애쓴다. 18세기 뉴잉글랜드의 청교도 목사들은 회중에게 자녀를 지나치게 사랑하지 말라고 경고했다. 그들이 오늘날의 신자들에게 충고한다면, "자녀를 당신 생활의 중심에 두지 마세요. 그것은 하나님께 속한 것입니다."라고 말할 것이다.

켄과 재키는 성실한 부모였다. 하지만 그 성실성이 문제였다. 부부는 자녀를 사랑했다. 사실은 자녀를 지나치게 사랑했다. 장남은 운동선수였는데 재능이 있었다. 16세 이하 지역 축구팀에서 탁월했다. 그런데 그 축구팀은 저녁 시간에 연습을 진행했다. 그래서 가족은 더 이상 함께 식사할 수 없었다. 가족이 모여 식사 후에 기도하고 성경을 읽는 습관이 있었는데, 이 역시 끝나고 말았다.

딸은 특출한 재능을 지닌 발레리나였다. 그런데 발레 수업료는 매우 비쌌다. 켄과 재키는 그 비용을 대기 위해 십일조를 드릴 수 없었다. 그러면서 딸아이가 졸업하면 십일조를 다시 할 것이라고 스스로를 합리화했다.

그림 1. 자녀 중심적 가정

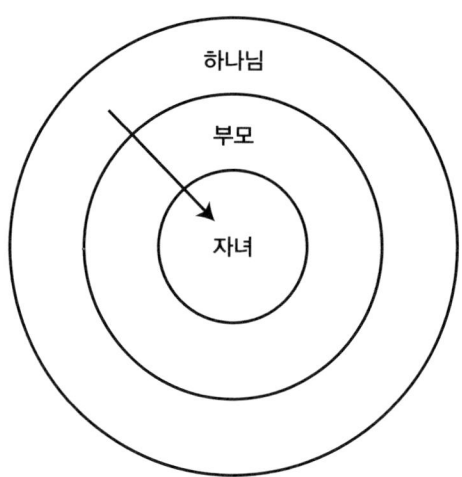

곧 그 가족은 주말에 열리는 장남의 축구 경기를 따라다니기 시작했다. 경기가 대부분 일요일에 있었기 때문에 교회 출석이 점차

드문드문 해졌다. 서서히 그들의 세상은 교회 식구가 아닌 다른 축구 선수 부모들 중심으로 움직이기 시작했다. 아들과 딸이 교회 중고등부 모임에 참석하기는 했지만, 언제나 축구와 발레가 우선순위였다. 딸이 열여섯 살이 되었을 때는 먼 도시에 있는 전문 발레 극단에 오디션을 보기 시작했다. 곧 가족은 주말마다 딸의 오디션을 따라다녔다.

결국 아이들은 대학으로 떠났다. 그리고 몇 년 되지 않아 두 자녀 모두 교회 출석을 중단했다. 하나님을 잊고, 자신의 진정한 관심사인 운동과 춤에 전념했다. 켄과 재키는 크게 상심했다. 무엇이 잘못된 걸까? 아이들을 되돌리려면 어떻게 해야 할까?

이 가족은 흔한 실수를 저질렀다. 가족의 중심을 자녀에게 둔 것이다. 자녀 사랑은 중요하지만, 부모의 건전한 사랑과 자녀숭배는 엄연히 다르다. 우리는 자녀 또는 자녀의 활동을 위해 하나님의 뜻을 타협한다면 후자의 현상이 일어난다는 사실을 안다. 켄과 재키는 십일조와 더불어 가족이 함께 기도하는 일을 멈췄다. 그들은 가족이 그 궤도를 따라 도는 중심에 지역 교회가 아닌 축구와 발레를 두었다(그림1 참고). 타협은 언제나 우상숭배를 암시한다. 그리고 이는 하나님을 불쾌하게 만든다. 하나님은 경쟁자를 좋아하지 않으신다. 특히 그 대상이 자녀일 때는 더욱 그렇다.

켄과 재키의 자녀는 부모를 따라서 그대로 했을 뿐이다. 부모가 교회는 중요하지 않고 삶의 중심은 하나님이 아니며 정말 중요한 것은 자녀의 활동이라는 메시지를 전달한 셈이다. 켄과 재키는 자녀와 자녀의 성공을 가족의 보좌에 두었다. 그들의 자녀는 그 메시지를 듣고, 이해했으며, 따랐다.

그림 2. 하나님 중심적 가정

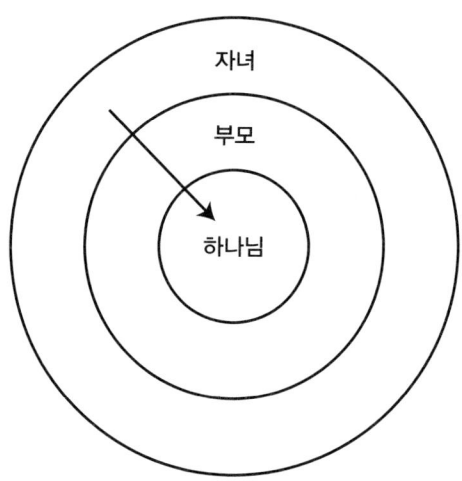

이와 대조적으로 팀과 앤지는 가정의 중심을 하나님과 하나님의 뜻에 두었다(그림2). 팀은 아들의 축구 감독에게 말했다. "제 아들은 주일만 아니면 어느 날이든 다 괜찮습니다. 팀에 불편을 끼친다면 미안합니다만 우리에게는 축구보다 하나님이 더 중요합니다." 팀의 아들은 가장 뛰어난 선수였기 때문에 감독과 다른 선수들은 타협하라고 엄청난 압박을 가했다. 하지만 팀은 뜻을 꺾지 않았다.

마찬가지로 팀은 딸의 피아노 수업이 가족 저녁 시간에 잡혔다는 사실을 알자, 딸에게 부드럽게 말해서 다른 선생님을 찾도록 권했다. 그러면서 가족 식사 시간은 신성한 것임을 일러줬다. 그때가 가족이 함께하는 유일한 시간이고, 가족의 유대가 피아노 수업보다 중요하다는 것이었다.

팀의 결정은 사소해 보이지만 장기간에 걸쳐 엄청난 파급효과를 낳았다. 팀은 자기 가족의 중심을 하나님과 하나님의 뜻에 두었다. 켄은 가정의 중심을 자녀에 두었다. 하나님은 팀과 앤지 가족의 중심에 계셨다. 켄의 세계는 자녀를 중심으로 돌았다. 단기적으로 보면 팀은 그의 결정으로 인해 자녀들을 실망시켰지만, 장기적으로 보면 자녀들을 그리스도께로 이끌었다. 켄과 재키는 그들이 자녀를 사랑한다고 생각했다. 하지만 사실은 자녀의 존경심도 잃었고, 너무 오냐오냐해서 오히려 자녀를 떠나게 만들었다.

바울이 고린도인들에게 보낸 첫 편지는 하나님 중심적 가정이 어떠한 모습인지를 묘사한다. "그러나 나는 너희가 알기를 원하노니 각 남자의 머리는 그리스도요 여자의 머리는 남자요 그리스도의 머리는 하나님이시라"(고전 11:3). 바울이 볼 때 그리스도인 가정은 위계질서를 따른다. 위계질서란 말은 우리가 살아가는 반권위주의 문화에서는 역겨운 단어가 되었다. 하지만 강렬한 기쁨과 사랑과 평화의 세상인 천국은 완전하게 위계질서를 따른다. 성부 하나님은 만유의 주인이시며, 성자 하나님은 그분의 권위에 복종하신다. 성령 하나님은 아버지와 아들 모두에게 기쁘게 순종하신다.

천국이 우리의 가정 안에 스며들수록 가정 역시 위계질서를 따르게 된다. 그리스도는 모든 남편의 머리가 되신다. 그분은 죽음으로 다스리신다. 남편은 아내의 머리가 된다. 하나님은 남편에게 마찬가지 방식으로 다스리기를 요청하신다. 자녀는 부모를 통해 하나님께 복종한다.

하나님 중심 가정에서는 모든 이가 자기 위에 있는 권위에 순종함으로 하나님을 섬긴다. 남편은 아내가 아닌 하나님을 기쁘시게 하는 일에 집중한다. 아내는 자녀를 기쁘게 하기보다 남편의 권위에 순종함으로 하나님을 기쁘시게 하는 일에 집중한다. 자녀는 부모를 공경하고 순종함으로써 하나님을 기쁘시게 한다.

이 개념은 한부모 가정에도 동일하게 적용된다. 가정의 머리는 싱글맘이 될 수도 있다. 싱글맘이 가정의 머리가 되어 가정을 하나님의 은혜로운 통치 아래 둘 수 있는 것이다.

가족이 그 중심을 하나님과 자녀 중 어디에 두는지는, 우선 가정의 머리인 가장이 중심을 어디에 두느냐에 달려 있다. 그는 하나님을 기쁘시게 하기를 구하는가 아니면 자녀를 기쁘게 하기를 구하는가? 그는 하나님을 기쁘시게 한다면 기꺼이 가족을 실망시키는 편을 택할 것인가 아니면 가족이 못마땅하게 여길까 두려워하는가? 그는 하나님이 가정에 품으신 뜻을 분명히 이해하고 있는가 아니면 이 시대의 풍조에 따라 살고 있는가? 그는 하나님의 인정을 받지 못할까 봐 두려워하는가 아니면 가족의 인정을 받지 못할까 봐 두려워하는가?

또 하나님 중심 가정은 경건한 배필의 협업이 필요하다. 아내는 하나님이 자기 남편을 통해서 말씀하신다는 사실을 신뢰할 수 있는가 아니면 가정을 이끌려는 남편의 노력을 거부하는가? 아내는 하나님이 남편을 통해 자녀를 양육하도록 하셨음을 기꺼이 신뢰하는가 아니면 계속해서 권력과 통제의 고삐를 붙잡고 놓지 않는가? 아내는 자기 남자가 가정을 이끌도록 격려할 것인가 아니면 남편의 인도를 두려워하는가?

하나님 중심성의 징후는 많다. 첫째는 자녀에게 득이 되더라도 자녀에게 "아니"라고 기꺼이 말할 수 있는 것이다. 둘째 징후는 부모가 지향하는 자녀양육이 일치하지 않을 때라도 자녀들 앞에서 합심하는 모습을 보여주는 결혼생활이다. 하나님 중심성의 셋째 징후는 당연히 자녀보다 결혼생활을 더 중요하게 여기는 마음이다. 자녀는 고작 18년에서 25년 정도라는 짧은 세월만 함께 한다. 보통 결혼생활을 하면 자녀와 함께하는 시간과 자녀와 함께 하지 않는 시간이 얼추 비슷하다. 자녀를 결혼생활보다 우선으로 여긴다면 엄청난 실수다. 넷째 징후는 기꺼이 남들과 다르게 살겠다는 마음가짐이다. 하나님 중심 가정은 근본적으로 다르다.

결론적으로 당신의 생활을 하나님 대신 자녀 위주로 세워 나간다면 분명히 해를 입게 될 것이다. 이는 자녀를 망치며, 결혼생활을 찢어 버린다. 그리고 무엇보다 하나님을 기쁘시게 하지 못한다.

요약

이 장에서는 우리 머릿속에 가정假定이 중요하다는 사실을 논했다. 궁극적으로 우리 머릿속에 형성된 가치관은 실천적으로 자녀양육에 영향을 미친다. 우리는 부모가 받아들여야 할 다섯 개의 명제(가정)를 간단히 살폈다.

첫째, 효과적인 그리스도인 부모는 자녀양육이 쉽지 않지만, 궁극적으로 그 결과가 모든 것을 보상한다고 가정한다.

둘째, 효과적인 그리스도인 부모는 기꺼이 하나님의 주권과 자신의 책임을 긴장 가운데 유지하려고 한다.

셋째, 효과적인 그리스도인 부모는 공세적인 마음 자세를 받아들인다. 그들은 자녀의 마음을 추구한다. 그들은 복음을 매력적으로 만들기 위해서라면 가능한 모든 일을 한다. 세상의 영향력에서 자녀를 보호하는 것은 그들의 근본적인 목표가 아니다.

넷째, 효과적인 그리스도인 부모는 거듭남을 날카롭게 판단한다. 그들은 지레짐작하지 않는다. 그들은 거듭남의 본질을 이해하고 그 징후를 주의 깊게 살핀다.

다섯째, 효과적인 그리스도인 부모는 자녀가 아닌 하나님께 집중한다.

우리는 이 모든 일에 지속적으로 복음을 언급했다. 이 책의 논지는 복음이 효과적인 자녀양육을 할 수 있도록 능력을 준다는 것이다. 이 논의를 향해 이제 2장으로 넘어가겠다.

연구 질문

1. 이 장의 내용을 당신 자신의 말로 요약해보라.

2. 당신의 부모님은 어떤 가정(假定) 아래 당신을 키웠는가? 부모님의 가정이 당신의 자녀양육 접근방식에 어떠한 영향을 미쳤는가?

3. 이 장에서 다룬 가정들 중에서 어떤 항목이 현재 당신의 자녀양육에 가장 중요한가?

4. 이 장에서 언급된 가정들 중에서 당신도 받아들이고 있는 내용은 무엇인가? 그 이유는 무엇인가?

5. 그리스도인 부모의 세계관으로서 중요하다고 생각하는 다른 가정으로는 어떤 것이 있겠는가?

6. 이 가정들 중에서 삶에서 실천하기 가장 어려운 사항은 무엇인가? 그 이유는 무엇인가?

7. 우리 문화 가운데 존재하는 압박들 중 어떠한 압박이 이 장에서 제시한 가정들을 믿고 적용하기 어렵게 만드는가?

2장
복음의 능력으로 하는 자녀양육

당신은 당연한 일을 간과한 적이 있는가?

하루는 집에 있는 전열 난방장치가 멈춰버렸다. 겨울이었다. 얼어붙을 만큼 추웠기 때문에 절박한 심정이었다. 온도 조절 장치를 떼서 분해하고 어떤 고장이 있는지 살폈다. 그런데 정상이었다! 집에 있는 모든 배선도 살폈다. 모든 것이 정상적으로 작동하는 것처럼 보였다. 삼십 분간 정신없이 샅샅이 뒤지고 점검한 후 나는 결국 포기하고, 난방 기술자에게 전화를 걸었다. 토요일 오전이었다.

"오늘은 주말이기 때문에 비용은 한 시간에 백오십 달러입니다." 사무실 직원은 친절하게 경고해주었다. "저희는 가게에서 직원이 나가는 순간부터 돌아올 때까지 시간을 계산합니다."

나는 마른침을 삼켰다. 하지만 어쩌겠는가? 가족들이 추위에 떨고 있고, 월요일까지 기다릴 수는 없었다.

나는 말했다. "알려주셔서 감사합니다. 정말 급하니, 당장 보내주세요!"

한 시간 정도 지난 후, 벨트에 인상적인 온갖 도구들을 잔뜩 매단 수리공이 도착했다. 그리고 손에 손전등을 든 채 지하실로 사라졌다. 그리고 오 분 후, 그가 돌아왔다.

수리공은 싱긋 웃었다. "좋은 소식이 있습니다. 간단한 수리였어요. 전열기로 가는 차단기가 '꺼짐'에 놓여 있었네요. 그래서 제자리로 돌려 놓았습니다." 그는 내게 백오십 불짜리 영수증을 내밀었다.

멍청하다는 느낌이 들었다는 말로는 그때의 기분을 다 묘사할 수 없다. 차단기를 살펴보는 것보다 더 당연한 일이 무엇인가? 하지만 나는 다른 것은 다 둘러보면서도 정작 차단기를 살펴볼 생각을 하지 않았다.

영적인 일도 마찬가지다. 때로 우리는 당연한 것을 간과한다. 자녀양육이라는 과업에서도, 가장 간과되지만 가장 당연한 도움의 근원은 복음이다. 우리는 이를 당연히 여기지만, 복음이 자녀양육에 적용될 수 있다는 것을 깨닫지 못한다. 그러나 차단기가 전열기에 필수적이듯 복음은 효과적인 자녀양육에 필수적이다.

바울은 복음을 "구원을 주시는 하나님의 능력"(롬 1:16)이라고 말한다. 하지만 그 능력은 거기서 끝나지 않는다. 복음은 자녀양육에 대해서도 하나님의 능력이다. 우리는 첫 장에서 자녀의 마음이 문제라는 점을 논했다. 효과적으로 복음을 적용하면 부모들은 자녀의 마음에 닿을 수 있는 힘이 생긴다.

이것이 바로 이 책의 논지다. 하지만 이 논지를 발전시키기 전에 잠시 멈춰 자녀양육을 정의해야 한다.

자녀양육을 정의하다

자녀양육의 정의는 많다. 예를 들어 위키피디아는 "자녀양육이란 자녀를 탄생부터 성년이 될 때까지 키우고 교육하는 과정이다"[1]라고 정의한다. 하지만 그리스도인에게 이 정의는 적절하지 않다. 이것은 자녀양육의 궁극적인 목적인 영원을 염두에 두지 않은 정의이기 때문이다.

그리스도인 부모는 영원에 마음을 둔다. 우리의 자녀는 영원히 산다. 이는 충격적인 개념이다. 우리는 "영원"을 상상할 수 없다. 그럼에도 우리 자녀는 결국 지식에 넘치는 사랑, 말할 수 없는 영광스러운 즐거움, 이해를 넘어서는 평강을 얻거나, 아니면 눈물 흘림, 통곡, 이를 갊을 얻게 된다. 두 운명 사이에 중간은 없다. 따라서 그리스도인은 단지 이 땅의 삶을 위해 자녀를 키우지 않는다. 믿는 부모는 심판 날을 위해 자녀를 준비시키기 위해 애쓴다. 여기에 엄청난 것이 걸려 있다.

랜디 알콘Randy Alcorn의 비유를 잠시 빌리자면, 자녀가 사는 기간이 영원까지 이어지는 선이라고 할 때 이 땅에서의 삶은 시작 부분에 있는 아주 짧은 시기에 불과하다. 전체 선상에서 따지자면 육안으로는 거의 보이지 않을 정도로 미미한 시간인 셈이다. 이러한 사실은 자녀가 이 땅에서 10,000년을 살아도 마찬가지다. 유한한 시간은 그 길이가 얼마가 되었든 상관없이, 영원이라는 선이 길어지면 길어질수록 점차 짧아지기 때문이다. 게다가 당신의 자녀는 10,000년을 살지 못한다. 현대의 기대 수명은 75세에서 80세 정도다. 그 기간 가운데 우리가 자녀에게 영향력을 끼칠 기회는 고작 십팔 년이라는 짧은 시간에 불과하다는 사실은 큰 의미가 있다.[2] 우리에게는 단 한 번의 기회만 있다. 두 번째 기회는 없다.

그리스도인 부모는 이 짧은 절호의 기회에 한 가지 목적을 품는다. 그리스도 안에서 믿음의 바통을 다음 세대로 넘기는 일이다. 400미터 계주 경기를 보면 가장 빠른 팀이 항상 승리하지는 않는다. 가장 효율적으로 바통을 건넨 팀에게 승리가 돌아간다. 주자가 아무리 빨라도 바통 전달 과정이 미숙하면 그 팀은 아마도 경기에서 지게 될 것이다. 마찬가지로 부모는 자신의 믿음, 가치, 목적, 자기훈련, 동기부여를 자녀에게 건넴으로써 심판 날을 위해 자녀를 준비시킨다.

따라서 우리는 기독교 자녀양육을 이렇게 요약할 수 있다. 자녀양육이란 우리의 세계관을 다음 세대로 전달하는 과정이다. 세계관이란 방금 언급한 대로 믿음, 가치, 목적, 자기훈련, 동기부여 등을 의미한다.

도덕이 아니다

기독교 자녀양육의 주된 초점은 도덕이 아니라는 점에 반드시 주의해야 한다. 행동거지가 바른 자녀를 길러내는 것이 궁극적인 목적이 아니다. 구원받는 믿음이 자녀의 마음 깊숙이 자리 잡도록 하는 일이야말로 그리스도인 부모의 최우선 목적이다. 하나님이 구원하시는 자는 자신의 공로에서 그리스도의 공로로 신뢰의 대상을 옮기고, 회개하며, 믿음을 고백하는 자이다. 따라서 기독교 자녀양육은 부모의 신앙을 전수하는 것이 그 전부다. 도덕도 중요하지만, 이는 믿음에 수반되어 당연히 따라오는 것이다. 하지만 도덕이 믿음을 만들어 내지는 못한다.

사실 **도덕주의**는 우리가 선하게 되어 하나님의 은혜를 받을 자격을 누리게 된다는 개념으로서 기독교 자녀양육의 치명적인 적이다. 도덕주의는 자체적인 선과 미덕, 그리고 원칙에 근거한 의도를 신뢰한다. 이를 통해 심판 날에 하나님으로부터 무죄 판결을 받을 수 있다고 믿는 것이다. 이것은 커다란 기만이다. 거듭나지 않은 마음 위에 걸친 도덕이라는 옷은 자녀의 진정한 영적 상태를 분별하기 어렵게 만들 수 있다. 바울은 도덕주의를 배격한다. "사람이 의롭다 하심을 얻는 것은 율법의 행위에 있지 않고 믿음으로 되는 줄 우리가 인정하노라"(롬 3:28). "사람이 의롭게 되는 것은 율법의 행위로 말미암음이 아니요 오직 예수 그리스도를 믿음으로 말미암는 줄 알므로"(갈 2:16). 도덕주의는 추악한 자기 신뢰를 심어준다. 이것은 참된 기독교 자녀양육의 적이다. 이러한 사상은 심판 날에 하나님의 정죄를 받을 것이다.

세속적 자녀양육의 주목적은 도덕성을 전수하는 것이다. 믿지 않는 이들에게 자녀양육의 목적이란 사회의 기대에 부합하도록 자녀를 길러내는 일이다. 예를 들어 자녀가 아이비리그 학교에 입학하거나 사업에 성공하거나 "맞는" 사람과 결혼하는 것 등이다.

이와 대조적으로 기독교 자녀양육의 목적은 마음의 변화다. 우리가 이미 살펴봤듯이 도덕적 변화는 언제나 마음의 변화 후에 일어나며, 이것은 이차적인 것이다. 따라서 효과적인 그리스도인 부모라면 자녀의 행동보다는 마음을 노려야 할 것이다. 《마음을 다루면 자녀의 미래가 달라진다》*Shepherding a Child's Heart*라는 책에서 테드 트립Tedd Tripp은 말한다. "마음의 변화에서 나온 것이 아닌 단순한 행동의 변화는 칭찬할 만한 일이라기보다 오히려 책망할 만한 일이다."3)

엄마가 조니에게 구석에 가서 앉으라고 말했다. 그런데 아이는 엄마 말대로 하면서도 뽀로통한 표정으로 이렇게 이야기한다. "겉으로는 앉아 있을게요. 그렇지만 속으로는 계속 서 있을 거예요." 이것은 마음의 변화가 아니다. 이것은 도덕주의다. 그리스도인 가정에서 자란 십 대가 이런 태도를 보이는 경우가 많다. "부모님이 그리스도인이니까 나는 그리스도인이야. 하지만 나는 파티에 가는 게 더 좋아." 성인이 된 그리스도인도 마찬가지다. "나는 교회에 가. 그렇게 자랐으니까. 하지만 내가 정말로 좋아하는 건 골프, 사냥, 또는

_____야(빈칸을 채우라)." 이것은 성공적인 기독교 자녀양육의 결실이 아니다.

정리하자면 기독교 자녀양육은 심판 날을 위해 자녀들을 준비시키는 과정이다. 이 일은 우리의 세계관을 그들에게 전수해줌으로써 이뤄진다. 세계관이란 우리의 믿음, 가치, 목적, 자기훈련, 동기부여의 총합이다. 하나님의 세계관이 자녀의 마음을 정복할 때까지는, 자녀양육은 아직 성공한 것이 아니다.

성경 구절은 어디에 있는가

우리는 성경이 우리가 가장 필요로 하는 점을 가장 많이 이야기해 주기를 기대한다. 일상생활과 관련하여, 우리는 성경의 가르침을 필요로 한다. 예를 들어 돈은 일상생활에서 중요한 부분이다. 그리고 성경에는 돈에 관해 수백 개의 구절이 있다. 관계 역시 우리 삶에 큰 부분이다. 성경은 우리를 실망시키지 않는다. 누구와 어떻게 관계를 맺어야 하는지를 다루는 구절이 수백 개나 된다.

마찬가지로 자녀양육은 부모 대부분에게 큰 관심사이다. 첫아이가 태어나는 순간부터 막내가 집을 떠날 때까지, 25년 내지 30년의 기간 동안 자녀양육은 365일 24시간 끊임없이 부부를 사로잡는다. 자녀와 손주의 미래가 우리의 자녀양육의 성공과 실패에 달려 있기에, 우리는 자녀양육을 위한 성경의 지침을 간절히 원하고 필요로 한다.

하지만 너무나 실망스럽게도 우리가 직접적인 지침을 찾으려고 성경으로 가보면, 대부분은 텅 빈 찬장을 마주할 뿐이다. 신약에는 이 중요한 주제에 관한 구절이 고작 두 개 뿐이다. "또 아비들아 너희 자녀를 노엽게 하지 말고 오직 주의 교훈과 훈계로 양육하라"(엡 6:4). "아비들아 너희 자녀를 노엽게 하지 말지니 낙심할까 함이라"(골 3:21).

게다가 두 구절 모두 짧고 간단하다. 그리고 실망스럽게도 두 구절은 요점까지 동일하다. 자녀를 노엽게 하지 말라는 것이다. 그런데 바울은 노엽게 하는 게 무슨 뜻인지 정의조차 하지 않는다.

구약은 다소 도움이 되지만 우리가 원하는 만큼은 아니다. 자녀양육을 직접 가르치는 내용은 신명기 두 장과 잠언 몇 구절뿐이다.

왜 이렇게 지침이 적은가? 성경을 잘 모르는 사람은 하나님이 우리 자녀를 개의치 않으신다거나, 자녀양육은 중요하지 않다고 결론을 내릴지도 모른다. 하지만 사실은 정반대다. 하나님은 우리보다도 훨씬 더 우리 자녀에게 열정을 품고 계신다.

좋은 소식은 하나님이 그분의 나라에 당신의 자녀를 원하신다는 사실이다. 부모 대부분은 하나님이 자기 자녀를 사랑하신다고 가정한다. 그날은 오고 말 것이다. 하지만 만약 그렇지 않다면, 당신은 하나님이 당신의 자녀와 함께하신다는 하나님의 확신을 필요로 할 것이다. 선지자 이사야는 하나님이 이스라엘에게 함께하신다는 확신을 주고 있다.

"여호와께서 이르시되 내가 그들과 세운 나의 언약이 이러하니 곧 네 위에 있는 나의 영과 네 입에 둔 나의 말이 이제부터 영원하도록 네 입에서와 네 후손의 입에서와 네 후손의 후손의 입에서 떠나지 아니하리라 하시니라 여호와의 말씀이니라"(사 59:21).

그리고 선지자 말라기는 이혼을 비판하는 도중에 이렇게 이야기한다.

"한 분이신 하나님이 경건한 자손을 원하시는 것이 아니겠느냐 너희는 명심하여 젊어서 결혼한 너희 아내를 배신하지 말아라"(말 2:15, 새번역).

어쩌면 성령께서 성경의 정경을 조합하실 때 자녀양육 이야기를 깜빡하셨을까? 물론 그렇지 않다. 우리의 머리털까지 헤아리시는 하나님이 그런 실수를 하실 리가 없다.

오히려 자녀양육에 관한 본문이 많지 않다는 사실은 하나님이 그렇게 의도적으로 미리 조정하셨다는 뜻이다. 하나님은 신약성경에 자녀양육에 관한 본문이 단 두 군데라는 사실을 아셨다. 이는 실수가 아니다.

그러면 왜 그토록 관련 구절이 없는가? 그 답은 간단하고, 너무 당연해서(마치 난로가 작동하지 않았을 때 차단기를 점검하지 못한 것처럼), 자칫하면 놓치기 쉽다. 자녀양육을 다루는 성경 말씀이 그토록 드문 이유는 우리가 효과적인 그리스도인 부모가 되기 위해 알아야 할 모든 내용이 복음 안에 들어 있기 때문이다. 정말로 복음을 이해하고, 결혼생활과 자녀양육에 복음을 적용하는 방법을 아는 사람은 자녀에게 신앙의 바통을 전달할 모든 도구를 소유한 것이다.

복음이 부모에게 영향을 미치는 일곱 가지 방식

복음은 일곱 가지 방식으로 부모를 효과적인 양육자로 만든다.

① 복음은 하나님을 경외하도록 그리스도인 부모를 가르친다. 부모에게는 이 핵심적인 미덕이 무엇보다 절실하다. 하나님은 자신을 경외하는 부모를 축복하겠다고 약속하신다. 본서의 3장에서 성경에 근거하여 이 점을 논하겠다. 4장과 5장에서는 복음이 왜 그리고 어떻게 그리스도인 부모가 하나님을 경외하도록 동기를 부여하는지 설명할 것이다.

② 복음은 부모가 스스로 본을 보임으로써 자녀를 이끌도록 동기를 부여한다. 바울은 에베소서 5장에서 하나님이 복음을 선포하기 위해 가정이라는 제도를 창조하셨다고 말한다. 우리 자녀는 그 영향을 가장 먼저 받는 첫 번째 청중이다. 하나님의 뜻은 자녀들이 부모의 결혼생활을 보면서 복음의 아름다움을 목격하고, 거부할 수 없는 끌림을 느끼는 것이다.

복음은 부모를 갈수록 겸손하고, 한결같고, 사랑이 넘치게 만든다(하지만 절대 완벽해지지는 않는다). 이러한 특성들은 다른 무엇보다도 부모의 신앙과 자기훈련, 그리고 동기부여와 가치관을 자녀에게 전달하는 역할을 한다. 6장은 이 일이 어떻게 일어나는지를 다룬다.

③ 복음은 가정의 중심에 섬기는 남성 지도자를 둔다. 기독교는 남성 주도형 리더십을 확고히 한다. 지역 교회와 가정 모두 남성이 인도한다. 복음 중심적 교회는 남성을 끌어모은다. 복음 중심적 교회는 남성이 아내와 자녀를 섬기는 지도자가 되도록 독려한다. 복음 중심적 교회는 성경에 근거한 남성성을 장려한다. 당신은 남성이지만 남성적이지 않을 수 있다. 복음이 남성을 어떻게 세워 가는지가 7장의 주제다.

④ 복음은 부모에게 자녀를 징계하도록 가르치고 동기를 부여한다. 복음은 죄의 참혹함을 보여주고, 또 죄의 결과를 분명히 설명한다. 따라서 복음 중심적 가정은 자녀 징계를 간과하지 않는다. 나아가 복음은 부모가 자녀를 어떻게 징계해야 하는지 가르쳐준다. 그리고 복음을 가르치는 것이 모든 징계의 목적이다. 이와 같이 복음은 징계와 밀접하게 관련된다. 이것이 8장과 9장의 주제다.

⑤ 복음은 부모에게 자녀를 가르치도록 동기를 부여한다. 자녀를 가르치는 주된 교사는 학교 선생님이나 주일학교 선생님이 아닌 부모다. 또 부모가 가르치는 핵심 내용은 복음이다. 복음은 자녀를 성

실하게 가르칠 동기를 부여하고 가르칠 내용이 되기도 한다. 이것이 10장의 주제다.

⑥ 복음은 부모에게 자녀를 아낌없이 사랑하고 애정을 베풀도록 동기를 부여한다. 우리는 모든 부모가 자녀를 사랑한다고 믿지만, 사실은 그렇지 않다. 물론 대부분의 부모는 자녀에게 애정을 느낀다. 하지만 그리스도의 사랑으로 자녀를 사랑하는 부모는 드물다. 복음은 부모, 특별히 아버지가 자녀를 그리스도께서 자기 교회를 사랑하시듯 희생적으로 사랑하도록 동기를 부여한다. 복음은 그리스도의 사랑에 대해 말해준다. 복음이 어떻게 이 일을 해내는지가 11장의 주제다.

⑦ 복음은 부족한 부모를 위한 해결책이다. 부모는 종종 자신의 실패와 무능력이 주는 무게감에 짓눌린다. 아무리 노력해도 자녀양육은 끔찍할 정도로 형편없다. 이때 복음이 해답을 제공한다. 12장에서는 이에 대해 설명할 것이다. 복음 중심적 부모는 날마다 십자가로 달려가서 그곳에서 자신의 부모 역할에 다시 집중하기 위한 자비와 용서와 소망을 발견한다.

복음을 정의하다

우리가 생각하는 자녀양육의 기본 패러다임은 복음이다. 따라서 우리는 잠시 멈춰 서서, 먼저 복음이 무엇인지 정의해야 한다. 영어 단어 gospel은 헬라어 유앙겔리온 *euangelion*을 옮긴 말로서, 단순히 "좋은 소식" 또는 "반가운 기별"을 의미한다. 그런데 "좋은 소식"이나 "반가운 기별"이란, 나쁜 소식이라는 배경이 없다면 전혀 실감나지 않는다. 복음은 자신이 곤경에 빠져 있다는 사실을 아는 이에게만 놀라운 소식이다. 우리는 죄인이다. 죄는 우리를 하나님으로부터 분리되게 만든다. 더 나쁜 것은 죄가 우리를 하나님의 원수로 만든다는 사실이다. 죄는 우리를 하나님의 영원한 심판 아래 놓이게 한다.

이것이 모든 사람이 당할 최종 결과이다. 예외는 없다. 성경의 증언은 분명하다. "주의 종에게 심판을 행하지 마소서 주의 눈 앞에는 의로운 인생이 하나도 없나이다"(시 143:2). "기록된 바 의인은 없나니 하나도 없으며"(롬 3:10).

하나님은 무한히 공의로우시다. 하나님은 공의로우시기에 그분은 공명정대하게, 모든 죄를 예외 없이 심판하실 수밖에 없다. 하나님의 공의는 심판을 내리기도 하며 상을 내리기도 한다. 하나님의 진노란, 죄를 합당하게 처벌할 것에 대한 완전한 공의의 요구이다. 하나님의 진노는 다양한 방식으로 경험된다. 인간이 겪는 대부분의 고통은 거기서 유래한 것이다. 죄인으로 태어난 우리는 죄 때문에 아프고 죽는다. 죄 때문에 여자는 극심한 산고 가운데 아이를 낳는다. 죄 때문에 제2차 세계 대전에서 오천만 명이 넘는 사람이 죽었다. 죄 때문에 아기가 기형으로 태어나며, 결혼이 파경을 맞으며, 사람들이 스스로 목숨을 끊는다. 하지만 이러한 일시적 고통은 빙산의 일각에 불과하다. 용서받지 못한 죄인을 기다리는 것은 영원한 고통이 있는 지옥이다. 코넬리우스 플랜팅가가 일깨우듯이, "존재들은 마땅히 그래야 하는 모습으로 존재하지 않는다."[4] 우리는 타락한 세상에서 살아간다. 우리의 죄악된 본성 및 그 결과(하나님의 진노)라는 검은 배경이 없다면, 복음은 그저 하품 나게 하는 소리에 불과할 것이다. 하지만 우리는 정말로 곤경 가운데 있다. 그리고 복음이 그 해답이다.

이 나쁜 소식을 아는 사람에게, 복음은 누구에게든지 제공되는 가장 놀라운 소식이다. 하나님은 세상을 너무나 사랑하셔서, 이 나쁜 소식에서 우리를 구원하기 위해 자기 아들을 보내셨다. 하나님의 아들께서는 자신을 낮추고 영광의 보좌를 떠나 무한한 거리를 내려오셨다. 그리고 먼저 자기 아버지의 종이 되고, 타락한 사람의 종도 되셨다. 마지막으로 그분은 십자가에서 서서히 고통을 당하다가 죽으셨다(빌 2:5-8). 그분이 그렇게 하신 이유는 무엇인가? 그것은 사랑 때문이다. 그분은 사랑 때문에 우리 대신 죽으시고 우리가 당해야 하는 심판을 당하셨다. "하나님이 세상을 이처럼 사랑하사 독생자를 주셨으니 이는 그를 믿는 자마다 멸망하지 않고 영생을 얻게 하려 하심이라"(요 3:16). R.C. 스프로울이 너무나 탁월하게 말했듯이, 그리스도는 우리를 자기 자신의 진노로부터 구원하기 위해 오셨다. 다른 말로 표현하자면, 그리스도는 우리를 그리스도 자신으로부터 구하기 위해 오셨다.[5]

사흘째 되는 날, 아들은 죽은 자 가운데서 살아나셨다. 그리고 사십일 후에는 승천하셔서 아버지의 우편에 앉으셨다. 아버지는 아들에게 성령을 주셨고, 예수님은 오순절에 그 성령을 부어 주셨다. 그리고 오늘도 성령을 부어 주신다. 성령님이 우리 마음에 오셔서 이 놀라운 진리가 실제임을 이해시키신다. 성령님은 복음의 중심이시다.

이것이 좋은 소식이다. 복음은 우리를 그리스도의 의로 옷 입힌다. 우리는 복음 안에서 아버지의 놀라운 사랑을 경험하기 시작한다. 복음은 하나님의 진노, 그리고 하나님으로부터 분리됨을 제거한다. 하나님이 직접 무한한 대가를 치르셨기 때문에 복음은 하나님의 완전한 영광을 조금도 침해하지 않으면서 이 모든 일을 해낸다.

십자가는 복음의 핵심이다. 존 파이퍼의 말을 빌리자면, 십자가는 복음의 불타오르는 핵심이다. 또한 십자가는 복음의 윤리이다. 하나님은 자기 백성이 그리스도의 십자가 죽음을 닮기를 바라신다. 아우구스티누스가 말했듯이, 십자가는 하나님의 강대상이다. 그곳에서 하나님은 복음을 선포하시며 자신의 사랑을 선포하신다(엡 3:19). 아버지는 자기 아들을 살리셔서 십자가에서 모든 일이 완수되었음을 입증하셨다. 하나님은 성령을 보내셔서 죄악된 사람들에게 이 모든 일을 실제로 적용시키신다.

결국에는 이 모든 복음의 진리가 십자가로 귀결된다. 지혜로운 부모는 십자가에서 행동 지침과 지혜와 교훈을 구한다.

효과 없는 대안들

부모에게는 복음을 대체할 것들이 많이 있다. 《*The Ten Basic Principles of Good Parenting*》(좋은 자녀양육의 열 가지 원칙), 《*Playful Parenting*》(즐거운 자녀양육), 《*How to Talk So Kids Will Listen*》(아이가 듣도록 말하는 법), 《*The Price of Privilege*》(특권의 대가) 등의 책들은 몇몇 유용한 정보를 담고 있다. 하지만 이러한 책들은 비그리스도인의 세계관을 바탕으로 말함으로써, 삶의 큰 질문들에 대해 복음과는 근본적으로 다른 대답을 내놓는다. 삶의 목적과 운명, 권위의 본질, 적절한 징계의 형태, 인간의 본질, 죽음 후의 세계 등에 대해 복음과 모순되는 답을 내놓는 것이다.

어떤 이는 복음을 치료법으로 대체한다. "밀착 자녀양육" 또는 "긍정 자녀양육" 같은 방법론들이 우리의 관심을 끌려고 한다. 자녀양육을 다룬 기독교 서적 다수가, 복음에 기초한 진리 이해보다 현대 치료요법의 방법론에서 더 많은 기본 개념을 끌어온다. 하지만 이러한 자녀양육 방법 중 그 어느 것도 복음의 단순성 같은 능력을 발휘하지 못한다.

한편, 어떤 이는 복음을 종교로 대체한다. 이들은 '내가 아이들을 교회로 데려가거나 중고등부에 데려다 놓기만 하면 그걸로 다 된 거야.'라고 생각한다. 하지만 종교 시설에 아이들을 모아 두는 것으로 복음을 대체할 수는 없다.

이 책의 강조점은 자녀양육을 다루는 여타 기독교 서적과 다르다. 그런 책들은 대부분 양육의 기술에 중점을 둔다. 하지만 이 책은 부모가 하나님과 바른 관계를 맺을 것, 부부 사이에 바른 관계를 맺을 것, 부모가 자녀들과 바른 관계를 맺을 것을 순서대로 강조한다. 이 책이 강조하는 바는 일차적으로 자녀양육이란 바른 일을 하게 하는 것이 아니라는 점이다. 자녀양육이란 하나님과 바른 관계를 맺게 하는 것이다. 그것도 복음의 지식을 통해 바른 관계를 맺게 하는 것이다.

요약

기독교 자녀양육은 심판 날을 위해 자녀들을 준비시키는 과정이다. 우리는 우리의 세계관을 자녀에게 전수함으로 그 일을 수행한다. 자녀양육에 관해 성경이 직접 가르치는 내용은 많지 않다. 복음이 육아에 관해 알려주는 가정교사가 되기 때문이다. 복음은 예수님이 우리를 끔찍한 운명에서 구원하기 위해 죽으셨다는 좋은 소식이다. 복음은 그리스도의 십자가에 초점을 맞춘다. 세속적인 자녀양육법이 약간의 가치는 가질지 몰라도, 복음은 자녀양육을 위한 하나님의 능력이다. 복음 중심적 부모는 복음의 능력이 나타나는 결과를 누린다.

연구 질문

1. 이 장의 내용을 당신 자신의 말로 요약해보라.
2. 이 장을 읽은 후, 당신은 자녀양육을 어떻게 정의하겠는가?
3. 저자는 도덕주의가 자녀양육의 치명적인 적이라고 말한다. 도덕주의는 무엇인가? 왜 저자는 그런 말을 했는가? 당신은 그 말에 동의하는가 아니면 동의하지 않는가?
4. 자녀양육의 구체적인 방법을 말해주는 성경 구절이 그토록 드문 이유는 무엇인가?
5. 이 장은 복음이 자녀양육에 미치는 영향을 일곱 가지로 논한다. 어떤 점이 가장 놀라웠는가? 그 이유는 무엇인가? 이 일곱 가지 중에 가장 중요하다고 생각하는 두 가지를 말해보라.
6. 당신이 실천하는 자녀양육 방식 중 우리 문화에 만연한 "효과 없는 대안"에 의해 영향받은 것이 있다면 설명해보라. 그러한 양육 방식을 어떻게 바꾸어야 성경적 세계관에 일치할 수 있겠는가?

3장
복음적 경외

거듭남은 모든 자녀에게 필요한 궁극적인 변화다. 거듭남은 자녀 양육 전 과정의 목표가 된다.

나에게는 다섯 명의 자녀가 있는데, 두 명은 스스로 기억하지 못할 정도로 어린 나이에 거듭났다. 그리고 세 명은 십 대 또는 그 이후에 거듭났다. 그중 한 아들은 열여섯 살에 거듭났는데, 그 변화는 즉각적이고 결정적이었다. 그 아이는 거듭나기 전에도 도덕적이었고, 교회 중고등부 모임에도 참석했으며, 교회에 빠지지 않았다. 아이 자신과 그의 친구들 모두 그를 그리스도인으로 여겼다. 그러나 겉모습만 그러할 뿐 그의 마음은 그곳에 있지 않았다. 그런데 거듭난 후 아들은 달라졌다. 은밀하게 기도하고 성경을 읽기 시작했다. 부모에게 순종하는 일에도 새로운 열의를 보였고, 그리스도인 친구들과의 교제를 추구하기 시작했다. 간단히 말하자면, 아들은 더 이상 부모가 그리스도인이기 때문에 그리스도인의 외양을 취하는 것이 아니었다. 아이는 스스로 자신의 믿음을 소유한 것이다. 일이 이렇게 되자 전쟁은 끝났다. 우리는 결정적인 전투에서 승리한 것이다. 이때부터 우리가 하는 자녀양육이란 그저 패잔병을 소탕하는 일에 불과했다. 거듭남에 수반되는 마음의 변화는 자녀양육에 있어서 그보다 덜 중요한 여러 문제들을 해결한다.

하지만 모든 부모는 딜레마에 직면한다. 거듭남은 우리가 자녀들에게 줄 수 있는 것도 아니고, 자녀들이 그것을 얻어낼 수 있는 것도 아니다. 돈을 주고 살 수도 없고, 무언가를 해서 받아낼 수도 없다. 성경은 말한다. "영접하는 자 곧 그 이름을 믿는 자들에게는 하나님의 자녀가 되는 권세를 주셨으니 이는 혈통으로나 육정으로나 사람의 뜻으로 나지 아니하고 오직 하나님께로부터 난 자들이니라"(요 1:12-13).

거듭남은 하나님이 주시는 것이며, 그분이 원하시는 누구에게든지 그것을 주신다. "아버지 외에는 아들을 아는 자가 없고 아들과 또 아들의 소원대로 계시를 받는 자 외에는 아버지를 아는 자가 없느니라"(마 11:27). 따라서 모든 부모는 각 자녀에게 거듭남을 주시는 하나님께 근본적으로 의존한다.

사실이 이렇기에 부모가 자녀를 위해 할 수 있는 가장 중요한 일은 하나님을 기쁘시게 하는 일이다. 믿음으로 하나님을 기쁘시게 한다. 하지만 구원받는 믿음을 구체적으로 표출하는 방식이 하나 있는데, 이 때문에 하나님은 부모에게 은총을 베푸신다. 그것은 효과적으로 자녀를 양육하는 데 있어 생명과 같다. 하지만 많은 사람이 이 일의 중요성을 간과하고 있다.

회사를 성공하게 만드는 몇 가지 행동 양식을 따로 떼어 내서 설명하는 기업경영서적을 집필할 수 있다면, 많은 돈을 벌 수 있을 것이다. 그러한 행동양식을 명확하게 규정하고, 따로 떼어 내어 실천하는 것은 매우 어려운 일이기 때문이다. 피터 드러커의 고전인《피터 드러커의 자기경영노트》*The Effective Executive*가 바로 그러한 시도를 한다. 그는 가장 효율적인 경영자들의 공통적 특징을 식별하려고 시도한다. 토마스 피터스와 로버트 워터맨이 쓴《초우량 기업의 조건》*In Search of Excellence*도 같은 작업을 수행한다. 기업의 지속적 성공을 불러오는 핵심 가치와 실천방안은 무엇인가?

마찬가지로 성경은 믿음의 핵심 표현을 일관되게 따로 떼어 내어 부각시키며 자녀양육의 성공을 이 일에 돌린다. 이는 복음의 열매이기도 한데, 성경은 이를 **하나님 경외**라고 부른다. 성경은 하나님을 경외하는 부모에게 심오하고도 수없이 많은 약속을 제시한다. 사실 경외함은 하나님을 움직여 자녀의 거듭남을 가져오길 원하는 부모에게 가장 중요한 덕목이다. 간단히 말해, 하나님은 하나님 경외를 알고 실천하는 부모의 자녀와 손주를 축복하신다. 이 말이 도덕주의처럼 들릴지 모르겠다. '우리가 선하기 때문에 하나님이 우리를 축복하신다니!' 하지만 이것은 도덕주의가 아니다. 다만 하나님은 믿음을 축복하시는데, 그 믿음의 핵심 표현이 바로 하나님 경외이다.

여기서 주의할 것은, 이 책은 일반적인 결과를 도출하는 보편적인 원리를 제시할 뿐이라는 것이다. 즉, 하나님은 일반적으로 하나님을 경외하는 부모의 자녀양육을 축복하시지만 이것이 절대적인 보장은 아니라는 것이다. 예를 들어, "내가 _____를 하면(빈칸을 채우라), 내 자녀는 모두 그리스도인이 될 것이다"라는 식의 공식은 없다. 하나님은 주권자이시다. 언제, 어떻게, 누구를 자신의 나라에 들이실지 결정하는 분은 하나님이시다. 그러나 하나님은 몇몇 원칙을 따르는 자를 기쁘게 축복하겠다고 반복적으로 말씀하신다. 이 원칙을 지키지 않는 그리스도인 부모의 자녀 중에 소수만이 그리스도를 따르게 될 것이다. 반면에 이를 지키는 그리스도인 부모의 자녀 중 다수는 그리스도의 나라에 들어가게 될 것이다.

개인적 이야기

몇 년 전 아내와 나는 호주 출신의 탁월한 한 목회자를 만났다. 그의 이름을 존이라고 하자. 그는 비범한 능력을 지녔고, 하나님도 그에게 엄청난 책임을 맡기셨다. 그는 필리핀에 있는 백 개 정도 되는 교회를 감독했고, 뉴질랜드 전역과 미국 서부 지역에 있는 많은 교회들을 관리했다. 심지어는 브리티시컬럼비아주에 있는 교회들도 그의 지도를 원했다. 그는 호주에서 정치적 영향력도 컸고 대형교회를 담임했다.

우리는 언제나 그의 방문을 기대했다. 그는 우리 교회의 여름 캠

프에서도 몇 번 말씀을 전했다. 우리는 그의 설교로 힘을 얻었고 영적인 비전도 확장되었다. 그는 하나님이 일하시는 최전선에 있는 사람처럼 보였다.

그는 유명한 책과 소책자도 여러 권 썼다. 그의 사역팀은 전 세계로 발송되는 월간지를 출간했다. 그는 환태평양 지역을 다니며 각종 콘퍼런스와 교회에서 끊임없이 강의했다. 하나님은 존에게 엄청난 특권을 주셨고, 그는 그러한 책임을 잘 감당하며 사명을 다하는 것처럼 보였다.

어느 날 존의 친척이 그가 비밀리에 저지른 부도덕한 성행위에 관해 그를 비판했다는 충격적인 소식이 들려왔다. 우리는 그 말에 놀랐고, 처음에는 그 풍문을 믿지 않았다. 존은 영적인 조지 워싱턴이었고, 온전함을 내뿜는 것처럼 보였다. 하지만 우리는 결국 추악한 진실을 알게 되었다. 그의 외적 모습과 그의 내적 삶은 완전히 달랐다. 그가 저지른 죄악의 추악한 진상은, 우리가 가장 두려워했던 바를 끝내 확인시켜주고 말았다.

존은 자신이 자주 들렀던 도시들에서 여러 차례에 걸쳐 오랫동안 불륜을 저질렀다. 그는 이 일을 어찌어찌 모든 사람에게는 숨겼지만, 셈하시는 유일하신 하나님은 속일 수 없었다. 하나님은 우주를 심판하시고 전지하시며 항상 보고 계신다. 하나님은 결국 자신의 거룩하고 밝은 빛으로 존의 어두움을 드러내셨다.

그의 죄가 폭로된 며칠 후, 의사들은 존의 오른쪽 눈 뒤에서 종양을 발견했다. 그리고 몇 주 지나지 않아 존은 죽었다. 그런데 이 이야기에서 가장 두려운 사실은 그가 끝까지 회개하지 않았다는 점이다. 존의 친구인 어느 목사는 병상에 있는 그를 찾아가서 성적인 문제를 고백하고 회개하라고 간청했다. 하지만 그는 그렇게 하지 않았다.

존의 이야기는 살아 계신 하나님의 믿을 수 없이 큰 긍휼과 더불어 엄청난 공의를 보여준다. 우리는 하나님이 놀라울 정도로 우리를 참으신다는 사실을 안다. 하나님은 "노하기를 더디하신다"(출 34:6). 나중에 밝혀진 바로는, 존이 적어도 십 년은 그 죄를 저질렀다고 한다. 하나님은 그 죄를 언제라도 드러내실 수 있었지만, 자신의 종에게 회개할 기회를 넘치도록 주셨다. 하지만 하나님의 인내가 마침내 바닥났을 때, 그분의 심판은 신속하고도 고통스러웠다. "그러므로 하나님의 인자하심과 준엄하심을 보라 넘어지는 자들에게는 준엄하심이 있으니 너희가 만일 하나님의 인자하심에 머물러 있으면 그 인자가 너희에게 있으리라"(롬 11:22).

많은 이가 존의 종양을 그저 우연의 일치라고 생각하며, "당연히 하나님의 심판은 아니지!"라고 말할지 모른다. 하지만 나는 이 일이 확실히 하나님의 심판이라고 믿는다. 내가 확신하는 근거는 바울이 에베소 성도들에게 했던, 정신이 번뜩 나는 말 때문이다. "누구든지 헛된 말로 너희를 속이지 못하게 하라 이로 말미암아 하나님의 진노가 불순종의 아들들에게 임하나니"(엡 5:6). 하나님은 자비로우시고, 은혜로우시며, 노하기를 더디 하시기 때문에 죄의 결과가 언제나 즉각적으로 나타나지는 않는다. 항상 결과는 존재하지만, 반드시 즉각적으로 나타나지는 않는다.

존은 다른 이가 했던 치명적인 실수를 똑같이 저질렀다. 하나님이 죄인을 인내하심을, 죄를 용인하심으로 오인한 것이다. 불륜을 저지르기 시작한 지 육 년이나 칠 년쯤 되었을 때 존은 분명히 다음과 같이 결론을 내렸을 것이다. '지금까지 심판은 없었어. 하나님은 상관하지 않으시는 게 분명해. 나는 하나님의 일반 법칙에 해당하지 않는 특별한 예외야.' 하지만 하나님의 자비를 악용하는 일은 언제나 심각한 실수다.

성경 말씀

하나님 경외라는 개념은 왜곡되기 쉽기에 교회는 종종 이 개념을 무시한다. 하지만 성경은 이야말로 하나님과 친밀함을 누리는 비결이자(시 25:14), 일편단심의 열매이며(시 86:11), 부와 장수의 비밀이고(잠 10:27, 22:4), 가정을 세우는 지혜의 근본(잠 9:10, 24:3)이라고 주장한다. 간단히 말해 하나님 경외는 이를 지닌 자의 목마름을 달래주는 생명의 샘(잠 14:27)이다.

하나님은 자기를 경외하는 부모에게 풍성한 약속을 해주신다. 예를 들어, 아브라함이 노인이었을 때 하나님은 그에게 아들 이삭을 바치라고 하신다. 아브라함이 칼을 들어 사랑하는 아들의 몸을 치려 하자, 주님의 사자가 그를 막는다. "그 아이에게 네 손을 대지 말라 그에게 아무 일도 하지 말라 네가 네 아들 네 독자까지도 내게 아끼지 아니하였으니 내가 이제야 네가 하나님을 경외하는 줄을 아노라"(창 22:12).

아브라함의 하나님 경외는 하나님을 기쁘시게 했다. 이는 행동으로 나타났고, 구원받는 믿음을 표출했다. 아브라함의 경외함과 하나님이 그의 후손을 기꺼이 복 주시려고 작정하신 일 간의 연관성에 주목하라.

"이르시되 여호와께서 이르시기를 내가 나를 가리켜 맹세하노니 네가 이같이 행하여[나를 경외하여] 네 아들 네 독자도 아끼지 아니하였은즉 내가 네게 큰 복을 주고 네 씨가 크게 번성하여 하늘의 별과 같고 바닷가의 모래와 같게 하리니 네 씨가 그 대적의 성문을 차지하리라 또 네 씨로 말미암아 천하 만민이 복을 받으리니 이는 네가 나의 말을 준행하였음이니라 하셨다 하니라"(창 22:16-18).

아브라함은 하나님께 순종했다. 그의 순종은 위대한 믿음의 산물이었고, 천사는 그 믿음을 "하나님을 경외[함]"이라고 했다. 이 때문에 하나님이 아브라함의 후손에게 복을 내리셨다. 많은 이가 아브라함의 가족이야말로 역사상 가장 영향력 있는 가문이라고 논한다. 모든 그리스도인은 아브라함의 자손이다. 그의 유산은 오늘날까지 이어져 하나님을 경외함과 후손에게 임하는 복 사이의 직접적인 연관 관계를 보여준다.

이 원칙의 두 번째 본보기는 수백 년 후에 일어난 사건이다. 하나님은 이스라엘 백성이 시내산에서 금송아지를 만들어 우상으로 숭배하는 사건을 돌아보며 모세에게 한탄하신다. "다만 그들이[이스라엘 백성이] 항상 이같은 마음을 품어 나를 경외하며 내 모든 명령을 지켜서 그들과 **그 자손**이 영원히 복 받기를 원하노라"(신 5:29).

이 말씀은 하나님의 고뇌를 드러낸다. 하나님은 이스라엘 백성과 그들의 자손에게 복을 주기 원하셨고, 따라서 그들이 자기를 경외하길 바라셨다. 그러나 이스라엘은 하나님을 경외하려 하지 않았고, 그로 인해 하나님은 그들의 자녀들에게 영원히 복을 주실 수 없을 것이었다.

시편 25편 12-13절도 이 주제를 다룬다. "여호와를 경외하는 자 누구냐 그가 택할 길을 그에게 가르치시리로다 그의 영혼은 평안히 살고 그의 **자손**은 땅을 상속하리로다." 여기서도 부모의 "하나님 경외"와 복 받는 자손 사이의 상관관계가 드러난다.

시편 103편 17절도 이 주제를 다룬다. "여호와의 인자하심은 자기를 경외하는 자에게 영원부터 영원까지 이르며 그의 의는 **자손의 자손**에게 이르리니." 하나님의 의(전가된 의와 실천적인 의)와 하나님의 큰 사랑이 그분을 경외하는 부모의 후손을 둘러싼다.

시편 112편 1-2절은 어떠한가? "여호와를 경외하며 그의 계명을 크게 즐거워하는 자는 복이 있도다 그의 **후손**이 땅에서 강성함이여 정직한 자들의 후손에게 복이 있으리로다."

시편 128편 1-4절은 다음과 같다. "여호와를 경외하며 그의 길을 걷는 자마다 복이 있도다 네가 네 손이 수고한 대로 먹을 것이라

네가 복되고 형통하리로다 네 집 안방에 있는 네 아내는 결실한 포도나무 같으며 네 식탁에 둘러 앉은 **자식들**은 어린 감람나무 같으리로다 여호와를 경외하는 자는 이같이 복을 얻으리로다."

이것이 구약 시대에만 해당하는 구약의 개념이라고 생각한다면 누가복음 1장 50절에 나오는 마리아의 기도를 보라. "긍휼하심이 두려워하는 자에게 대대로 이르는도다."

하나님 경외를 주제로 한 성경 구절은 이게 전부가 아니고, 훨씬 더 많다! 이에 대해 결론을 내리자면, 이러한 축복의 약속을 믿고 자녀를 사랑하는 부모는, 자신이 하나님을 경외하는 자가 되기를 간절히 바랄 것이다.

하나님을 경외함이 구약의 개념이라고 생각하는 사람은, 예수님이 십자가에서 하나님의 사랑을 드러내심으로써 하나님 경외는 끝났다고 생각한다. 어쨌든 요한일서 4장 18절은 "온전한 사랑이 두려움을 내쫓나니"라고 말씀하지 않았는가?

온전한 사랑은 두려움을 내쫓는다. 하지만 여기서 일컫는 두려움은 "하나님 경외"를 **제외한** 그 밖의 두려움이다. 하나님 경외는 신약의 개념이다. 구약에서 두드러지는 이 하나님 경외는 실제로 복음 안에서 최고조에 이른다. 십자가는 구약에 나오는 모든 내용을 합친 것보다 훨씬 분명하고 정확하게 하나님을 경외해야 하는 이유를 드러낸다. 이를 입증하기에 앞서 하나님 경외가 무엇인지 정의를 내리도록 하자.

하나님 경외의 정의

종종 사람들은 왜 하나님을 경외해야 하는지 묻는다. 많은 사람들이 다음과 같이 반론을 제기한다. "하나님은 오직 믿음을 통해 은혜로 우리를 구원하신다. 바울은 성령님이 모든 참된 성도 안에서 '아빠 아버지'라고 부르짖는다고 말한다. 어떻게 하나님 경외가 이러한 진리와 조화될 수 있는가?" 성경에 근거한 답변은 단순하다. 가슴이 미어질 듯한 존의 이야기와 더불어 성경에 나오는 다른 많은 예는 이를 생생히 보여준다. **죄에는 언제나 그 결과가 따르기 때문에 우리는 하나님을 경외해야 한다.** 우리는 구원받는 자도 죄가 초래한 결과의 무게에 짓눌릴 수 있음을 이해해야 한다.

우리는 종종 사람들을 불필요한 죄책감과 불안에서 보호하려고 이 진리를 회피한다. 하지만 하나님은 확신을 주는 구절과 이야기를 성경 곳곳에 수없이 많이 배치하셨다. 하나님의 말씀을 조작하거나 선택적으로 가르침으로써 약한 자에게 위안을 주는 일은 우리의 몫이 아니다. 우리는 반드시 긍휼한 마음으로 하나님의 모든 권고를 제시해야만 한다. 하나님은 그분의 시간에 약한 자를 위로하시고, 확신을 주시고, 하나님 경외를 즐거워하도록 가르치신다.

2장에서 우리는 **자녀양육**을 정의했다. 그리고 성경에 자녀양육에 관한 말씀이 성경에 그렇게 드물게 등장하는 한 가지 이유는, 복음이 효과적인 부모가 되기 위해 알아야 할 모든 것을 담고 있기 때문이라고 말했다. 그리고 자녀양육에 성공한 부모들은 하나님 경외를 실천하고 있음을 보여주었다. 우리는 신약과 십자가에서도 하나님 경외를 배운다고 말했다. 즉, 하나님 경외를 복음에서 배우는 것이다. 또한 부모는 자녀의 구원을 시작하시는 하나님께 의지해야 하며, 부모가 하나님 경외를 실천할 때 하나님이 그 자녀에게 거듭남을 주실 가능성이 크다고 말한 바 있다.

따라서 하나님 경외를 분명히 이해하는 것이 중요하다. 이 일에 있어서 한 가지 어려운 것은, 하나님 경외와 하나님 사랑을 조화시키는 일이다. 어떻게 하나님 사랑과 하나님 경외를 동시에 경험할 수 있는가? 그러나 이 질문은 정말로 잘못된 이분법을 전제한다. 그 둘은 모순되지 않으며, 오히려 상호 의존적이기 때문이다. 당신은 하나님 경외를 하나님 사랑의 경험과 분리할 수 없다. 완전한 하나님 사랑은 하나님 경외를 증폭시키고, 하나님 경외는 하나님 사랑을 심화시킨다. 하나님 경외를 배우지 않고 하나님 사랑을 온전히 알고 경험하기란 불가능하다. 다시 말하지만, 하나님 사랑과 하나님 경외는 상호 배타적이지 않으며, 뗄 수 없는 하나다.

하나님 경외를 정의하는 것은 쉽지 않다. 경외와 무서움이 전혀 관련이 없다고 말한다면 지나친 단순화다. 하나님은 이사야에게 자기를 "두려워하며 무서워"(사 8:13)하라고 말씀하신다. 신약은 "살아 계신 하나님의 손에 빠져 들어가는 것이 무서울진저"(히 10:31)라고 덧붙인다. 에드 웰치Ed Welch는 이렇게 쓴다. "주님을 경외함은 사람을 두려워함과 마찬가지로 여러 가지 태도가 있을 수 있다. 그리고 어떤 면에서 하나님 경외란 하나님에 대한 두려움을 의미한다."[1]

하지만 그렇다고 해서 경외가 하나님의 임재 안에 있는 깊은 평강과 안전감을 없앤다고 생각한다면 이는 또 다른 오류다. 우리를 의롭게 만든 어린양의 피는 하나님을 경외하는 부모들이 날마다 "아빠 아버지"(롬 8:15)라고 외치도록 만든다. 웰치는 계속해서 말한다. "이 두 가지 두려움의 차이를 알면 성경이 '사랑 안에 두려움이 없고'(요일 4:18)라고 말하는 동시에 하나님을 경외하라고 요구할 수 있는 이유가 분명하게 밝혀진다."[2]

신자의 하나님 경외는 구약성경에 나오는 종의 두려움과는 다르다. 오히려 이는 하나님의 거룩하심, 악을 미워하심, 죄 때문에 마땅히 당해야 하는 심판, 불신자의 끔찍한 운명을 의식할 때 나오는 두려움으로서 이 모든 요소가 조합될 때 아들 됨, 양자 됨, 하나님이 값없이 베푸시는 은혜, 하나님의 엄청나고 영광스러운 사랑을 더 깊이 인식할 수 있다. 그리고 하나님을 바르게 두려워하는 사람은 점차 그분의 한없는 은혜를 즐기게 된다. 사람이 하나님을 경외하면 경외할수록 바울과 같이 고백하게 된다. "어떤 피조물이라도 우리를 우리 주 그리스도 예수 안에 있는 하나님의 사랑에서 끊을 수 없으리라"(롬 8:39).

하나님 경외는 두 종류이다. 하나는 우리를 돕고, 다른 하나는 우리를 방해한다. 즉, 하나는 우리를 하나님께로 가까이 이끄는 것이고, 다른 하나는 우리를 하나님에게서 쫓아내는 것이다. 시내산에서 모세가 경험한 바가 이 차이를 잘 보여준다. 하나님은 짙은 구름 뒤에 가리어진 불타는 불꽃 가운데 이스라엘에게 나타나신다. 이는 가공할 만한 장면이었다. 땅은 흔들렸고, 번개가 하늘을 갈랐으며, 하늘의 나팔 소리가 울렸고, 하나님의 음성이 땅을 흔들었다. "뭇 백성이 우레와 번개와 나팔 소리와 산의 연기를 본지라 그들이 볼 때에 **떨며** 멀리 서서 모세에게 이르되 당신이 우리에게 말씀하소서 우리가 들으리이다 하나님이 우리에게 말씀하시지 말게 하소서 우리가 죽을까 하나이다"(출 20:18-19). 사람들은 두려웠다. 이는 당연한 일이다. 하지만 모세는 중요하면서도 기이한 답변을 한다. "**두려워하지 말라** 하나님이 임하심은 너희를 시험하고 **너희로 경외하여** 범죄하지 않게 하려 하심이니라"(출 20:20).

모세의 답변은 모순적으로 들린다. 그는 먼저 이스라엘에게 "두려워하지 말라"고 말했다. 그리고 나서 하나님이 그들에게 하나님 경외를 가르치러 오셨다고 말한다. 이 구약 말씀은 앞뒤가 안 맞는 소리인가 아니면 모세는 무언가 중요한 이야기를 하려는 것인가? 이 모순 안에 하나님 경외를 이해하는 핵심이 있다. 모세가 진정으로 말하고자 한 바는 이렇다. "**마치 종으로서 잘못된 방식으로 하나님을 두려워하지 말라**. 하나님은 오셔서 너희를 시험하시고, **너희가 바른 방식으로, 즉 아들로서 자신을 두려워하게 가르치신다**. 아들로서 하나님을 두려워하는 자는 하나님께 순종하고 그 명령을 지킨다."

종의 두려움은 잘못된 형태의 두려움이며 순종의 동인이 되지 못한다. 이러한 두려움은 하나님으로부터 달아나도록 만든다. 이스라엘 백성이 "멀리 서서" 있었다는 사실에 주목하라. 종으로서 두려워하는 자는 하나님에게서 뒷걸음친다. 그들은 하나님이 선하시고, 자신을 찾는 이에게 상을 주신다는 확신이 전혀 없다. 그들은 그저 하나님의 거룩하심, 엄격하심, 죄를 미워하심을 보고 반대편으로 달아난다. 이와 대조적으로 아들로서 경외하는 자는 하나님을 추구하게 된다. 사람들은 물러났지만 모세는 하나님 곁으로 가기 위해 산을 올라 불타는 구름을 향해 나아갔다.

워싱턴주 중부의 컬럼비아 강에는 거대한 콘크리트 구조물인 그랜드쿨리 댐이 있다. 나는 거기서 두 시간 거리에 산다. 그랜드쿨리는 컬럼비아 강에 있는 여러 댐 중에 가장 크고 기막힌 장관을 이룬다. 나는 그 댐의 거대한 크기와 위용에 대해서 여러 차례 들었다. 하지만 그곳에 직접 섰을 때야 그 엄청난 규모를 실감했다. 그 아래에 서서 고개를 들고 90미터 넘게 높이 솟은 댐을 보며, 나는 240킬로미터에 달하는 저수지가 용을 쓰며 자신을 가두는 댐을 붕괴시키려고 한다는 생각을 했다. 누수가 일어나 차가운 콘크리트 표면에 작은 물줄기가 흐르는 상상 때문에 나는 떨리기 시작했다. 내가 그저 작고, 무력하고, 약하고, 쉽사리 파괴당하고 말 존재로 느껴졌다. 만약 댐이 무너지면, 나는 그 멈출 수 없는 급류 안에서 순식간에 으스러지고 말 것이다. 인류의 공학 기술이 이루어 낸 이 놀라운 구조물에 대해 읽어서 아는 것과 그곳에 직접 서서 보는 것은 완전히 다른 일이다. 나는 얼른 차를 타고 그 댐 밑에서 벗어나고 싶었다. 이것이 종의 두려움과 비슷한 두려움이다. 종으로서 두려워하는 것은 하나님에게서 벗어나게 만든다.

하지만 아들의 경외는 거듭날 때 생기는 두려움으로서, 우리를 하나님께로 가까이 이끌고, 하나님을 추구하는 원동력이 된다. 이스라엘 백성은 시내산에서 물러났지만 모세는 하나님께 가까이 가고자 불타는 구름을 향해 산을 올랐다. 그 이유는 무엇인가? 이스라엘과 마찬가지로 모세도 하나님의 거룩하심을 보았다. 그도 자신의 죄로 인해 자신이 당해 마땅한 일이 무엇인지를 보았다. 하지만 모세는 그와 동시에 하나님의 선하심을 보았다. 주님이 자비롭고 은혜로우며 노하기를 더디하고 인자와 사랑이 넘치신다는 사실을 본 것이다(출 34:6). 그리고 하나님은 우리가 죄 때문에 당해 마땅한 보응을 우리에게 가하지 않으시며(시 103:10), 오히려 동이 서에서 먼 것처럼 하나님의 임재로부터 우리 죄악을 제하여 버리신다는(시 103:12) 사실을 봤다. 모세의 경외는 그랜드캐니언에서 느끼는 두려움에 더 가깝다. 그것은 두렵지만 그 엄청난 광경의 믿을 수 없는 아름다움과 광대함이 우리를 그 광경을 향해 나아가게 부른다. 그것은 우리에게 생명과 평안을 주는 경험이다.

거기에 더하여 종의 두려움을 지닌 사람은 하나님께 순종하지 않지만 아들의 두려움은 순종을 일으킨다는 차이가 존재한다. 그래서 바울은 하나님 경외가 거룩함을 이룬다고 말한다(고후 7:1). 이것은 두려움과 떨림으로 우리의 구원을 이루고자 하는 동기가 된다(빌 2:12). 아들로서 하나님을 경외함은 그분의 인자하심을 바라는 것이다(시 147:11). 이러한 경외는 우리에게 큰 기쁨을 준다. "그의 인자하심이 영원하다"(시 118:4). 하나님은 자신을 경외하는 자에게 인자를 베푸신다(시 103:11, 17). 자기를 경외하는 자를 긍휼히 여기신다(시 103:13).

하나님의 아들이신 예수님은 아들로서 경외함이 이런 효과를 낳는다는 사실을 입증하는 가장 중요한 증거가 되신다. 아무도 예수님처럼 하나님을 추구하지 못했고, 하나님의 사랑을 경험하지 못했으며, 하나님 경외를 완벽하게 수행하지 못했다. 이사야 선지자는 메시아에 대해 다음과 같이 예언했다. "그의 위에 여호와의 영 곧 지혜와 총명의 영이요 모략과 재능의 영이요 지식과 **여호와를 경외하는** 영이 강림하시리니 그가 **여호와를 경외함으로** 즐거움을 삼을 것이며 그의 눈에 보이는 대로 심판하지 아니하며 그의 귀에 들리는 대로 판단하지 아니하며"(사 11:2-3). 예수님은 여호와를 경외함으로 즐거움을 삼으셨다. 그리고 그것을 발견하는 모든 그리스도인도 그러하다. 그들은 하나님을 경외하는 가운데 기뻐하며, 그들의 자녀와 손주도 그러하다.

"여호와를 경외함"을 생각할 때 당신은 어떤 두려움을 떠올리는가? 많은 사람이 종의 두려움을 떠올린다. 그들은 성경이 왜 경외하는 자에게 그렇게 많은 유익을 약속하셨는지 이해할 수 없다. 그들에게 경외란 부정적인 말에 불과하다. 그러한 두려움은 불신자의 두려움일 수밖에 없고, 실제로도 그렇다.

이와 반대로 아들의 두려움은 완전히 긍정적이다. 하지만 현대 교회에서는 이에 대해 거의 말하지 않는다. 아마도 그래서 우리 자녀 중에 그렇게 소수만이 하나님을 따르는지도 모르겠다. 경외로 흠뻑 적셔진 삶은 지식에 넘치는 하나님의 사랑에 우리를 노출시킨다. 아들로서 하나님을 경외하는 부모는 강력하고 효과적이다.

우리 하늘 아버지를 경외함은 이 땅의 좋은 아버지를 경외함과 비슷하다. 나는 육신의 아버지를 경외했다. 나는 그분이 내게 순종, 충실함, 근면함, 인내를 심어주기 위해 필요하다면 어떤 고통이라도 가하리라는 사실을 알았다. 하지만 내게는 아버지의 사랑이라는 희망이 있었다. 나는 아버지가 계실 때 안전함을 느꼈다. 나는 내가 무슨 일을 해도 아버지가 나를 거절하지 않을 것을 알았다. 아버지는 나에 대한 사랑을 절대로 멈추지 않았다. 나는 아버지를 실망시키기도 했고, 슬프게 만들기도 했지만, 아버지는 나에게서 사랑을 거두지 않았다. 어쩌면 많은 독자는 이러한 아버지를 두지 못했을 것이다. 하지만 당신의 아버지가 그러했든 그러하지 못했든, 하나님의 사랑이 이러하다. 그리고 하나님을 경외함이 이와 같다.

나는 하나님 경외에 관한 모든 구약 말씀이 복음 안에서 절정에 이른다고 말했다. 그리스도의 십자가에서 하나님을 경외할 가장 큰 이유를 발견할 수 있다. 십자가 아래에서 우리는 종의 두려움이 아닌 "아들의 두려움"을 배운다. 그리고 그 두려움은 하나님으로 하여금 우리 자녀를 축복하시도록 만든다. 우리는 그리스도의 십자가에서 다음 세대에 신앙의 바통을 넘기는 데 필요한 기술을 얻는다. 다음 장에서 우리는 이것이 어떻게, 그리고 왜 그러한지를 탐구할 것이다.

바라는 것

이 책은 계속해서 하나님 경외로 돌아갈 것이다. 하나님 경외는 부모에게 자녀가 아니라 하나님을 두려워하도록 가르친다. 하나님 경외는 부모에게 자녀를 징계할 동기를 부여한다. 하나님 경외는 남자를 가정과 교회로 붙들어온다. 하나님 경외는 부모에게 영감을 주어, 유익하고 발전적인 방식으로 자녀를 징계하게 한다. 하나님 경외는 부모를 움직여 자녀에게 긍휼과 애정을 베풀도록 만든다. 하나님 경외는 우리의 시선을 영원한 현실, 이 땅의 삶의 짧음, 영원의 어마어마함에 고정시킨다. 우리의 자녀양육은 영원을 위해 자녀에게 가장 중요한 준비가 된다. 하나님 경외는 부모를 겸손하고, 잘 배우고, 가까이하기 쉬운 존재로 만든다. 간단히 말해 하나님 경외는 지혜의 근본(시작)이다(잠 9:10). 그리고 우리 가정을 건축하기 위해서는 이 경외로부터 배우는 지혜가 결정적으로 필요하다. "집은 지혜로 말미암아 건축되고 명철로 말미암아 견고하게 되며"(잠 24:3).

요약

당신의 자녀에게는 거듭남이 필요하다. 하지만 당신은 자녀를 거듭나게 할 능력이 없다. 부모가 아닌 하나님이 구원하신다.

하지만 하나님은 성경 곳곳에서 자기를 경외하는 법을 배운 부모들에게 풍성한 약속을 베푸신다. 다른 덕목도 중요하지만 하나님 경외는 우리의 자녀양육에 하나님의 은혜를 불러오는 엄청나게 중요한 덕목이다. 하나님 경외는 정의하기 쉽지 않다. 사람을 하나님에게서 달아나게 만드는 육신적인 두려움이 있는가 하면, 믿는 자를 하나님께 붙들어오는 건전하고 신령한 두려움도 있다. 이는 하나님이 거룩하시다는 사실을 알면서도 하나님이 우리를 사랑하는 우리 편이심을 깊이 확신하는 것이다. 하나님의 복이 임하는 두려움은 후자다.

어떤 이는 하나님 경외가 구약의 개념으로서, 신약 시대에는 더 이상 유효하지 않다고 생각한다. 하지만 그런 생각보다 진리에서 먼 생각은 없다. 하나님 경외는 실질적으로 신약, 그것도 그리스도의 십자가에서 절정에 이르며 가장 순수한 형태로 나타난다. 시편 130편 4절은 말한다. "그러나 사유하심이 주께 있음은 주를 경외하게 하심이니이다." 하나님은 하나님 경외를 끌어내기 위해 용서를 고안하셨고, 우리는 속량을 통해 그 용서를 받는다. 따라서 복음 중심적인 부모의 자녀양육은 매우 효과적이다. 그들은 십자가의 발치에서 하나님 경외를 배우기 때문이다. 이 두려움이 우리를 아버지께로 이끌고, 우리와 우리 자녀 안에 거룩함을 완성한다(고후 7:1).

다음 두 장에서는 시편 130편이 우리의 용서의 확신과 하나님 경외를 결부시키는 이유에 대하여 살펴볼 것이다.

연구 질문

1. 이 장의 내용을 당신 자신의 말로 요약해보라.

2. 이 장을 읽기 전에 당신에게 하나님 경외는 무슨 의미였는가?

3. 이 장은 하나님 경외라는 개념에 대한 당신의 이해를 어떻게 바꿨는가?

4. 당신은 자녀양육에 있어서 하나님 경외가 그렇게나 중요한 이유가 무엇이라고 생각하는가?

5. 하나님 경외는 부모가 자녀와 관계 맺는 방식을 어떻게 바꾸어 놓을 것이라고 생각하는가?

6. 이 장에서 가장 마음에 드는 문단은 무엇인가? 그 이유는 무엇인가?

7. 부모는 하나님을 더욱 경외하기 위해서 무엇을 할 수 있을까?

4장
거룩한 아버지

이전 장에서는 하나님이 자신을 경외하는 자의 자녀양육에 축복하신다고 말했다. 그리고 구약이 아니라 신약의 복음에서 하나님 경외를 가장 잘 배울 수 있다는 결론을 내렸다. 이번 장과 다음 장에서는 이 말이 참인 이유에 대해 설명하겠다.

기독교 서적이든 그 밖의 서적이든 자녀양육에 관한 책 대부분이 기술에 중점을 둔다는 사실을 느낀 적이 있는가? "이렇게만 하면 됩니다. 이 네 단계를 잘 따르면 성공할 수 있습니다."

이 책은 다른 접근법을 취한다. 나는 당신의 하나님관과 당신 자신에 대한 관점을 바꾸기 원한다. 나의 이런 시도가 성공한다면 양육 기술은 저절로 따라올 것이다. 우리가 하는 모든 일은 결국 우리의 생각의 결과물이다. 하나님과 사람에 대한 관점이 달라지면 우리의 행동이 달라진다.

하지만 여기서 문제가 생긴다. 출판업자들은 대부분의 그리스도인 부모들이 하나님과 사람에 대한 깊이 있는 관점을 형성하기 위해 필요한 정도의 정신적인 수고를 감내하지 않을 것이라고 말한다.[1] 다시 말해, 오늘날의 부모들은 **신학**을 회피하려 한다는 것이다. 그런 태도는 효과적인 자녀양육을 방해하는 중대한 장애물이다. 그것이 아무리 미국적인 생활방식이라고 할지라도 말이다.

우리는 생각하는 대로 살아가게 된다. 따라서 우리는 자신의 신학에 따라 자녀를 양육한다. 그리스도인이든 비그리스도인이든 모든 사람에게는 신학이 있다. 즉, 하나님이 누구이시며 그와 대비해서 우리는 누구라는 생각 말이다. 어떤 이들은 정확한 신학을 가지고 있지만 어떤 이들은 그렇지 않다.

신학은 하나님에 대한 학문이며, 신학을 강조하는 것은 기독교만의 독특한 특징이다. 기독교와 다른 종교 간의 그러한 차이는, 기독교는 구원을 자기 힘으로 얻지 않는다는 데서 비롯한다. 구원은 선물이다. 로드니 스타크$^{Rodney\ Stark}$는 기독교 외의 다른 모든 세계 종교는 한 가지 가르침을 공유한다는 점에 주목한다. 그것은 바로 자력구원이다. 따라서 그들은 하나님이 아닌 행위에 집중하고, 규칙과 규정을 연구한다. 어떻게 해야 선하게 되고, 어떻게 해야 하나님의 기준에 부합하는가 등을 연구한다. 하지만 그리스도인은, 구원이 하나님의 선물이며 공로로 얻는 것이 아니라는 사실을 믿기에 구원을 주시는 분을 연구하며, 하나님에 대한 바른 믿음에 집중한다. 이것이 바로 신학이다.[2]

다음 두 장은 이 책의 정수로, 하나님에 관한 신학을 다룬다. 자녀 양육은 반드시 여기서부터 출발해야 한다. 당신이 4장과 5장을 이해하고, 마음의 눈으로 하나님을 바르게 바라보게 된다면 내가 할 일은 거의 끝난 셈이나 마찬가지다. 이후의 장들은 그 신학을 적용하는 내용이기 때문에 당신이 그것들을 읽지 않는다고 해도 이 책은 필시 그 목적을 달성할 수 있을 것이다.

복음의 기본

나는 고등학교 시절 농구팀에 있었다. 감독님은 왼편과 오른편에서 하는 레이업 슛, 패스, 수비, 리바운드 등, 기본기를 강조하셨는데, 몇 시간 동안 이런 기본기 훈련만 하다 보면 종종 불만이 터져 나왔다. "감독님, 우리는 덩크 슛을 연습하고 싶어요. 누가 제일 멋진 덩크 슛을 하는지 시합해요." (우리 팀에서 덩크 슛을 할 수 있는 선수는 고작 두 명이었다. 하지만 우리는 모두 덩크 슛을 시험 삼아 해보거나, 그 둘이 덩크 슛하는 걸 보기 좋아했다.)

감독님은 이렇게 말했다. "덩크 슛 한다고 경기에서 이기는 게 아니야. 기본기가 있어야 경기에서 이기는 거지. 기본기 연습이 지겹다는 건 나도 안다. 멋지지도 않고, 관중들이 일어나서 환호하지도 않지. 하지만 기본기에 뛰어난 팀이 게임을 이기는 거야." 감독님 말이 맞았다. 우리는 그다지 재능이 뛰어나지 않았지만 기본기는 좋았다. 그리고 우리 학교는 그해에 18승 2패를 했다.

그게 3학년 때 일이었다. 그리고 다음 해에 새로운 감독님이 오셨는데, 그분은 기본기를 강조하지 않으셨다. 우리는 같은 팀들(그리고 같은 선수들)과 경기를 했는데 이번에는 2승 18패를 했다. 나는 그때, 승패가 기본기에 달려 있다는 중요한 교훈을 배웠다.

기독교 자녀양육도 마찬가지다. 십자가는 기독교의 기본이요, 가장 심오한 기독교의 진리이다. 자녀양육의 세계에서도 기본기는 결과를 낸다. 당신은 이 원칙에 대해 피상적으로 이해할 수도 있고, 깊이 이해할 수도 있다. 하지만 당신이 십자가를 어떻게 이해하는지에 따라 당신의 자녀양육이 결정된다.

나는 최근에 《플래닛 어스》*Planet Earth*라는 DVD 연속물을 봤다. 그중 한 편은 동굴에 관한 내용이었는데, 어떤 사람이 수직으로 난 동굴로 뛰어드는 장면으로 시작한다. 그 사람이 낙하산을 펼치지 않은 채로 눈에서 사라지기 전까지 그 동굴은 그다지 깊게 보이지 않았다(그 사람은 죽지 않았다. 나중에 낙하산을 폈다).

복음은 이 동굴과 같다. 지면에서 보면 얕아 보일지 몰라도, 복음을 이해하면 할수록 우리는 더욱 깊이 떨어진다. 그 깊은 동굴은 우리가 떨어지는 대로 우리를 끝없이 빨아들인다.

이 장에서는 아버지의 거룩하심, 아버지의 구별되심, 죄를 향한 아버지의 진노에 대해 십자가가 우리에게 전하는 바를 간략하게 소개할 것이다. 낙심하지 말라. 다음 장에서는 하나님의 은혜를 살필 것이다. 열심히 따라오라. 필요하면 천천히 따라와도 좋다. 당신의 자녀와 손주를 위해 하나님을 아는 지식 안에서 자라가라.

하나님은 거룩하시다

십자가는 우리의 하늘 아버지가 무한히 거룩하시다는 사실을 확신시킨다.

단어 연상 게임을 해보자. **거룩**이라는 단어를 생각하면 무엇이 떠오르는가? 어떤 이는 특정한 향기와 종소리를 떠올린다. 즉 향 냄새, 예배 의식, 스테인드글라스, 천장이 높고 석재로 된 성당을 떠올린다. 또 어떤 이는 엄숙함, 침울한 표정, 언제나 착하게 구는 것, 재미라고는 전혀 없음을 떠올린다.

성경이 말하는 거룩은 이런 것과는 거리가 멀다. 필립 라이켄은 이렇게 말한다. "거룩은 **구별**을 의미한다. 거룩한 것이란 **구분된 것**이다. 하나님의 경우에 거룩이란, 그분이 모든 피조물과 구별되어 계시다는 뜻이다. 거룩은 그저 하나님의 의로우심(물론 그것도 일부이지만)을 말할 뿐 아니라 그분의 **타자성**otherness을 말한다. 타자성이란, 하나님의 신성과 우리의 인간성 사이에 존재하는 **무한한** 거리에 대해 말한다. 이것은 창조주와 피조물 간의 차이이다."[3]

이렇게 표현할 수도 있다. 어떤 사람이나 사물이 더 거룩해질수록 그 사람 또는 사물은 일반적인 것 내지 평범한 것과 더욱 구별된다. 따라서 거룩의 반대말은 죄악됨이 아니며, 공통성commonness이다. 옛말로 하자면 세속성profaneness이다.[4] 하나님께서 자신이 거룩하다고 말씀하시는 것은 그분이 우리와 다르다는 것을 의미한다. 하나님은 끊임없이 모든 죄, 부정, 악, 도덕적 타락 등 이 세상에 만연한 모든 것으로부터 자신을 구별하신다.

아내는 특정한 꽃에 노출되면 눈이 빨개지고 화끈거리는 알레르기 증상을 보인다. 그러면 나는 아내를 그 꽃으로부터 차단하기 위해 그 꽃을 뒷 베란다에 둔다. 바로 이것이 거룩 안에 담긴 개념이다. 마치 하나님이 모든 형태의 악에 알레르기가 있어서 반드시 즉각 물러나셔야 하는 것과 같다.

이 개념은 어떠한 도덕적 의미를 가지는가? 이는 하나님이 우리에게 친숙한 모든 것으로부터 구별되어 계시다는 뜻이다. 하나님은 우리가 예상할 수 있는 그 무엇이 아니며, 우리는 성경의 하나님을 절대로 생각해 낼 수 없다. 인간이 만들어 낸 신은 그것을 만든 인간과 닮기 마련이다. 그것은 사람들과 구별되지 않고 여러 공통점을 갖는다. 우리는 우리의 형상대로 신을 만들기 마련이다.

하나님은 거룩하시다. 이는 그분이 우리가 상상할 수 없는 방식으로 완벽하고, 순수하고, 흠이 없으시다는 의미이다. 하나님에 관한 모든 것이 거룩하다. "주께서는 눈이 정결하시므로 악을 차마 보지 못하시며 패역을 차마 보지 못하시거늘"(합 1:13). "하늘이라도 그가 보시기에 부정하거든"(욥 15:15). "주여…오직 주만 거룩하시니이다"(계 15:4). 그의 보좌는 거룩하시고(시 47:8), 그의 이름은 거룩하시며(시 30:4, 새번역), 그의 팔은 거룩하시다(시 98:1). 토저는 말한다. "이 단어를 쓴 사람이나 읽는 사람 모두 하나님의 거룩하심을 온전히 알 재간이 없다. 우리는 하나님의 거룩하심과 같은 것에 대해서 아무것도 알지 못한다. 이 개념은 독자적이고, 독특하며, 접근할 수 없고, 파악할 수 없으며, 도달할 수 없다. 자연인은 눈이 멀어서 이러한 개념을 이해할 수 없다."[5]

거룩은 하나님의 근본 속성이다. 이것은 하나님에 대해서 알아야 할 가장 중요한 사항이자, 기초다. 하나님의 거룩하심은 그분의 다른 모든 속성을 규정한다. 우리는 하나님의 진노를 두려워한다. 그 진노가 거룩하기 때문이다. 우리는 하나님의 사랑을 숭앙한다. 그 사랑이 거룩하기 때문이다. 주야로 하나님께 가장 가까이 거하는 스랍들은 이렇게 외친다. "거룩하다 거룩하다 거룩하다 만군의 여호와여"(사 6:3). 하나님에 관한 모든 것이 거룩하다. 성경은 하나님을 "거룩하신 이Holy One"라고 58회 칭한다. 하나님의 영은 거룩한 영이시다. 따라서 말씀은 우리에게 "거룩한 옷을 입고 여호와께 예배할지어다"(시 29:2)라고 명한다.

구속사 내내 하나님은 계속해서 자신을 죄와 죄인으로부터 구별하셨다. 아담과 하와가 죄를 범하자, 하나님은 "그 사람을 쫓아내시고 에덴 동산 동쪽에 그룹들과 두루 도는 불 칼을 두어 생명 나무의 길을 지키게"(창 3:24) 하셨다.

유대의 죄악이 극에 달하자, 하나님은 그들을 자신의 임재가 머물렀던 장소인 예루살렘에서 바벨론으로 추방하셨다. 하나님은 자신에게서 그들을 구별하신 것이다. 그리고 하나님의 임재 역시 그 성전을 떠났다(겔 10장).

마지막 날에 하나님은 창조 세계로부터 자기 자신을 구별하실 것이다. 세상은 원래 의도된 상태로 존재하지 않을 것이다. 죄가 세상을 부패하게 만들었다. 욥은 다음과 같이 우리를 일깨운다. "보라 그의 눈에는 달이라도 빛을 발하지 못하고 별도 빛나지 못하거든"(욥 25:5). 이 때문에 심판의 날에, 하나님은 죄로 더럽혀지지 않은 새 우주를 창조하시기 위해 타락한 창조 세계로부터 자신을 구별하신다. "또 내가 크고 흰 보좌와 그 위에 앉으신 이를 보니 땅과 하늘이 그 앞에서 피하여 간 데 없더라"(계 20:11).

궁극적으로 하나님은, 아들을 믿음으로 자신과 화해하지 않은 모든 이로부터 영원히 자신을 구별하실 것이다. "또 왼편에 있는 자들에게 이르시되 저주를 받은 자들아 나를 떠나 마귀와 그 사자들을 위하여 예비된 영원한 불에 들어가라"(마 25:41).

성경이 하나님의 거룩하심, 즉 구별되심에 대하여 말한 모든 내용은 십자가에서 정리되고 강조된다. 십자가는 하나님의 거룩하심의 마지막에 찍힌 느낌표와 같다!

거룩이 드러나다

아버지의 거룩하심이 인간 역사상 가장 생생하게 입증된 사건이 바로 십자가다. 이를 이해하기 위해서는 아들을 향한 아버지의 사랑을 고찰해야 한다.

아들을 향한 아버지의 사랑은 강렬하다. 성경은 말한다. "이는 내 사랑하는 아들이요 내 기뻐하는 자라"(마 3:17). 이는 평범한 사랑이 아니다. 이 사랑은 거룩하다. 하나님은 자기 아들을 무한한 능력과 무한한 강도와 무한한 지식으로 사랑하신다. 아들의 영광은 무한하기 때문에 무한한 지성만이 아들을 온전히 알고 사랑할 수 있다. 하나님은 아들을 온전히 아시며, 아들의 무한히 완벽한 신성을 알고 보신다.

하지만 여기에 깜짝 놀랄 만한 진리가 있다. 하나님은 아들이 우리의 죄와 허물을 지셨을 때, 아들로부터 자신을 분리하셨다. 하나님의 거룩은 이 정도이다. 예수님은 십자가에서 이렇게 울부짖으셨다. "나의 하나님, 나의 하나님, 어찌하여 나를 버리셨나이까"(마 27:46). 이 충격적인 진리 앞에서 우리가 과연 무슨 말을 할 수 있겠는가? 우리는 그분의 거룩함을 상상조차 할 수 없다. 토저는 이렇게 말한다.

> 매우 순수한 사람 혹은 순수한 대상을 떠올려보고 그 개념을 최고의 단계까지 높여보는 방식으로는 하나님의 거룩이 지니는 참된 의미를 파악할 수 없다 하나님의 거룩은 우리가 아는 최고의 것을 무한히 개선하면 도달하는 무언가가 아니다. 우리는 하나님의 거룩하심에 대해 아무것도 모른다…[우리는] 하나님의 능력을 두려워하고 하나님의 지혜에 감탄할 수 있을는지 모른다. 하지만 그분의 거룩은 상상할 수조차 없다. 오직 거룩하신 분의 영만이 사람의 영에 거룩을 아는 지식을 주실 수 있다.[6]

십자가는 우리에게 다음의 진리를 확신시킨다. 하나님은 거룩하시며, 언제나 자신을 죄와 죄인으로부터 분리하신다. 이 통찰은 자녀양육에 있어서 매우 중요하다. **효과적인 자녀양육을 하는 부모는 갈수록 하나님의 시선으로 죄를 바라본다.** 그들은 갈수록 하나님의 느낌으로 죄를 느끼며, 이 문제에 대해 확고한 견해를 갖는다. 하나님이 죄를 너무나 싫어하셔서, 아들이 우리 죄를 대신 지실 때 그 독생자로부터도 자신을 분리하셨다면, 우리 자녀가 거듭남의 기적을 통해 그분과 화목하지 않으면 우리 자녀로부터는 자신을 얼마나 분리하시겠는가?

하지만 하나님이 우리와 우리의 자녀를 그렇게 사랑하여 기꺼이 자신의 독생자를 버려 우리에게 손길을 뻗치셨기에, 반대로 우리에게는 큰 확신이 있다. 우리가 부모로서 할 일을 할 때, 하나님은 우리와 우리의 자녀에게 신실하실 것이다. 이 사실은 우리에게 큰 의무가 있음을 시사한다. 하나님이 우리 자녀를 이다지도 사랑하신다면 우리의 책임은 얼마나 막중한가? 혹시라도 우리가 임무를 소홀히 하면 하나님께 무어라고 답할 것인가?

거룩한 길이 드러나다

거룩은 하나님의 길이 우리의 길과 다르다는 사실을 의미한다. "이는 하늘이 땅보다 높음 같이 내 길은 너희의 길보다 높으며 내 생각은 너희의 생각보다 높음이니라"(사 55:9). 십자가는 하나님의 길이 우리의 길과 다름을 분명히 보여준다.

웨인 그루뎀은 묻는다. "그리스도를 이 땅에 와서 우리 죄를 위해 죽게 만든 궁극적인 원인은 무엇인가?" 그리고 답한다. "그것은 하나님의 사랑과 공의이다."⁷¹ 우리는 사랑이 그 원인이라는 것은 쉽게 이해한다. 그런데 공의라니? 우리는 불쾌한 일이 생기면, 통상 지난 일은 지난 일로 내버려 두고 용서하고 잊어버린다. 하지만 하나님은 거룩하시고, 하나님의 길은 우리의 길과 다르다. 하나님은 공의로우시고 그분의 공의도 거룩하여, 이 세상의 공의와 같지 않다. 하나님의 공의는 중지될 수 없고, 타협되거나 좌절될 수 없으며, 반드시 완벽하게 성취되고 충족된다. 다시 말해, 하나님이 공의를 타협하신다면 그것은 곧 죄가 된다.

하나님은 거룩하시기 때문에 죄를 벌하지 않고 그냥 용서하실 수 없다. 따라서 십자가는 죄인을 용서하는 동시에 하나님의 공의를 만족시키는 한 가지 길을 제공했다. 하나님은 자신의 공의가 만족될 때만 죄인을 용서하신다. 하나님은 십자가에서 자기 아들에게 그 벌을 가하셨다. 일이 이렇게 된 것이다. 하나님은 구약과 신약의 모든 믿는 자의 죄를 자기 아들 위에 얹으셨다. 그리고 그들이 당해야 하는 고통을 아들에게 가하셨다. 이런 방식으로 하나님은 자신의 거룩한 공의를 타협하지 않으시면서 죄인들을 용서하실 수 있었다. 십자가는 하나님이 "자기도 의로우시며 또한 예수 믿는 자를 의롭다 하려 하시"(롬 3:26)는 일을 가능하게 한다.

십자가는 우리에게 하나님이 거룩하시다는 사실을 일깨워준다. 하나님의 길은 우리의 길과 다르고, 하나님의 생각은 우리의 생각과 다르다(사 55:8). 마찬가지로 효과적으로 양육하는 기독교 가정의

"길"은 거룩하며, 주위의 세상과 다르다. 후에 이 주제를 다시 다루겠다.

거룩한 진노

하나님은 우리가 발명한 분도 아니고 만들어 낸 분도 아니다. 그분은 실재하신다. 하나님은 우리에게 자신이 어떤 분이신지를 말씀해주셨다(성경 말씀으로). 따라서 우리는 말씀에 면밀한 주의를 기울여야 한다. 이러한 것을 언급하는 이유는 하나님의 진노가 어려운 주제이기 때문이다. 우리는 종종 이 주제를 무시하거나 그냥 넘어가고 싶은 유혹을 받는다. 복음이 이에 관해 전하는 내용이 유쾌하지 않기 때문이다.

이미 살펴봤듯이 거룩하신 하나님은 악을 **증오**하고, 선하고 덕스럽고 참된 것을 열정적으로 사랑하신다. 그러나 이는 현대인의 사고방식에 거부감을 일으킨다. 증오가 오늘날에는 선동적인 단어가 되었기 때문이다. 미디어는 "증오 발언hate speech"을 비난한다. 사실 많은 사람들에게 있어, 강한 신념을 지닌 사람은 누구라도 "증오심"에 불탄다는 죄책을 지고 있는 것으로 여겨지게 되었다.

하지만 성경은 일관적으로 하나님의 증오를 언제나 고결한 것으로 묘사한다. 하나님은 절대 증오에 대해 사과하지 않으시며 죄책감을 느끼지도 않으신다. 성경은 말한다. "주는 모든 행악자를 미워하시며"(시 5:5). "왕은 정의를 사랑하고 악을 미워하시니 그러므로 하나님 곧 왕의 하나님이 즐거움의 기름을 왕에게 부어"(시 45:7). "내가 야곱을 사랑하였고 에서는 미워하였으며"(말 1:2-3).

이렇게 악을 대항하는 "증오"가 구체화된 것이 바로 **진노**다. 이것은 거룩한 분노로서, 무한한 선과 악이 충돌할 때 진노가 넘쳐흐른다. 제리 브리지스Jerry Bridges는 말한다. "하나님의 진노는 모든 악에 대한 하나님의 강렬하고 뿌리 깊은 증오에서 생겨나며, 이것은 악을 벌하려는 하나님의 완강한 결심이 구체적으로 표출된 것이다. 하나님의 진노란 활동하는 하나님의 공의로서, 모든 죄인에게 그가 마땅히 당해야 할 몫을 가져다주는 것이다(죄 때문에 그것은 언제나 심판뿐이다).[9]

우리 대부분은 하나님의 진노를 직시하기 주저한다. 우리는 모두 "하나님은 사랑이시라"(요일 4:16)고 확신한다. 하지만 하나님의 진노에 대해서도 확신하는가? 화를 내시는 하나님을 어떻게 예배할 수 있는가? 화는 죄가 아닌가?

그런데 성경은 하나님의 사랑보다 진노에 대해 더 자주 말한다. 레온 모리스Leon Morris는 "하나님의 진노는 580회 이상 언급된다. 따라서 진노를 이따금 등장하는 주제라고 말할 수 없다. 성경에서 하나님의 진노는 매우 인격적이다."[10]라고 말한다. 나는 A. W. 핑크Pink가 다음과 같이 말한 것이 옳다고 생각한다. "하나님의 진노에 대해 기꺼이 묵상하려고 하는지 아니면 그것을 꺼리는지 살펴보면, 우리 마음이 실제로 얼마나 하나님을 향하고 있는지 알 수 있다."[11]

인간의 분노는 대개 악하다. 인간의 분노는 통제되지 못해 터져 나오는 화이다. 그것은 의롭지 않다. 하지만 하나님의 진노는 절대 통제를 벗어나지 않으며, 계산되고 의도적인 것이다. 그리고 가장 중요한 점은, 하나님은 **"노하기를 더디하고 인자와 진실이 많"**으시다는 사실이다(출 34:6).

즉, 하나님이 내시는 화는 철저히 통제되어 있다. 이는 톨킨의 판타지 소설 《반지의 제왕》에 나오는 엔트족Ents이 내는 화와 비슷하다. 이 이야기에서 엔트족은 중간계에서 자라는, 살아 움직이는 강력한 나무들이다. 그들은 수 세대에 걸쳐 잠을 잔다. 그런데 그들이 깨어 보니, 중간계가 악에 의해 지배를 받고 있었다. 그들의 화는 점점 커졌다. 하지만 그 속도는 매우 느렸다. 그들은 어떤 일도 성급하게 하는 법이 없다. 하지만 마침내 그 화가 분출되었고, 그들이 다같이 표출하는 화는 근방에 있는 악의 도시를 파괴하기에 이른다. 이는 하나님의 진노가 작동하는 방식을 보여주는 좋은 예다. 하나님의 진노는 절대로 죄악되지 않고, 오히려 그분의 거룩을 나타낸다. 하나님의 진노는 하나님의 도덕적 완전성 중 하나이며, 그분의 영광에 있어 중요한 측면이다.

우리가 정말로 물어야 할 질문은 "사랑이 많으신 하나님이 어떻게 진노하실 수 있는가?"가 아니다. 오히려 우리가 물어야 할 질문은 "무한히 선하신 하나님이 어떻게 죄와 악에 대해 강렬한 화를 느끼지 않으시는가?"이다. 죄는 손대는 모든 것을 파괴한다. 죄는 하나님의 영광을 파괴한다. 또한, 개인의 행복을 왜곡하고, 가족을 타락시키며, 교회를 분열시킨다. 죄는 쥐약과 같다. 냄새도 좋고 때깔도 좋지만 결국 죽이고 만다. 죄가 종종 잠시 동안의 쾌락을 가져올지 모르지만, 대속되지 않은 죄는 무한한 고통으로 끝난다.

하나님은 거룩하시다. 무한히 선하신 분이 어떻게 악에 무심하실 수 있겠는가? 무한한 선함은 행복을 파괴하는 모든 것을 공격적으로 증오해야만 한다. 이것이 하나님의 진노가 지닌 완전성을 이해하는 최고의 방식이다. 하나님은 모든 고난과 고통의 근원인 죄를 향해 진노하신다. 우리는 하나님이 그런 분이심에 감사해야 한다.

십자가에서의 진노

지금까지의 모든 내용으로 미루어 보건대, 하늘 아버지의 진노는 미덕이다. 그리스도께서 십자가에서 우리 죄를 지셨을 때, 아버지는 우리 대신 자기 아들을 벌하셨다. 하나님은 우리가 받아 마땅한 하나님의 진노를 아들에게 쏟아부으셨다. 십자가는 하나님이 자신의 진노를 표출하신 도구였다. 마틴 로이드 존스 박사는 말한다. "십자가가 우리에게 말하는 바는 하나님이 죄를 증오하신다는 것이다. 하나님은 영원히 죄에 반대하신다. 하나님은 자신의 완전하고 거룩한 신적 본성의 모든 강렬함을 다하여 죄를 혐오하신다. 그리고 하나님은 죄를 증오하실 뿐 아니라, 용납하실 수 없다. 하나님은 죄와 타협하실 수 없다."[12]

하나님이 자기 아들에게 자신의 진노를 쏟아부으실 때, 그 진노는 여러가지 방식으로 나타났다. 첫째로 유대인이 예수님을 거부했다. 그들은 완벽하신 분 대신에 흉악범인 바라바를 풀어줄 것을 요구했다. 그들은 "그를 십자가에 못 박게 하소서 십자가에 못 박게 하소서"(눅 23:21)라고 외쳤다. 그리고 하나님의 진노는 고통으로 나타났다. 로마 군사는 그리스도의 머리에 가시관을 씌우고, 예수님을 잔인하게 괴롭혔다. 하나님의 진노는 조롱으로도 나타났다. 그들은 예수님을 놀리고 야유하고 비웃었다. 또한 굴욕으로도 나타났다. 로마 군사들은 예수님을 벗겨서 나체로 만들고 그 상태로 십자가에 올렸다. 또한 극심하고 지독한 고통으로도 나타났다. 그들은 예수님을 십자가에 못 박았고, 그분이 극심한 고통 가운데 서서히 죽는 모습을 바라봤다.

그러나 여기에 놀라운 진리가 있다. 바로 이 모든 일을 아버지가 하셨다는 사실이다. 성부 하나님이 유대인과 로마 군사들을 통해 자신의 거룩한 진노가 완전하게 표출되도록 하신 것이다. "여호와께서 그에게 상함을 받게 하시기를 원하사 질고를 당하게 하셨은 즉"(사 53:10).

조나단 에드워즈는 이렇게 기록한다. "독생자의 죽음과 고난만큼 하나님이 죄에 대한 자신의 증오를 명백히 드러내신 적은 없다. 독생자의 죽음과 고난 안에서 하나님은 죄를 용납할 수 없는 그분의 성품, 그리고 죄와 화목할 수 없는 그분의 성품을 보여주셨다."[13]

갈보리를 그린 그림은 인기가 없다. 하지만 하나님은 아들의 고난이라는 확성기를 통해 다음과 같은 메시지를 외치신다. "나는 모든 형태의 악을 증오한다. 악은 나의 강렬한 분노를 받아 마땅하며,

나의 분노가 죄에 쏟아진 후에야 용서가 가능하다. 나의 거룩한 진노는 반드시 표출되어야 한다."

십자가는 우리를 다음의 결론으로 인도한다. 모든 인류는 두 유형 중 하나에 속한다. 즉 자기에게 임할 하나님의 진노를 대신 받으신 예수님을 믿거나 아니면 자기 방식으로 구원을 얻으려고 한다. 후자의 사람들은 지옥에서 영원히 그 진노를 직접 당하게 될 것이다.

이러한 진리는 부모의 정신을 번쩍 들게 한다. 그리고 죄에 예민해지게 한다. 또한, 이 진리는 자녀의 마음에 있는 죄를 심각하게 생각해보도록 만들고, 자녀양육을 심각하게 여기도록 만든다. 자녀양육의 성공과 실패의 결과는 참으로 심중하다.

결론

이 장의 내용은 지각이 있는 부모들에게 영향을 미치게 되어 있다.

첫째, 3장에서 이미 하나님 경외가 효과적인 자녀양육의 핵심이라고 말했다. 십자가가 하나님의 거룩에 관해 가르치는 내용은 그리스도인 부모로 하여금 하나님을 경외하게 만든다. 이미 살펴봤듯이 하나님의 거룩이 가장 크게 드러난 곳은 구약이 아니라 신약이며, 그것도 바로 십자가에서다. 십자가 사건을 올바로 이해한다면 하나님을 경외할 이유가 충분하고도 남는다.

하나님을 경외하는 것은 복음이 가져오는 중요한 결과이다. 요한 계시록 14장 6절은 말한다. "또 보니 다른 천사가 공중에 날아가는데 땅에 거주하는 자들 곧 모든 민족과 종족과 방언과 백성에게 전할 영원한 복음을 가졌더라." 우리는 천사가 그리스도의 죽음과 부활을 선포하는 소리를 듣게 되리라 기대하지만, 그러기는커녕 천사는 다음의 메시지를 전한다. "하나님을 두려워하며 그에게 영광을 돌리라"(계 14:7). 천사가 이 말을 하는 이유는 하나님을 경외하는 것과 하나님께 영광을 돌리는 것이 모두 복음의 결과이기 때문이다.

둘째, 십자가는 그리스도인 부모에게 개인적인 거룩을 추구하도록 동기를 부여한다. 십자가는 우리를 구별한다. 하나님의 길이 죄인의 길과 다르듯, 우리의 길은 비그리스도인의 길과 다르다. 우리는 다르게 행동한다. 세상 미디어와 공립학교는 더 이상 우리의 자녀양육 어젠다를 규정하지 못하며, 성경만이 그렇게 한다.

하나님의 거룩을 아는 지식은 죄의 영원한 결과를 점점 더 깊이 이해하게 만든다. 그리고 그분의 거룩하심을 철저히 이해하지 못하면 하나님의 사랑, 특히 그분의 겸손과 종되심을 온전히 깨달을 수 없다. 이 모든 것이 우리의 자녀양육에 심오한 영향을 미친다.

십자가는 부모가 먼저 자기 자신의 죄, 그리고 자녀의 죄를 증오하게 만든다. 자기 죄에 미온적인 부모, 그리고 그 연장선상에서 자녀의 죄에 대해 미온적인 부모에게 십자가는 말한다. "하나님은 죄를 매우 심각하게 여기십니다. 당신은 변화되어야 합니다. 하나님은 당신과 같지 않습니다. 하나님은 그분의 온 존재로 죄를 증오하십니다. 하나님은 죄의 파괴적인 속성을 보십니다. 죄는 하나님의 분노를 일으킵니다. 하나님은 수동적이지 않습니다. 죄를 버리지 않으면 결국 당신과 당신의 자녀는 파멸할 것입니다. 하나님은 절대로 죄와 타협하지 않으십니다. 죄의 형벌은 십자가에서 집행되든지, 아니면 당신이나 당신의 자녀가 영원히 고통을 당함으로 집행되어야 합니다."

셋째, 십자가는 우리에게 영원한 관점을 제시한다. 이 장에서 그리스도인 부모는 자녀를 영원의 관점에서 키워야 한다고 말했다. 십자가는 자기 자신과 자녀가 심판대 앞에 어떠한 모습으로 서게 될지에 대해 민감하게 만든다. 하나님은 거룩하시므로, 누구도 하나님을 보면 살 수 없다. 하나님은 가까이 가지 못할 빛 가운데 거하신다(딤전 6:16). 우리가 할 일은 자녀들이 하나님을 얼굴과 얼굴을 맞대고 보며, 그리스도의 의로 옷 입고 영원히 그 앞에 즐겁게 서도록 자녀들을 준비시키는 것이다.

넷째, 십자가에서 입증된 하나님의 거룩은 부모의 결단을 유도한다. 십자가는 날카롭고 통렬하다. 십자가는 부모에게 절대로 하나님의 은혜를 당연하게 여기지 말라고 가르친다. 십자가는 수동적인 부모를 가르쳐 결단을 내리게 한다.

다섯째, 십자가에서 드러난 하나님의 거룩은 부모와 자녀 모두의 심령을 가난하게 만들며, 자신의 공로로는 구원을 얻을 수 없다는 확신을 줌으로써 오직 그리스도 안에서 구원을 찾게 만든다.

레인Lane과 트립Tripp은 《사람은 어떻게 변화되는가》How People Change에서 다음과 같이 통찰력 있게 썼다. "십 대가 복음에 열광하지 않는 이유는 복음의 필요성을 모르기 때문이다. 많은 부모가 자녀들을 자기 의에 도취된 작은 바리새인들로 길러내었다. 그래서 아이들은 자신이 어려움에 빠진 갈급한 죄인이라는 것을 인식하지 못하며, 그 결과 구세주에 대해 감사를 느끼지도 않는다."[14] 반면에, 하나님의 거룩하심의 진리를 굳게 붙잡은 근면한 부모가 기른 자녀들은 이러한 문제를 겪지 않을 수 있다.

이 다섯 가지 유익을 한 문구로 요약할 수 있다. 바로 하나님 경외다. "무릇 마음이 가난하고 심령에 통회하며 내 말을 듣고 떠는 자 그 사람은 내가 돌보려니와"(사 66:2). 하나님 경외는 우리를 겸손하게 하고, 하나님 말씀 앞에 회개하게 하며, 그 앞에서 떨게 한다. 하나님은 이러한 미덕을 지닌 부모들의 노력에 복을 내리신다.

3장에서는 하나님을 경외하는 부모에게 주신 풍성한 약속을 살펴봤다. 십자가는 하나님이 거룩하시다는 진리를 우리에게 확인시켜준다. 하나님 경외는 십자가 아래에서 살아갈 때 따라오는 부산물이다. 그리고 하나님을 경외하는 부모의 자녀에게 복이 있다.

우리는 이제 하나님의 무한한 은혜의 깊은 곳에 뛰어들 준비가 되었다. 하나님의 은혜가 그토록 놀라운 이유는 이것이 거룩한 은혜이기 때문이다. 하나님의 은혜가 하나님 경외 안에 굳건히 심기지 않으면 우리의 자녀양육은 열매를 맺을 수 없다. 하나님의 놀라운 은혜가 다음 장의 주제다.

연구 질문

1. 이 장의 내용을 당신 자신의 말로 요약해보라.

2. 이 장은 신학이 양육 기술보다 중요하다고 말한다. 이 장에서 논의된 신학은 부모의 자녀양육에 어떠한 영향을 미치는가?

3. 성부 하나님은 거룩하시다. 하나님은 자신을 죄로부터 분리하신다. 하나님의 길은 세상의 길과 다르다. 이 개념은 당신의 자녀양육에 어떤 영향을 미치는가?

4. 하나님의 거룩을 아는 지식은 그리스도인이 세상과 구별된 자녀양육을 하도록 어떻게 동기를 부여하는가?

5. 화가 난 채로 징계를 해서는 절대로 안 된다는 말이 있다. 이 장에 비추어볼 때, 당신은 그 말이 사실이라고 보는가? 왜 그러한가? 또는 왜 그렇지 않은가? (힌트 : 에베소서 4장 26절을 읽어보라)

6. 하나님의 거룩, 죄를 증오하심, 죄에 대한 그분의 분노가 당신의 자녀양육을 어떻게 바꾸었는가?

5장
은혜로운 아버지

앞장에서는 하나님의 초월성을 논했다. 하나님은 우리와 다르시다. 그분은 거룩하시며, 악을 증오하신다. 그러나 하나님은 그저 초월적이기만 한 분이 아니고, 내재하시는 immanent 분이기도 하다. 하나님은 자기 자녀와 가까이 계시고, 자녀들을 사랑하시며 그들과 관계를 맺고자 하신다. 다윗은 이렇게 말한다. "여호와는 긍휼이 많으시고 은혜로우시며 노하기를 더디 하시고 인자하심이 풍부하시도다"(시 103:8).

하나님은 은혜에 의하여 믿음으로 말미암아 우리를 자기 가족으로 삼으신다. 우리의 행함으로 그분의 가족이 되는 것이 아니다. 우리가 하나님의 가족이 되고, 하나님이 우리의 아버지가 되시는 것, 이 모든 것은 오직 은혜로 되어지는 것이다. 그리고 하나님의 은혜는 그것이 **거룩한** 은혜이기 때문에 더욱 기이하다.

은혜는 기독교의 정수다. 기독교는 이 점에서 다른 모든 종교와 크게 다르다. 기독교의 구원은 행위로 얻을 수 없으며, 구원은 선물이다. 이에 반해 다른 모든 종교는 구원을 위해 노력해야 한다. 힌두교도는 수많은 환생을 거쳐야 하고, 유대교도와 이슬람교도는 율법을 준수해야 한다. 정령신앙자^{animist}는 악한 영의 노예가 되어, 악한 영을 기쁘게 하려고 끊임없이 일한다. 하지만 참된 구원은 무한히 거룩하신 하나님의 **은혜로운** 선물이다. 따라서 은혜를 이해하고 이를 크게 기뻐하는 자는 기독교의 정수를 제대로 파악한 것이다. 은혜는 하나님의 가족에게 있어 기본 중의 기본이다. 은혜는 하나님의 자녀들이 숨 쉬는 공기와 같다. 이 사실은 자녀양육에 있어 매우 중요한 의미를 갖는다.

하나님이 진노받아 마땅한 우리를 양자로 삼기 위해 얼마나 큰 대가를 치르셔야 했는지를 아는 자는 하나님의 은혜에 전율하고 경악하게 된다. 그것은 거룩한 은혜이며, 보통의 은혜가 아니다.

미국인은 대부분 **은혜**를 친절함, 매력, 번듯한 태도와 같은 의미로 여긴다. 나도 전에 은혜라는 단어를 생각할 때면, 흠잡을 데 없는 사교 기술을 지녔던 어느 남부 출신의 아름다운 아가씨를 떠올리곤 했었다. 그 여인은 다른 사람을 불쾌하게 만드는 법이 없었고, 사람들의 기분을 맞춰줄 줄 알았으며, 그 누구와도 잘 지냈다.

하지만 은혜란 자격 없이 얻은 호의이며, 절대적으로 거룩한 것이다. 은혜^{grace}를 정의하는 유명한 두문자어가 있다. 즉 은혜란 "그리스도의 희생 덕분에 주어진 하나님의 부$^{God's\ Riches\ At\ Christ's}$

Expense"라는 것이다. 이 정의에 들어 있는 내용은 전부 사실이지만 우리에게 은혜의 정수를 다 알려주지는 않는다. 그 이유는 우리가 받아 마땅한 심판에 대해 아무런 이야기를 하지 않기 때문이다. 우리는 자신이 받아 마땅한 심판이 무엇인지 이해하는 정도만큼만 은혜를 깨닫고 그것을 귀하게 여길 수 있다. 따라서 이 두문자로 된 어구를 온전하게 하려면 거기에 우리 죄의 추악함을 반드시 추가해야 한다. "그리스도의 희생 덕분에 본질상 진노를 받아 마땅한 사람에게 주어지는 하나님의 부"라고 하면 은혜의 완전한 정의가 된다.

진노를 깨닫지 못하면 은혜도 깨닫지 못한다. 이전 장에서 다룬 하나님의 거룩하심에 대한 지식이 반드시 이 장에 선행해야 한다. 존 프레임은 이렇게 표현한다. 은혜는 "하나님의 진노를 당해 마땅한 자들에게 하나님이 주권적으로 베푸시는 호의로서 우리의 공로와 무관하게 주어지는 것"이다.[1] 윌리엄 헨드릭슨William Hendriksen은 《신약 주석》New Testament Commentary에서 이렇게 쓴다. "하나님의 은혜는 하나님이 주도적으로 베푸시는 호의로서, 가장 큰 형벌을 받아 마땅한 자들에게 가장 큰 선물을 주시는 것이다."[2] 마틴 로이드 존스는 이렇게 결론을 내린다. "은혜는 어떤 호의도 받을 자격이 없는 사람에게 하나님이 베푸시는 호의이다. 우리는 지옥 밖에 받을 것이 없다. 당신은 자신이 천국에 갈 자격이 있다고 생각하는가? 그렇다면 내 말을 믿어도 좋다. 당신은 그리스도인이 아니다."[3]

잘 알려진 기독교 지도자들도 은혜를 혼동하는 일이 잦다. 한 친구가 한번은 어느 기독교 여성 콘퍼런스에 참석했었다. 그곳에는 만 명이 참석해 있었다. 주제는 은혜였는데, 그럼에도 아무도 은혜에 대해 명확한 정의를 내리지 못했다. 그러자 사회자가 패널 중 한 명인 콘퍼런스 리더에게 은혜를 정의해 달라고 요청했다. 긴 침묵이 있은 후 그는 이렇게 답했다. "은혜는 능력 주심입니다."

물론 은혜에는 성령님의 능력 주심이 포함된다. 그러나 그것이 핵심이 아니다. 은혜는 훨씬 풍성한 것이다. 은혜에 대해 이렇게 혼동하는 경우가 잦으므로, 이 장에서는 은혜의 참 의미를 설명해보겠다.

하나님은 은혜로우시다

하나님이 베푸시는 은혜의 거룩함을 알기 위해서는 먼저 "공로 없는"이라는 단어를 살펴봐야 한다. 은혜는 심판을 받아 마땅한 자들에게 주는 상급 또는 호의라고 이야기해볼 수 있겠다. 예를 들어 한 재판관이 연쇄 강간범에게 유죄를 판결했다고 하자. 그런데 그가 재판장 자리에서 내려오더니 자신이 대신 사형을 받겠다면서, 모든 비용을 대어 그 강간범을 삼십 년 동안 하와이로 휴양을 보냈다. 이것이 은혜다. 범인이 저지른 죄악의 심각함이 곧 재판관이 베푼 은혜의 분량이다. 마찬가지로 우리가 받아 마땅한 심판을 아는 지식, 그리고 하나님이 은혜를 베푸시기 위해 감수하신 대가를 아는 지식이, 하나님께서 아버지로서 베푸신 은혜를 측량한다. 십자가는 하나님의 은혜의 길이와 너비를 측정하는 줄자와 같다. 하나님의 진노가 거룩하듯 하나님의 은혜도 거룩하다. 하나님의 은혜는 모든 인간적 개념을 초월한다.

십자가는 우리가 받아 마땅한 심판을 선포한다. 십자가는 일종의 교환이다. 모욕받은 재판관인 아버지가 결백한 자기 아들을 보내 우리의 형벌을 대신 받게 하셨다. 그리스도께서 받아 마땅한 상급을 우리에게 주려고 그렇게 하셨다. 바울은 기록한다. "하나님이 죄를 알지도 못하신 이를 우리를 대신하여 죄로 삼으신 것은 우리로 하여금 그 안에서 하나님의 의가 되게 하려 하심이라"(고후 5:21).

십자가 형벌을 당해 마땅한 죄인이 오히려 완전하신 예수님이 받으실 상급을 받았다. 하나님이 대가를 치르신 덕분에 우리가 상급을 얻은 것이다. 우리가 이러한 교환을 위해 할 수 있는 일은 단 하나도 없다. 우리는 이 사실에 전율해야만 한다! 그리고 이 일에 경악해야만 한다! 또한 무엇보다도 이 사실에 깊이 겸손해야 한다.

목회자인 나는 많은 그리스도인이 은혜에 대해 분명히 알지 못한다는 점을 깨달았다. 교회를 아무리 오래 다닌 사람이라도 은혜의 복음을 잘 이해하지 못할 수 있다. 그래서 나는 사람들이 복음을 잘 이해하고 있을 거라고 지레짐작하지 않는다. 여기서 잠시 은혜를 정의하고, 다섯 개의 중요 명제를 들어 은혜에 대해 설명해보도록 하겠다. 효과적인 부모가 되려면 이것들을 반드시 마음에 새겨야 한다.

하나님은 자유로우시다

첫 번째 명제는, 하나님은 자유로우시다는 것이다. 즉, 하나님에게는 은혜롭지 않을 자유가 있으시다는 뜻이다. 하나님이 우리에게 빚지신 단 한 가지는 공의뿐이다! 그분은 우리에게 은혜를 빚지 않으셨다. 우리는 죄인이기 때문에, 우리에게는 하나님의 은혜를 요구할 권리가 전혀 없다. 이는 하나님이 은혜롭지 않으셔도, 누구도 감히 하나님께 "공정하지 않다"고 말할 수 없다는 뜻이다. 왜 그러한가? 공정함은 의무를 전제하지만, 하나님께는 은혜를 베푸셔야 할 의무가 없기 때문이다.

우리는 하나님이 타락한 천사들에게서 자신의 은혜를 거두신 사실로부터 이것을 이해한다. 하나님은 천사들에게 은혜를 빚지지 않으셨다. 오히려 하나님은 자신이 그들에게 빚진 것을 베푸셨다. 그것은 바로 공의다. 성경은 "하나님이 범죄한 천사들을 용서하지 아니하시고 지옥에 던져 어두운 구덩이에 두어 심판 때까지 지키게 하셨으며"(벧후 2:4)라고 말한다. 하나님은 천사들을 봐주지 않으셨다. 봐주실 수도 있었지만 그렇게 하지 않으셨다. 하나님은 그들에게 용서를 베풀지 않으셨다. 하나님은 그들에게 회개하고 구속받을 기회를 주지 않으셨다. 하나님은 천사들에게 은혜를 베풀지 않으셨다. 하지만 그렇다고 해서 그것이 하나님의 성품에 전혀 오점이 되지 않는다.

이 명제가 사실이라면 우리 역시 그 누구도 하나님께 은혜를 요구할 수 없다. 하나님이 우리에게 빚지신 유일한 것은 공의뿐이다. 하나님은 우리를 범죄한 천사들처럼 대할 수도 있으셨다. 만약 하나님이 우리를 멸망당할 죄 가운데 내버려 두신다 해도 하나님의 도덕적 완전성은 전혀 손상을 입지 않는다. J. I. 패커는 이렇게 쓴다. "은혜는 자유다. 즉, 그것은 자체적으로 발생한 것이며, 은혜롭지 않을 자유가 있는 분에게서 나온 것이다. 각 개인의 운명은 하나님이 그를 죄에서 구원하실지 안 하실지 결심하기에 달려 있다. 우리는 하나님이 그렇게 결심하셔야만 할 의무가 전혀 없다는 사실을 깨달아야만, 은혜에 관한 성경의 관점을 이해할 수 있다."[4]

결론적으로 하나님은 은혜로워야 하는 의무에 절대로 얽매이지 않으신다. 하나님이 은혜를 베푸시는 것은 죄인을 사랑하시기 때문이며, 은혜 베풀기를 기뻐하시기 때문이다. 하나님께는 어떤 이에게는 은혜를 베풀고, 어떤 이에게는 은혜를 거두실 자유가 있다.

하나님은 무엇을 필요로 하는 분이 아니다

둘째, 하나님은 무엇을 필요로 하는 결핍을 가진 분이 아니다. 즉 하나님은 자신 안에 있는 어떤 필요를 충족시키기 위해 은혜를 베푸시는 것이 아니다. 성경은 말한다. "또 무엇이 부족한 것처럼 사람의 손으로 섬김을 받으시는 것이 아니니 이는 만민에게 생명과 호흡과 만물을 친히 주시는 이심이라"(행 17:25).

하나님은 세 위격 간의 공동체 안에서 온전히 만족하시기 때문에 아무런 필요가 없으시다.[5] 하나님은 무한히 행복하시고, 무한히 평안하시다. 하나님의 영은 "말할 수 없는 영광스러운 즐거움으로 기뻐"하신다(벧전 1:8). 하나님에게는 모든 지식과 능력이 있다. 하나님이 행복하지 않으시다면 하나님은 즉시 그 이유를 아신다. 그리고 하나님께는 그 문제를 바로 그 자리에서 해결할 능력이 있으시다. 하나님은 사랑받고 인정받는 경험을 필요로 하는 분이 전혀 아니며, 자신 안에서 순전히 자족하신다.

따라서 하나님은 교제가 부족해서, 또는 사랑할 누군가가 필요해서, 또는 하나님(성부, 성자, 성령)의 영원한 연합 안에서 누리는 관계로 만족하지 못해서 우리를 창조하신 것이 아니다. 존 파이퍼는 말한다. "하나님은 어떠한 내적 결핍으로 인해 원하지 않는 일을 하도록 강요받지 않으신다. 하나님은 영원부터 완전하시고 만족으로 넘쳐나신다. 하나님은 교육도 필요하지 않으시다. 아무도 이미 하나님에게서 나오지 않은 것을 하나님께 드릴 수 없다."[6]

우리와 같은 유한하고 궁핍한 피조물은 하나님의 그러한 속성을 이해하는 데 어려움을 겪기 마련이다. 우리는 필요에서 비롯되지 않은 행위를 이해하지 못하기 때문이다. 특히 무한히 희생적이기만 한 행위는 더욱 이해하지 못한다. 우리가 하는 모든 일은 자신의 어떤 필요를 충족시키기 위한 것이다. 예를 들어, 우리는 교제가 필요해서 결혼을 하고, 돈이 필요해서 일을 하며, 후대를 잇기 위해 자녀를 갖는다. 심지어 영생이 필요해서 하나님을 사랑하고 섬긴다. 우리는 채워야만 하는 텅 빈 그릇이다. 반면에 하나님은 끊임없이 충만하게 차고 넘쳐흐르는 속성을 갖고 계신다.

그럼에도 여전히 의문이 남는다. 아무런 필요가 없다면 하나님은 왜 사람을 창조하고 구속하셨는가? 그 답은 간단하다. 하나님은 자신의 선하심에 영광을 돌리게 하려고 사람을 창조하셨다. 하나님은 자신의 도덕적 완전성을 드러내고 발휘하기 위해 사람을 창조하신 것이다. 우리는 하나님의 영광을 위해 존재하며, 하나님의 선하심이 계속해서 흘러넘치기 때문에 존재한다. 그리고 하나님은 자신의 선하심을 드러내고 나누기 원하신다.[7]

우리는 앞서 두 가지를 살펴봤다. 하나님은 은혜를 베풀지 않을 자유가 있으시며, 하나님이 은혜를 베푸시는 것은 자신 안에 있는 어떤 필요를 충족시키기 위함이 아니라는 것이다. 즉, 하나님이 우리를 자기 가족으로 입양하려는 동기는 그분의 무한한 선하심 때문이며, 하나님은 어떤 식으로든 자신의 유익을 이기적으로 추구하시지 않는다.

죄는 무한히 역겹다

세 번째 명제는 우리의 단점과 관련 있다. 하나님은 자유로우시며, 아무런 결핍도 아무런 필요도 없으시다는 사실 외에도, 우리는 우리 안에 깊이 자리 잡은 단점 때문에 하나님을 온전히 이해하는 것이 불가능하다. 하나님은 친구가 아닌 원수에게 은혜를 베푸셨다 (롬 5:8). 만약 우리가 친구라면 "호의"를 받을 "공로가 있는" 것이고,

그렇다면 하나님의 호의는 은혜가 아니게 된다. 이미 말했듯이 하나님을 향한 우리의 적개심과 우리를 향한 하나님의 적개심을 바르게 이해하면 은혜가 얼마나 놀라운지 깨닫게 된다.

앞장에서 하나님의 정의에 대해 논했는데, 우리의 단점을 이해하려면 다시 이 주제로 돌아가야 한다. 하나님은 완벽하게 정의로우시다. "능력 있는 왕은 정의를 사랑하느니라"(시 99:4). "여호와는 정의의 하나님이심이라"(사 30:18). 하나님은 지나치게 가혹한 벌을 내리지 않으신다. 오히려 모든 죄는 정확히 그에 합당한 보응을 받을 뿐, 조금도 지나친 벌이 내려지지 않는다. 그렇다고 해서 하나님이 정의를 느슨하게 적용하시는 일도 없다. 그것은 죄가 되며, 그와 반대로 하나님은 언제나 정의를 행하신다. 이 사실을 토대로, 우리의 죄가 얼마나 극악무도한지를 밝혀줄 두 가지 진리를 배워볼 것이다. 바로 지옥과 십자가다.

우선 지옥은 우리의 단점을 극적으로 드러내 보인다. 지옥을 통해 우리는 하나님의 눈으로 죄를 바라보게 된다. 지옥은 우리의 죄가 하나님 보시기에 무한히 악랄하다고 말한다. 왜 그러한가? 지옥은 의식을 지닌 채로 영원히 고통당하는 곳이다. "또 왼편에 있는 자들에게 이르시되 저주를 받은 자들아 나를 떠나 마귀와 그 사자들을 위하여 예비된 영원한 불에 들어가라"(마 25:41).[8] 그곳에서 영원히 고난을 받는다 하더라도, 죄가 너무 심각하기 때문에 그 고통이 그들의 죄를 절대로 속량하지 못하는 것이다. 죄인이 지옥에 아무리 오래 있다 할지라도, 정의와 공로라는 저울을 평평하게 맞추어 그를 천국으로 되돌릴 수는 없다. 그렇다면 지옥의 고통은 우리 죄에 대해 무엇을 말하는가? 하나님은 무한히 정의로우신 분이라는 점을 생각할 때, 지옥의 고통은 죄가 하나님께 무한히 역겨운 것일 수밖에 없다는 사실을 분명히 말해준다. 그렇지 않다면, 의식을 지닌 채로 고통을 영원히 당한다는 것은 공정한 일이 아닐 것이며, 그렇다면 하나님은 공정한 재판관일 수 없다. "무한히 역겨운 죄"란 대단히 강한 어조의 말이다. 그래서 받아들이기 힘들다. 여러분 대부분은 더 많은 증거를 원할 것이다. 복음, 그리고 특별히 십자가가 그 증거이다.

십자가는 이제껏 우리가 말한 죄의 무한한 역겨움이 사실임을 보여준다. 십자가는 유한한 희생제물로는 도저히 죄를 속할 수 없다고 말한다(히 10:4). 오직 무한한 가치를 지닌 희생제물이신 하나님 자신만이 우리의 죄를 대속하실 수 있다. 무한한 존재만이 무한히 거룩하신 하나님께 저지른 무한한 죄를 대속할 수 있을 정도로 고난받으실 수 있다.

이것이 예수님이 하나님이셔야만 하는 이유다. 인간의 희생제사로는 이 일을 할 수가 없기 때문이다. 그분이 인간이기만 했다면 당신과 나는 여전히 죄 가운데 죽고 말 것이다. 유한한 가치를 지닌 대상으로는 무한히 역겨운 죄를 대속할 수 없다. 무한한 가치를 지닌 희생제물만이 하나님의 정의라는 저울을 평평하게 만들고 우리의 용서를 확보할 수 있다. 브리지스와 베빙턴은 한목소리로 말한다. "대속은 오직 무한한 가치와 존엄성을 지닌 신적인 사람이 아니

면 행할 수 없다. 거룩하신 하나님께 지은 우리의 역겨운 죄는 무한히 극악한 행위이기 때문이다."⁹⁾

나는 죄라고 할 때, 간음, 술 취함, 은행 강도를 말하는 것이 아니다. 오히려 내면에 비밀스럽게 자리 잡은 영적인 죄를 말하는 것이다. 음탕한 눈빛, 교만, 자기가 무어라도 된 듯이 여기는 생각, 불신앙, 이기심, 비판적인 말, 험담 등의 영적인 죄 말이다. 기억하라. 아담과 하와는 간음하거나 코카인을 흡입한 것이 아니라 그저 금지된 열매를 베어 물은 것뿐이었다. 하지만 그 결과는 수십억 명의 죽음, 고난, 소외, 거부를 초래했다. 우리가 과연 죄의 참상을 완전히 이해할 수 있을까? 우리가 정말로 하나님의 시각에서 죄를 바라볼 수 있을까?

그래서 우리는 하나님이 우리의 죄를 얼마나 혐오하시는지, 죄가 우리를 하나님으로부터 얼마나 멀어지게 하는지, 죄가 우리를 향한 하나님의 진노를 불러일으키는 것이 얼마나 당연한지를 전혀 이해할 수 없다고 결론을 내린다.

내가 이 모든 이야기를 한 것은 다만 한 가지를 분명히 하기 위함이다. 하나님은 그분의 원수에게 은혜를 베푸셨으며, 은혜받은 이들 안에 있는 무언가가 하나님의 은혜를 강제한 것이 아니다. 즉 그들의 어떠한 행위로 인해 하나님의 마음이 움직인 것이 아니다. 하나님의 은혜는 참으로 거룩하다. 참으로 놀라운 은혜이다.

우리는 무력하다

네 번째 명제는 당신과 내가 무력하다는 사실이다. 지금까지 말한 내용들이 사실이라면, 이 명제는 자명하다. 하지만 대부분의 사람들은 자신이 무력하다는 사실을 전혀 알지 못하며, 착하게 살면 천국에 간다고 생각한다(자신을 그리스도인으로 고백하는 많은 이들조차 그렇게 생각한다).

최근 한 장례식장에서 고인의 남편이 눈물이 그렁그렁한 채로 나에게 말했다. "제 아내는 흔치 않게 착한 사람이었습니다. 누군가가 천국에 간다면 그것은 바로 제 아내일 겁니다." 이분은 자신을 그리스도인으로 고백하는 사람이었고, 80년 동안 매주 교회에 출석했다. 하지만 자신의 무력함에 대해서는 전혀 알지 못했다. 자신의 죄, 하나님의 거룩하심, 하나님의 은혜에 대한 이해가 전혀 없었다.

나는 종종 회중에게 충격을 주기 위해 다음과 같이 말한다. "사람의 모든 죄보다 오히려 그의 미덕이 그를 천국에서 멀어지게 합니다." 회중이 이 말을 듣고 깜짝 놀라면 이렇게 설명한다. "제 말의 의도는 자신의 미덕을 신뢰하는 마음이, 간음과 술 취함 등 모든 죄보다 더 사람을 천국에 들어가지 못하게 만든다는 점입니다." 우리는 충분히 선할 수 없으며, 절대로 하나님의 기준에 부합할 수 없다. 하나님을 기쁘시게 하려면 우리는 자신이 영적으로 파산했음을 반드시 고백해야 한다. "의인은 없나니 하나도 없으며…다 치우쳐 함께 무익하게 되고 선을 행하는 자는 없나니 하나도 없도다"(롬

3:10,12, 시 14:1,3 인용). 완벽을 요구하시는 하나님 앞에서 우리는 충분히 선할 수 없다. "완벽한 사람은 없다."는 격언이 있다. 이것이 우리의 문제이다. 우리는 반드시 완벽해야 하기 때문이다.

많은 그리스도인과 비그리스도인이 선행을 한다. 많은 비그리스도인이 병자를 돌보고 무료급식소에서 봉사한다. 오드리 햅번은 제3세계 국가에서 아이들을 돌보며 생의 마지막을 보냈다. 바울은 사람들이 선행을 하지 않는다고 말하지 않았다. 다만 하나님을 향한 믿음에서 나오지 않고, 하나님의 영광을 위해 행한 것이 아닌 행위는 어떤 것도 하나님께서 받으시는 영적 선이 될 수 없다고 말했을 뿐이다. 외적으로 선한 일을 하는 것으로는 충분하지 않으며 그 행위가 반드시 거룩한 동기에서 나와야 한다. 이것이 누구도 자기 공로로 천국에 갈 수 없다고 우리가 결론을 내리는 이유이다. 그것은 완전히 불가능한 일이다.

만약 이 말이 사실이라면 공로를 쌓기 위해 조금 더 노력하는 건 시간낭비다. 이 말이 사실이라면 이타적인 불교도, 무슬림교도, 몰몬교도는 심각한 문제에 처할 것이다. 이 말이 사실이라면 새해 결심도 진실을 가리는 속임수에 불과하다.

우리가 무력하기 때문에 하나님의 아들께서 이 땅에 오셔서 무한한 고통을 당하셨다. 그리스도인은 자신의 무력함을 고백하는 사람이다. 사실 우리 자신의 미덕에 의지하는 것은 그저 중립적인 사안이 아니며, 그것은 뿌리 깊은 죄악으로서 하나님의 진노를 불러일으킨다. 그 이유는 자기 힘으로 하나님 앞에 선한 자로 나타나려는 시도는 그리스도의 십자가와 대속의 공로를 멸시하고 거부하기 때문이다. 곤경에 처한 친구를 위해 당신이 아들을 보내 죽게 했는데 그 친구가 이렇게 말한다고 해보자. "고맙지만 필요 없어. 내 스스로 해결할 수 있어." 당신은 어떤 기분이겠는가? 기쁘지는 않을 것이다.

무언가를 행해야만 하나님이 받아주신다고 믿는 어느 친구와 대화를 나누다가 나는 이렇게 말했다. "무언가를 해냄으로써 하나님의 인정을 받으려는 것은 그리스도의 십자가를 거부하는 것이야. 자네가 그렇게 하지 않을 것이라고 믿네." 그는 몹시 기분이 상했다. 그는 자신이 구원받을 만한 존재라는 사실을 입증하기 위해 노력하면 하나님이 기뻐하신다고 확신했다. 그런데 하나님의 환심을 사려는 그러한 시도가 사실상 십자가를 거부하는 것이라는 말에 화가 난 것이다. 하지만 이 강력한 말씀에 귀 기울여보라. "무릇 율법 행위에 속한 자들은(즉 좀 더 열심히 노력하는 자들) 저주 아래에 있나니 기록된 바 누구든지 율법 책에 기록된 대로 모든 일을 항상 행하지 아니하는 자는 저주 아래에 있는 자라 하였음이라"(갈 3:10, 신 27:26 인용). "율법 안에서 의롭다 함을 얻으려 하는 너희는 그리스도에게서 끊어지고 은혜에서 떨어진 자로다"(갈 5:4). 바울은 스스로의 미덕을 신뢰하는 자들을 그리스도에게서 끊어진 저주 받은 자라고 묘사한다.

당신이 기독교의 모든 기본 진리를 믿더라도, 자신의 선행을 통해 하나님과 화목하게 되기를 고집한다면, 당신은 무심코 복음을 거부하는 것이다. 우리가 무력하다는 사실은 진리다. 우리는 행함이 아닌 하나님의 은혜에 의하여 믿음으로 말미암아 복음의 능력을 내 것으로 삼는다. "너희는 그 은혜에 의하여 믿음으로 말미암아 구원을 받았으니 이것은 너희에게서 난 것이 아니요 하나님의 선물이라 행위에서 난 것이 아니니 이는 누구든지 자랑하지 못하게 함이라"(엡 2:8-9).

지금까지 네 가지 명제를 살폈다. 하나님은 자유로우시다. 하나님은 아무런 필요가 없으시다. 우리는 하나님의 원수이다(죄는 무한히 역겹다). 우리는 무력하기에 인간적 노력으로 이 곤궁한 처지를 바꿀 수 없다.

하나님이 은혜를 베풀기 위해 치르신 대가

마지막 다섯 번째 명제는 다음과 같다. 우리는 아버지께서 은혜를 베풀기 위해 치르신 대가를 이해하는 만큼만 은혜를 이해한다는 점이다.

아버지는 구원받은 자를 자기 가족으로 입양하신다. 그들을 자기 자녀로 삼으시는 것이다. 이 땅에서도 입양에는 많은 돈이 든다. 나는 어느 그리스도인이 중국에서 아이 한 명을 입양하기 위해 삼만 달러를 지출했다는 이야기를 들었다. 하지만 이 정도 비용은 아버지께서 당신과 나를 자녀로 입양하기 위해 지불하신 대가에 비하면 아무것도 아니다. 아버지께서 치르신 대가는 무한하다.

시나리오를 하나 상상해보자. 한 가난한 아버지가 열 살짜리 아들을 무릎에 앉히더니 말한다. "이제 진실을 말해줄 때가 되었구나.

너는 우리가 낳은 아들이 아니란다. 네가 6주 되었을 때 입양했단다. 한때 우리에게는 천만 달러 정도 되는 재산이 있었지만, 너를 우리 가족에 들이고 싶어서 입양 비용으로 그 재산을 다 써버렸단다. 우리는 그때부터 가난하게 지내고 있지만 한 번도 후회한 적이 없단다. 네가 우리 가족이라는 사실이 이 세상의 모든 돈보다도 더 가치가 있기 때문이야."

이 아이는 어떤 감정일까? 첫 번째 반응은 아무래도 실망일 것이다. "내 아버지가 진짜 아버지가 아니었다니." 하지만 두 번째 반응은 기쁨일 것이다. 자신이 정말로 사랑받고, 존중받고, 아마 거의 모든 친자식보다 더 중요한 존재로 받아들여지고 있다는 사실을 아는 데서 오는 깊은 기쁨일 것이다. 아이가 기쁨을 느끼는 이유는 자신을 입양하며 치른 대가가 아버지의 사랑의 분량임을 알기 때문이다.

하나님의 은혜는 이런 식으로 우리에게 영향을 미친다. 하나님이 우리를 입양하려고 치르신 대가는 천만 달러보다 더 크다. 아니 무한하다. 우리가 살펴봤듯이, 무한히 거룩한 하나님께 저지른 무한히 악랄한 범죄 행위를 대속하기 위해서는 무한한 가치를 지닌 희생제물이 필요했다.

이것이 십자가에서 일어난 일이다. 하나님은 우리를 입양하기 위해 자신이 무한히 사랑하는 가장 귀한 보물인 자신의 아들을 주신 것이다. 앞에서 다룬 네 가지 명제의 맥락에서 이를 생각해보라. 아버지는 우리에 대해 아무런 의무가 없으시고, 그분 안에 아무런 필요가 없으심에도 불구하고, 우리를 향한 무한한 적개심, 우리의 완전한 무력함에도 불구하고 이 대가를 치르셨다. 하나님은 우리를 사랑해서, 은혜를 베풀기 위해, 그리고 자신의 은혜를 영광스럽게 하려고 이 일을 행하셨다.

하나님의 은혜는 측량할 수 없다. 또한, 이 세상의 어떤 은혜와도 같지 않다. 이 은혜의 바탕에는 하나님의 사랑이 자리잡고 있다. 바울이 다음과 같이 기도한 것은 놀라운 일이 아니다. "능히 모든 성도와 함께 지식에 넘치는 그리스도의 사랑을 알고 그 너비와 길이와 높이와 깊이가 어떠함을 깨달아 하나님의 모든 충만하신 것으로 너희에게 충만하게 하시기를 구하노라"(엡 3:18-19).

결론적으로 은혜는 그저 "공로 없이 받은 호의"가 아니다. 우리는 그보다 더 깊은 것을 이해해야 한다. 은혜는 형벌을 받아 마땅한 자에게 주신 상급이다. 우리는 이 은혜를 아는 지식 안에서 계속 자라기 위해 우리의 남은 생애를 써야 한다(엡 1:6). 그것이 우리의 가장 큰 기쁨이자 찬양이다.

은혜의 열매

지금까지 우리는 오직 은혜에 의해 하나님의 가족이 되었다는 사실을 밝혔다. 이 사실은 자녀양육에 심오한 영향을 미친다. 그리스도인은 은혜를 얻기 위해 일하지 않는다. 그리스도인이 일하는 이유는 이미 은혜를 받았기 때문이다. 그리스도인은 자기 힘으로 하나님의 호의를 얻지 않는다. 그들은 하나님이 이미 자신에게 호의를 보이셨기 때문에 하나님을 섬긴다. 그리스도인은 구원받을 자격을 얻으려고 일하지 않는다. 그들은 하나님이 이미 구원을 베푸셨기 때문에 하나님을 기쁘게 섬긴다.

지금껏 살펴봤듯이, 은혜는 기독교와 여타 다른 종교 사이에 놓인 거대한 골짜기와 같다. 인간 마음의 기본값$^{default\ condition}$은 "내가 충분히 선해진다면 하나님이 나를 받아주실 것이다."라는 생각이다. 이안 머레이$^{Iain\ Murray}$는 말한다. "자연인의 종교는 언제나 자기 의를 세우는 종교다."[10]

기독교는 이 모든 것을 반전시킨다. 기독교는 말한다. "당신은 무한한 범죄로 하나님의 진노를 불러일으켰지만, 하나님은 당신을 받아주신다. 당신은 완벽해야만 하지만 그렇게 될 수 없다. 그럼에도 하나님은 당신을 받아주신다. 하나님은 자기 아들을 보내셔서 당신이 할 수 없는 일을 하게 하셨다. 그분은 당신 대신 완벽한 삶을 사셨고, 당신이 저지른 무한히 극악한 죄에 대한 아버지의 공의로운 진노를 스스로 지셨다. 하나님이 당신을 죄 가운데 그대로 내버려 두시는 편이 오히려 완전한 정의이지만, 하나님은 아들을 보내셨다. 하나님께는 어떤 결핍도 없지만 그렇게 하셨다. 그분의 순수하고 압도적이며 불가해한 사랑 때문이다."

자녀양육을 포함하여 그리스도인의 모든 순종과 섬김은 이 놀라운 은혜에 대한 반응이다. 즉, "하나님의 은혜의 복음"(행 20:24)에 대한 반응이다. 하지만 유감스럽게도 다른 동기들이 존재한다. 많은 그리스도인 부모는 교만의 동기 아래 행한다. 우리는 다른 사람에게 자신을 좋게 보이고 싶어 한다. 때로는 내면 깊은 곳에서 우리가 하나님과 동등하다는 사실을 보이길 원한다. 우리는 공짜 선물은 원치 않으며 하나님께 반드시 갚아드려야 직성이 풀린다. 그리고 어떤 때는 죄책감이 자녀양육의 동기가 된다. '내가 이렇게 하면 하나님은 나를 용서하실 거야.' 또한, 어떤 가족을 움직이는 동인은 불안함이다. '___에 비해 나는 변변치 못해. 내가 ___처럼 할 수 있다면 하나님이 나를 사랑하실 텐데.' 마지막으로 두려움도 종종 동기로 작용한다. '내가 해내지 못한다면 하나님은 분명히 나를 벌하실 거야.'

그러나 하나님의 은혜를 아는 자는 기쁨과 감사로 반응한다. 그들은 하나님의 호의를 사려는 의도에서가 아니라, 다만 하나님의 은혜에 사로잡혔기 때문에 그분의 거룩함과 경건함을 닮으려고 애쓴다. 그들은 하나님의 도덕적 아름다움을 보고, 하나님을 닮기 원한다. 그들은 하나님이 자신을 위해 행하신 일을 보고, 기쁜 마음으로 감사하며 자신의 삶을 드린다. 은혜가 그들을 움직여 하나님을 사랑하게 하고, 점점 겸손하게 만들며, 하나님께 순종하게 하고, 형제자매를 사랑하게 한다. 은혜만이 하나님이 찾으시는 선한 행위를 만들어 낸다. 결국, 효과적인 자녀양육의 동기는 은혜이다.

결론

이 책은 복음이 자녀양육에 어떻게 영향을 미치는지에 관한 책이다. 하나님의 은혜는 부모에게 어떠한 영향을 미쳐야 하는가?

첫째, 하나님의 은혜는 우리가 완벽한 부모인 척하는 것이 무익하다는 사실을 확인시켜준다. 복음은 우리가 완벽할 수 없다는 사실을 날마다 상기시킨다. 우리는 일관되게 징계하지도 못하고, 충분히 가르치지도 못하며, 적절하게 사랑하지도 못한다. 그러나 그것이 오히려 우리를 담대하게 만든다. 복음은 우리가 약할 때 하나님의 은혜가 온전해진다는 사실을 일깨우기 때문이다(고후 12:9-10).

둘째, 하나님의 은혜는 부모들을 점점 신중하고, 은혜롭고, 겸손하게 만든다. 우리가 자녀를 부적절하게 징계하거나 나쁜 본을 보였을 때, 하나님의 은혜와 인자하심이 우리를 움직여 배우자와 자녀에게 잘못을 고백하도록 만든다. 자녀를 부적절하게 징계했을 때는 하나님의 은혜가 우리를 강권하여 자녀에게 용서를 구하도록 만든다. 자녀 앞에서 배우자를 무정하게 대했을 때에도, 하나님의 은혜가 우리를 움직여 자녀에게 용서를 구하도록 만든다.

이러한 방식으로 하나님의 은혜를 구하는 부모들은 자녀에게도 은혜를 베푼다. 이것은 징계의 책임을 회피한다는 말이 아니다. 오히려 그들은 자신의 죄와 실패가 그리스도 안에서 십자가에 못 박혔고, 심판받았으며, 형벌받았음을 아는 자만이 누리는 온화함과 긍휼함으로 하나님의 징계를 실행한다. 그러한 부모는 징계할 때, 바울의 말처럼 온유하게 실천한다. "형제들아 사람이 만일 무슨 범죄한 일이 드러나거든 신령한 너희는 온유한 심령으로 그러한 자를 바로잡고 너 자신을 살펴보아 너도 시험을 받을까 두려워하라"(갈

6:1).

셋째, 하나님의 은혜는 우리를 감동시켜 배우자와 자녀를 희생적으로 사랑하게 만든다. 이것이 11장의 주제다. 복음은 엄마들에게 가족을 자기 커리어보다 우선시하도록 만든다. 엄마의 커리어가 자녀에게 상처를 주는 상황에서, 하나님의 십자가 은혜를 깨닫는 엄마는 자녀의 유익을 위해 자신의 이기적인 야심을 포기할 마음을 가진다.

복음은 또 아버지의 마음을 움직여 커리어나 취미보다 자기 아내와 자녀를 우선시하도록 만든다. 결론을 말하자면, 자기에게 베푸신 하나님의 은혜를 이해하는 사람은 그 은혜를 다른 이에게 베풀기를 원하지 않을 수 없다는 것이다.

3장 내지 5장의 요약

3장에서는 하나님이 자신을 경외하는 부모를 둔 자녀를 축복하신다는 진리를 강조했다. 4장은 하나님 아버지의 거룩하심에 대해 이야기했고, 5장은 하나님 아버지의 은혜로우심에 대해 이야기했다. 십자가에서 우리는 온전한 헌신으로 하나님을 경외해야 함을 배운다. 십자가에서 하나님은 자신의 거룩, 정의, 진노, 사랑, 은혜를 나타내신다.

하나님을 경외하는 자는 자녀를 징계하고, 가르치며, 경건한 본을 보이며, 아낌없는 사랑을 베푼다. 선지자들은 새 언약이 우리에게 이러한 경외를 가르칠 것이라고 약속했다. "내가 그들에게 한 마음과 한 길을 주어 자기들과 자기 후손의 복을 위하여 항상 나를 경외하게 하고"(렘 32:39). 우리는 십자가에서 이 경외를 배운다.

이 거룩하고 놀라우신 하나님을 경외하는 법을 익힌 부모의 자녀들은 복이 있다. 그들은 제리 브리지스가 하나님을 경외하는 즐거움이라고 칭한 것을 생생하게 목격한다.[11]

앞으로 여섯 장에 걸쳐, 십자가, 복음의 핵심, 그에 수반되는 하나님 경외를 자녀양육에 적용하는 것에 대해 다룰 것이다. 즉 부모의 결혼 관계 안의 본보기, 자녀양육에서 남편이 담당하는 역할, 징계의 중요성, 자녀를 가르쳐야 할 필요, 자녀에게 애정을 풍성히 베풀어야 할 필요 등의 주제를 다룰 것이다.

연구 질문

1. 이 장을 읽고 당신이 내리는 은혜의 정의는 어떻게 달라졌는가?

2. 이 장을 이해하기 위해서, 4장이 필요한 이유는 무엇인가?

3. 하나님의 은혜를 이해하려면, 하나님께는 은혜롭지 않으실 자유가 있고, 하나님은 아무런 필요가 없으시며, 당신의 죄는 무한히 역겹고, 당신은 무력하고, 하나님이 당신에게 은혜롭기 위해 엄청난 대가를 치르셨다는 다섯 가지 사실을 알아야 한

다. 이러한 개념 중 당신에게 새로웠던 것은 무엇인가? 당신이 가장 감동받은 내용은 무엇인가?

4. 그리스도를 섬기는 데에는 두려움, 죄책감, 불안, 교만, 은혜 등 여러 가지 동기가 있다. 이러한 동기들 중 당신에게 가장 해당하는 것은 무엇인가? 하나님의 은혜로만 동기를 부여받는 그리스도인은 어떤 모습으로 드러나는가? 어떻게 해야 자녀들에게 은혜로 동기를 부여할 수 있을까?

5. 이 장의 내용이 당신의 자녀양육에 어떻게 영향을 미쳐야 하는가?

6장
자녀양육의 제1원칙

프랭크와 킴은 결혼한 지 삼십 년이 되었다. 그들은 아름다운 자녀 넷을 길러냈지만, 그들의 결혼생활은 영적 전쟁터와 같았다.

프랭크는 킴에게 냉담했다. 그는 아내를 당연한 존재로 여겼고, 애정을 주지 않았다. 또한, 둘이 대화하는 일이 드물었고, 그가 아내를 업신여기는 일도 잦았다. 사실 프랭크는 아내가 마음에 차지 않았다. 마침내 킴이 반란을 일으켰다. 청소와 요리를 중단한 것이다. 그녀는 감정적으로나 관계적으로 완전히 뒤로 물러났다.

프랭크와 킴은 자녀들에게서 보상을 구했다. 부부는 날마다 일찍 일어나 성경을 가르쳤고, 매주 온 가족이 교회에 나갔으며 그곳에서 아이들은 정기적으로 복음을 듣기도 했다. 또 부부는 큰돈을 들여 아이들을 사립 기독교 학교에 보냈다. 부부는 주도면밀하게 바깥세상의 부정적인 영향으로부터 자녀를 보호했다. 그들은 책에 나오는 모든 것을 했다. 하지만 정말 중요한 한 가지는 제대로 하지 못했다. 바로 그들의 결혼생활이었다.

이제 그 자녀들은 성인이 되었다. 그중 셋은 교회에 나가지 않고, 한 명이 교회를 다니기는 하지만 마음은 그곳에 없다. 무엇이 잘못되었는가? 프랭크와 킴의 결혼생활이 자녀에게 전혀 매력 없는 복음을 선포한 것이다. 그 복음은 교회와 학교에서 선포되는 복음과 딴판이었다.

스테판과 멜로디의 결혼생활은 이와 달랐다. 스테판은 따뜻하고 다정했다. 그는 아내와 자녀에게 영적인 리더십을 발휘하기 위해 최선을 다했다. 멜로디는 남편이 완전하지 못해도 지지해주려고 힘썼다. 모든 부부가 그렇듯이 의견이 어긋날 때도 있었지만, 언제나 빠르게 다툼을 멈추고 서로를 진심으로 용서했다. 스테판은 자녀 앞에서 아내를 잘못 대한 일이 있으면, 반드시 자녀에게 사과했다. 그는 본보기의 능력을 알았고 이를 효과적으로 발휘했다.

그들은 프랭크와 킴 부부와 같은 교회에 나갔다. 그들의 세 자녀는 공립 학교를 다녔지만 모두 헌신된 그리스도인과 결혼하여 지금도 하나님을 기쁘게 섬기고 있다.

이 이야기는 한 가지 사실을 분명히 밝힌다. 하나님은 우리의 본을 통해 말씀하신다는 것이다. 오랜 격언이 있다. "아이들은 귀보다 눈으로 배운다." 결혼생활은 부모가 아이들에게 보이는 가장 중요한 본이다. 부부의 결혼생활은 자녀들에게 메시지를 전하는데, 그 메시지는 자녀를 끌어당기기도 하고 떨어져 나가게도 만든다.

하나님을 기쁘게 추구하는 부모에게는 전염성이 있다. 그리고 복음을 위한 기쁜 희생에는 전염성이 있다. 즉, 부모를 안정되고, 진실하고, 기뻐하고, 애정이 넘치고, 다정하고, 겸손하게 만드는 복음에는 전염성이 있다. 자녀들은 부모의 내면에 이러한 특성들을 만들어 내시는 하나님을 원할 것이다.

이와 반대로 기계적으로 교회에 가고, 규칙의 노예가 되고, 하나님의 인정을 받기 위해 하나님을 섬기고, 배우자를 너그럽게 용납하지 않고, 더 심하게는 배우자와 공공연하게 다툼으로써, 자녀를 하나님과 교회로부터 멀어지게 하는 부모가 있다. 부모가 말은 이렇게 하면서 행동은 정반대로 하고 자녀에게 용서를 구하지도 않는다면, 자녀들이 보기에 세상이 더 매력적으로 보이고 복음은 실제 삶과 동떨어진 비현실적인 것이 되고 말 것이다.

또한, 자녀는 부모의 진정한 열정을 자기 것으로 내면화한다. 아이는 당신이 그저 사랑하는 척하는 대상이 아닌, 정말로 사랑하는 대상을 알아본다. 당신이 정말로 사랑하는 대상은 세상에서의 성공일 수도 있고 오락(스포츠, 영화, 음악)일 수도 있다. 어쩌면 사냥이나 쇼핑이나 골프일 수도 있다.

자녀들을 그리스도를 따르도록 양육하기 위해 할 수 있는 가장 중요한 일이 무엇인지 물어보면, 어떤 이는 적절한 징계라고 말할 것이고, 어떤 이는 기독교 학교나 홈스쿨링 또는 성경 읽기의 중요성을 이야기할 것이다. 그런데 본보기의 중요성에 대해서는 거의 언급하지 않는다. 하지만 본보기야말로 자녀양육의 제1원칙이다.

우리는 이 사실에 놀라선 안 된다. 자녀양육이란 리더십과 관련된 것이고, 본보기야말로 성경적 리더십의 제1원칙이기 때문이다. 자신이 가르치는 대로 실천하는 부모는 자녀로부터 인정받는 도덕적 권위를 하나님에게서 받는다. 성경의 모든 가르침은 본보기로 시작한다.

본보기의 능력

예수님은 본을 보임으로 가르치셨다. 효과적인 부모도 마찬가지다. 자녀들은 위선자의 가르침을 거의 내면화하지 않는다. 그러나 자기가 말하는 대로 행하는 사람의 가르침은 자녀들의 마음을 깊이 파고든다.

예수님은 이 일을 완벽하게 해내신 유일한 인물이다. 예수님은 십자가를 지셨으며, 제자들에게도 자기 십자가를 지라고 말씀하셨다(마 16:24-25). 예수님은 스스로 낮아지셨으며, 제자들에게도 낮아지라고 말씀하셨다(빌 2:5-8). 예수님은 아버지께 순종했으며, 자기를 따르는 자들에게 아버지께 순종하라고 말씀하셨다(요 8:29, 빌 2:8). 예수님의 가르침과 예수님의 행함은 완벽하게 일치하였다. 그분은 하나님이 세우신 유일하고 완벽한 지도자이셨다.[1]

존 맥아더의 말이다. "지도자가 어떤 모습이든지 사람은 그 지도자를 닮는다. 성경 역사는 사람이 지도자의 영적 수준을 거의 넘어서지 못한다는 점을 입증한다."[2] 데이브 하비도 덧붙인다. "진정한 리더십은 그 메시지를 본으로 보일 때 나타난다…지도자는 두 가지 목소리로 선포한다. 하나는 입술로, 하나는 삶으로 내는 소리다…이 두 메시지가 하나로 만날 때 신뢰와 명망의 견고한 토대가 구축된다."[3]

나는, 자녀양육을 하는 부모의 자리는 교회에서 가장 중요한 리더십 자리이며 본보기는 자녀양육의 제1원칙이라는 사실을 강조하고자 한다. 부모는 가족을 이끈다. 그리고 가족은 지역 교회의 가장 작고 중요한 세포다. 대주교 틸로츤(1630-1694)은 이렇게 말했다. "말로는 자녀를 잘 가르치면서 행동으로는 나쁜 본을 보여주는 것은, 머리로는 하늘로 가는 길을 가리키면서 자녀의 손을 잡고 지옥으로 걸어가는 것과 같다."[4]

내가 이 모든 이야기를 한 이유는 결혼생활이야말로 우리가 보유한 가장 강력한 본이라는 점을 이야기하기 위해서다. 복음 때문에 우리의 결혼생활이 매력적으로 되는 만큼 하나님은 우리에게 자녀들에게 참된 영향을 미칠 수 있는 능력을 주신다. 이 장에서는 중요하고 긴밀하게 연결된 두 가지 본을 논할 것이다. 첫 번째는 결혼생활의 본이고, 두 번째는 겸손의 본 또는 부정적으로 말하면 교만의 본이다.

좋은 소식을 선포하는 결혼생활

에베소서 5장은 결혼생활의 청사진이다. 이 구절에서 하나님은 우리에게 분명한 행군 명령을 내리신다.

"아내들이여 자기 남편에게 복종하기를 주께 하듯 하라 이는 남편이 아내의 머리 됨이 그리스도께서 교회의 머리 됨과 같음이니 그가 바로 몸의 구주시니라 그러므로 교회가 그리스도에게 하듯 아내들도 범사에 자기 남편에게 복종할지니라

남편들아 아내 사랑하기를 그리스도께서 교회를 사랑하시고 그 교회를 위하여 자신을 주심 같이 하라 이는 곧 물로 씻어 말씀으로 깨끗하게 하사 거룩하게 하시고 자기 앞에 영광스러운 교회로 세우사 티나 주름 잡힌 것이나 이런 것들이 없이 거룩하고 흠이 없게 하려 하심이라 이와 같이 남편들도 자기 아내 사랑하기를 자기 자신과 같이 할지니 자기 아내를 사랑하는 자는 자기를 사랑하는 것이라 누구든지 언제나 자기 육체를 미워하지 않고 오직 양육하여 보호하기를 그리스도께서 교회에게 함과 같이 하나니 우리는 그 몸의 지체임이라

그러므로 사람이 부모를 떠나 그의 아내와 합하여 그 둘이 한 육체가 될지니 **이 비밀이 크도다 나는 그리스도와 교회에 대하여 말하노라** 그러나 너희도 각각 자기의 아내 사랑하기를 자신 같이 하고 아내도 자기 남편을 존경하라"(엡 5:22-33, 창 2:24 인용).

나는 결혼생활이 복음을 선포한다는 진리를 강조해 왔다. 32절은 이 원칙을 분명히 밝힌다. "이 비밀이 크도다 나는 **그리스도와 교회에 대하여 말하노라**." 이것이 바울이 말하는 핵심이다. 태초에 하나

님은 결혼생활을 마음에 두고 계셨다. 하나님은 자기 아들을 위해 신부를 예비하고 계셨고, 그 신부와 아들은 영원히 결혼할 것이었다. 그리고 이 결혼이 이루어지려면 신랑이 십자가에서 죽고 부활해야만 했다. 생각해보라. 하나님이 가장 친밀한 인간관계인 결혼을 창조하신 이유는 교회와 하나님의 관계가 얼마나 친밀한지를 말씀하시기 위함이다.

하나님은 결혼이라는 제도를 만들어서 이 영원한 연합을 반영 또는 반사하게 하셨다. 다른 말로 하자면 인간의 결혼생활은 사람들과 천사들에게 그리스도와 그의 교회의 영원한 결혼생활을 시사하기 위해 존재하는 것이다. 복음이 이 신적 결혼을 가능하게 한다. 여기에 우리가 말하려는 핵심이 있다. 즉 인간의 결혼은 복음을 선포하기 위해 존재한다는 것이다. 결혼은, 교회에서 복음을 선포하면 따라오기 마련인 그런 열매를 예증하기 위해 존재한다.

그렇다면 우리의 결혼생활은 누구에게 설교하는가? 물론 첫 번째 청중은 하나님과 그분의 천사들이다. 우리의 결혼생활은 하나님과 천사들의 기쁨이 된다. 하지만 우리의 결혼생활이 전쟁터라면 우리의 결혼생활은 하나님과 천사들의 슬픔이 될 것이다.

두 번째 청중은 누구인가? 보통은 비그리스도인 이웃이라고 생각한다. 그들이 우리가 그리스도인으로서 결혼생활의 본을 보이는 모습을 보고 복음을 원할 수도 있지 않을까? 그럴 수 있고, 우리는 그러기를 바란다. 하지만 실제로 그들은 세 번째 청중이다.

두 번째 청중은 그리스도인 대부분이 간과하는 존재인 우리 자녀들이다. 우리의 결혼생활은 그리스도와 그의 신부에 관해 자녀들에게 무엇을 말하고 있는가? 자녀들은 우리의 모든 것을 보고 있으며, 우리가 싸우는 소리를 듣는다. 그리고 우리의 태도를 그대로 답습한다. 그들은 실제로 우리 삶의 보좌에 정말로 누가 혹은 무엇이 자리잡고 있는지를 안다. 그리고 우리가 분노를 어떻게 다루는지를 보고, 서로에게 어떻게 말하는지를 들으며, 우리가 주일 설교를 듣고 언제 적용하며 언제 무시하는지도 안다.

우리의 결혼생활이 전하는 메시지는 우리 자녀를 멀리 쫓아내거나 가까이 끌어들이거나 둘 중 하나다. 하나님은 당신의 자녀가 당신의 결혼생활을 보고 이렇게 생각하기 원하신다. "저런 결혼생활이라면 나도 할래. 나는 이런 결혼을 만들어 내신 하나님을 원해." 또는 "복음의 아름다움을 생각할 때면 부모님의 결혼생활이 생각나. 나는 우리 아빠가 엄마를 사랑하셨듯이 하나님께 사랑받는 교회의 일원이 되기 원해. 나는 우리 엄마가 아빠에게 기쁘게 복종하셨듯이 그리스도께 복종하는 데서 기쁨을 찾는 교회의 일원이 되기 원해."

복음은 신랑이 신부를 사랑한다는 좋은 소식이다. 신랑은 신부를 너무나 사랑해서 자신을 낮추어 무한한 거리를 내려와 사람이 되어, 삼십 년간 가난과 학대를 당하셨다. 그런 후 자신을 버려 신부 대신 십자가에서 고통을 당하다가 죽으심으로써 역사상 가장 위대한 사랑을 보여주셨다. 하나님의 아들은 자신의 신부를 섬기기 위해, 불화가 만연한 곳에 평화를 가져오시려고 이 모든 일을 행하셨다. 그분은 이해를 초월하는 사랑 때문에 그렇게 하셨다. 그분은 돌이킬 수 없는 사랑 안에서 자격 없는 신부와 연합되기를 열망하셨다.

하지만 복음은 신랑의 사랑에 관한 것이 전부가 아니다. 복음은 또한 신부의 반응을 촉발한다. 복음을 진심으로 이해한 신부는 자신을 낮추고, 신랑을 전심으로 사랑하고 존경하며, 기쁨의 헌신으로 그를 섬긴다. 복음은 그리스도의 신부로 하여금 십자가에 못 박히신 왕의 권위에(이것은 섬기는 권위이다) 굴복하도록 만든다.

바울이 말하는 핵심이 바로 이것이다. 그리스도인의 결혼생활이 이러한 연합을 설교한다는 점이다. 결혼은 이 연합을 매력적으로 또는 추하게 보이도록 만든다. 남편이 말씀으로 아내를 깨끗하게 씻기고, 용서하며, 섬기고, 부드럽게 인도하면서, 그리스도께서 교회를 사랑하신 것처럼 아내를 사랑하면, 그의 결혼생활은 이렇게 말한다. "그리스도는 자신의 교회를 사랑하신다. 당신은 신랑을 신뢰할 수 있다. 그분은 무한히 다정하시다. 그분을 섬기라. 당신은 실망하지 않을 것이다."

남편이 겸손하게 갱년기의 예민해진 아내(또는 생리 기간에 예민해진 아내)를 사랑한다면 그의 행동은 이렇게 말한다. "그리스도는 교회가 죄악되어도 교회를 사랑하신다." 그의 행동은 자녀에게 이렇게 말한다. "그리스도는 신부가 매력적이지 않아도 사랑하신다." 이는 심지어 우리의 실패를 포함한 그 무엇도 우리를 그리스도의 사랑에서 끊을 수 없다고 말한다.

하지만 남편이 아내에게 신실하지 않고, 말로 아내를 폄하하고,

아내보다 자녀를 더 사랑하고, 아내를 당연하게 여긴다면 그의 결혼생활은 이렇게 말한다. "그리스도의 사랑은 그렇게 대단하지 않다. 그리스도는 단지 우리가 잘할 때만 우리를 사랑하신다. 이런 구원자를 신뢰할 만하지 않다. 그의 기대치를 충족시킬 수 없다. 그는 약속을 지키지 않는다. 왜 그런 변덕스러운 폭군을 섬겨야 하는가?" 그러한 남편의 행동은 "여러 가지가 우리를 그리스도의 사랑에서 끊을 수 있다"고 말한다.

아내 역시 설교한다. 그녀가 "주께 하듯"(엡 5:22) 기쁨으로 남편에게 복종하고, 그리스도께서 교회의 머리이신 것처럼 남편이 자신의 머리이며 교회가 그리스도의 몸인 것처럼 자신이 남편의 몸이라는 사실을 인정한다면, 이는 매력적인 선포가 될 것이다. 남편을 신뢰하기 때문이 아니라 그리스도께서 자신을 돌보실 것을 신뢰하기 때문에 자격 없는 남편에게 이렇게 대한다면, 이것은 자녀에게 그리스도를 가리키는 일이다. 그 여인의 행동은 말한다. "그리스도는 신뢰할 만하다." 이에 자녀들은 말한다. "하나님의 아들은 무한히 선하시다. 나는 그를 신뢰할 수 있다. 내 아버지는 전혀 완벽하지 않지만, 어머니는 그리스도께서 자신을 돌보심을 신뢰한다. 어머니가 이렇게 예수님을 신뢰할 수 있다면 나도 그렇게 할 수 있다."

하지만 아내가 자녀들에게 그리스도께 순종하라고 말하면서도, 그리스도께서 불완전한 남편과 자신의 관계를 돌보실 것을 충분히 신뢰하지 못한다고 하자. 그래서 오히려 남편을 다스리려고 하고 남편의 권위에 저항하며 남편을 존중하지 않고 섬기기를 거절한다면 이러한 아내의 행동은 큰 목소리로 다음과 같이 말하는 것과 방불하다. "하나님의 아들은 신뢰할 수 없다. 그분은 낮은 자를 높이겠다고 약속하셨지만, 나는 그분이 나를 높이시리라고 믿지 않는다. 그분은 적법한 권위에 복종하는 자를 돌보겠다고 말씀하시지만, 사실 나는 그 말을 믿지 않는다. 내가 내 자신을 돌보지 않는다면 누가 나를 돌보겠는가?" 대부분의 경우, 자녀는 엄마의 말이 아닌 행동을 보고 배운다.

요컨대 우리의 결혼생활은 결혼 그 자체보다 더 위대한 무언가를 위해 존재하며, 자녀가 우리의 결혼생활을 지켜보고 있다. 그리스도와 교회의 결혼은 우리 인간의 결혼을 훨씬 능가한다. 우리의 결혼생활은 일시적이며, 죽음과 함께 끝난다. 새 하늘과 새 땅에서는 장가도 아니 가고 시집도 아니 간다(마 22:29-30). 이와 달리 그리스도와 교회의 결혼은 영원하며, 절대 끝나지 않는다. 따라서 궁극적으로는 하나의 결혼만 남는다. 그것은 바로 그리스도와 그분의 신부의 결혼이다.

이 원칙은 특별히 홈스쿨링을 하는 엄마에게 중요하다. 자녀와 종일 지내다 보면 자신의 삶과 애정을 자녀에게 집중하기 쉽다. 자신이 자녀들에게 매우 결정적인 영향을 미친다는 사실을 알기 때문에, 자녀를 삶과 애정의 중심에 두는 것이다.

나는 아내가 남편을 어떻게 사랑하느냐가 자녀양육에 있어 가장 결정적으로 중요하다고 주장한다. 다른 말로 하자면 자녀가 아닌 결혼생활에 중점을 두고 결혼생활의 본을 보이는 엄마들이, 보통은 자녀들이 그리스도와 그의 나라를 위해 살도록 하는 데 가장 큰 영향력을 미친다는 것이다. 이는 당신이 자녀들을 열심히 가르치고 훈련한 모든 내용보다도, 주말에 당신이 남편과 따로 보내는 시간이 자녀에게 더 많은 영향력을 미칠 수도 있다는 뜻이다. 당신의 자녀는 당신의 삶을 보고 있다. 그리고 부모가 서로 사랑하는 것을 보는 일이야말로 자녀에게 가장 큰 기쁨과 안정감을 준다.

요약하자면, 결혼생활을 어떻게 꾸려나가는지가 그리스도와 교회의 결혼에 대한 우리의 생각을 전달한다. 그리고 이것은 바로 복음의 열매이다.

이러한 결혼생활을 누리기 위해 우리는 무엇을 할 수 있는가? 첫째, **하나님과 깊은 관계를 맺으라.** 보통 남편과 아내가 하나님과 가까워질수록 그 둘은 더 가까워진다(그림 3을 보라). 남편과 아내가 하나님을 향해 삼각형 위로 올라가면 올라갈수록 그 둘이 서로 가까워진다는 사실에 주목하라. 나는 이 원칙에서 벗어나는 예를 본 적이 없다. 은밀한 개인 기도를 행하며 성경을 연구하는 부부는 점차 하나님과 가까워진다. 그 결과, 그들은 더 깊은 소통을 나누고 자녀에게 더 강력한 본이 된다.

둘째, **부부가 함께 기도하라.** 잠자기 전에 하는 기도를 말하는 것이 아니다. 부부가 함께 기도하는 일은 당신의 삶에서 반드시 더 높은 우선순위를 차지해야 한다. 부부가 함께 규칙적으로 기도하고 있는가? 부부가 함께 기도할 때 그들은 결혼생활을 최우선순위로 삼게 된다. 그리고 자녀는 이를 절대 잊지 못한다. 나는 부부를 대상

그림 3. 성공적인 결혼생활과 하나님

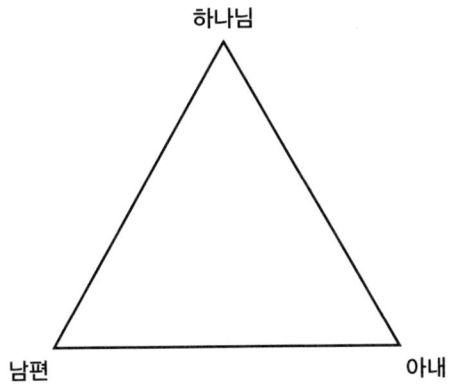

으로 결혼생활에 관해 상담할 때마다 첫 번째로 묻는 질문이 있다. "여러분은 정기적으로 함께 기도하십니까?" 나는 문제가 있는 부부가 그렇다고 대답하는 것을 들어본 적이 없다. "함께 기도하는 부부는 깨지지 않는다."는 오래된 격언이 있다. 함께 기도하는 부부는 어려운 상황을 함께 헤쳐 나간다.

본보기 파괴자

위선은 부모가 보이는 본이 아무런 기능도 하지 못하게 만든다. 위선은, 우리가 아이에게는 이렇게 하라고 말하고서 스스로는 정반대로 행할 때마다 발생한다. 위선은 자녀를 화나게 만드는 죄다. "또 아비들아 너희 자녀를 노엽게 하지 말고 오직 주의 교훈과 훈계로 양육하라"(엡 6:4). 이 본문은 무엇이 자녀를 노엽게 하는지는 언급하지 않지만, 위선은 확실히 자녀를 노엽게 하는 주된 원인이 된다.

위선 뒤에는 보통 교만이 도사리고 있다. 교만은 우리 자신의 잘못과 죄에 눈을 감는 것이다. 더구나 교만한 사람은 자신이 교만하다는 것을 모른다. 따라서 당신이 교만할수록 자신이 겸손하다고 느끼며, 당신이 겸손할수록 자신이 교만하다고 느낀다. 참된 겸손은 자신의 죄에 눈을 뜨는 것이며, 겸손한 사람이 처음으로 의식하는 죄가 바로 교만의 죄이기 때문이다.

여기에 문제가 있다. 우리 자녀는 우리가 보지 못하는 바로 그 죄를 본다는 점이다. 자녀는 가장 앞자리에 앉아서 주의 깊게 관찰하고 있다. 교만은 자녀에게 이렇게 하라고 말하고서 자기도 모르게 그와 반대로 행동하는 일을 가능하게 만든다. 교만한 자는 자기 내면에 존재하는 모순을 보지 못하며, 더 나쁘게는 교만으로 부풀어올라 더 이상 신경도 쓰지 않는다. 그 열매는 위선이다. 위선은 무엇보다도 우리 자녀의 마음을 강퍅하게 만들어 자녀들이 우리의 메시지에 귀를 닫는 결과를 초래한다.

교만에는 여러 증상이 뒤따른다. 첫째, 교만한 부모는 자녀의 죄를 보면서도 자신 안에 있는 같은 죄는 보지 못한다. 예수님의 말씀을 빌리자면, 우리 눈에 있는 들보는 보지 못하고 자녀의 눈에 있는 티를 제거하려는 것이다(마 7:1-5). 우리는 자녀에게 이타적으로 행동하라고 말하면서 자기 자신은 배우자에게 이기적으로 행동한다. 그리고 자녀에게 서로 정중히 말하라고 강요하면서 자기의 입으로는 다른 사람에게 심한 말을 한다. 남편은 자녀에게 어머니를 공경하라고 하면서 자신은 아내를 무례한 말로 폄훼한다. 또한, 자녀에게 베풀며 살 것을 촉구하지만 정작 자기 자신은 십일조도 하지 않는다. 이런 예는 끝도 없다.

둘째, 교만은 우리를 고칠 수 없는 존재로 만든다. 아내가 내게 정당한 비판을 한다고 하자. 그러면 나는 우선 어떻게든 나를 변호하려고 한다. 그 이유는 자신을 변호하는 것이 나 자신에 관한 진리를 발견하고 잘못된 행동을 바꾸는 일보다 더 중요하기 때문이다. 이는 자녀에게 내가 자신의 거룩함에는 전혀 관심이 없다는 사실을 전한다. 교만한 부모는 자녀들의 권고도 듣지 않는다. 그런 부모는 가까이하기 어렵고 자녀들도 그 사실을 안다. 그런 부모는 자신을 너무 높이 평가하기 때문에 자신의 잘못된 행위를 인정하지 않는다. 설사 자신의 잘못을 인식한다고 해도 너무 교만하기 때문에 그것을 고백하지 못한다. 그러나 그렇게 우리가 자녀들에게 존경받는 위치를 지키려고 분주할 때, 사실상 자녀들의 눈에는 그것을 잃어버리고 있는 것이다.

우리가 교만하면 교만할수록, 자신이 위선자라는 사실을 의식하지 못한 채 자신의 가르침과 정반대 되는 일을 서슴지 않고 할 수 있게 된다. 우리 자녀들도 교만하기 때문에 자신의 동일한 죄는 전혀 의식하지 못한 채 부모의 죄만 볼 수 있다. 교만한 부모는 자녀가 교만의 손아귀에서 벗어나도록 전혀 도울 수 없다.

중요한 점은, 교만은 위선의 형태로 드러나서 자녀들을 분노하게 만든다는 것이다. 또한, 교만은 자녀들을 낙심시키고, 자녀의 귀를 닫아 부모의 가르침을 듣지 않게 만들며, 자녀의 마음을 척박한 땅으로 만들어 복음이 뿌리내리지 못하게 한다(마 13:18-21). 엄마가 이기적으로 자녀들의 희생을 불사하면서까지 자신의 직업적 성취에 모든 것을 투자하면서 자녀들에게는 이타적인 행동을 기대할 때, 두 가지 일이 벌어진다. 첫째로 아이들은 엄마의 말은 무시하고 엄마가 보여준 잘못된 본을 따른다. 둘째로 아이들은 엄마가 가치 있게 생각하는 일에 냉담해진다. 아빠가 주일마다 가족을 교회에 데려가고 그리스도께서 자신의 삶에 최우선인 것처럼 행동하지만, 실상은 자신의 취미활동을 최우선 가치로 삼고 있다면 자녀는 이를 알아차리고, 교회와 종교에 냉담하고 무심한 아이로 자라난다.

이러한 과정을 보여주는 예는 많다. 말콤 엑스Malcom X는 20세기에 가장 영향력 있는 미국 흑인 중 하나다. 그의 아버지는 목사였지만 말콤은 기독교를 거부했고 네이션 오브 이슬람Nation of Islam의 지도자가 되었다. 그 이유는 무엇이었나? 무엇이 잘못되었나?

《Missing in Action》(전투 중 실종)이란 책에서 저자 웰든 하든브룩은 이렇게 말한다.

> 젊은 말콤이 아버지의 가르침을 받아들일 수 없었던 중대한 이유가 여럿 있다. 우선 그의 아버지 얼Earl은 자녀들이 기억할 수 없을 만큼 많은 규칙들을 만들어 냈다. 하지만 그를 아는 사람들에 따르면, 그 자신도 그러한 규칙을 전혀 지키지 못했다고 한다. 전기 작가인 페리 브루

스Perry Bruce는 이렇게 쓴다. "그는 자기 아내와 자녀에게 잔인하게 굴었을 뿐 아니라, 악명을 떨칠 정도로 외도를 저질렀다. 얼의 친구인 체스터 존스는 그를 선천적 '호색가'라고 불렀다. 어린 시절부터 말콤은 줄곧 아버지가 설교하는 미덕의 길을 걸어야 할지, 아니면 아버지가 계속해서 걸어가는 악덕의 길을 걸어야 할지 혼동스러웠다."[5]

말콤은 재능 있는 리더였다. 그는 그리스도를 섬길 수도 있었을 것이다(마땅히 그랬어야만 했다). 하지만 그는 기독교를 버리고 흑인 이슬람교도가 되었다. 아버지의 삶이 너무나 큰 목소리로 설교했기 때문에, 아버지의 말은 들을 수 없었던 것이다. 그의 마음은 기독교에 대해 완고해져만 갔고, 결국 말콤은 마호메트를 찾았다. 1960년대 이후 수백만 명의 미국 흑인이 그리스도를 떠나 마호메트에게 향했다. 말콤 엑스 때문이었다.

하지만 참으로 믿는 자에게는 더 나은 희망이 있다. 그 희망은 복음 안에 있다. 복음은 우리를 겸손하게 만들고 그 겸손함이 자녀를 이끌어 우리의 가르침을 향하도록 만든다.

능력을 주는 본보기

복음은 부모를 겸손하게 만든다. 복음은 교만에 대한 해독제다. 4장과 5장에서는 복음을 설명했다. 우리는 십자가 발치에서 가장 완벽하게 자신의 모습을 본다. 예수님이 우리 대신 죽으셨다. 그분은 우리가 당해야 할 일을 대신 당하셨다. 우리가 당해 마땅한 일은 무엇인가? 우리는 전 우주의 반역자로서, 군중들이 주위에 서서 우리를 조롱하고 야유하고 비웃는 가운데 발가벗긴 채로 고문을 당해 서서히 죽어야 마땅하다. 그리고 무엇보다 성부 하나님이 우리를 영원히 버리셔야 한다. 그런데 그리스도인은 자신이 당해 마땅한 일을 결코 당하지 않는다. 예수님이 그 형벌을 대신 당하셨기 때문이다. 그래서 우리는 언제나 우리가 당해야 할 것보다 좋은 것을 받는다. 그리스도께서 자신을 희생하심으로써 우리는 그리스도께서 받으셔야 마땅한 좋은 것들을 누린다. 이것이 십자가의 분명한 메시지다. 이 진리는 우리를 겸손하게 만든다.

복음은 우리의 눈을 열어 자신이 정말로 어떤 사람인지 보게 한다. 성경은 "실상 너는 네가 비참하고 불쌍하고 가난하고 눈이 멀고 벌거벗은 것을 알지 못한다"(계 3:17, 새번역)고 말한다. G. A. 프리차드는 이렇게 쓴다. "성경이 말하는 겸손이란 스스로 만든 어떤 비굴하고 처량한 태도가 아니다. 성경이 말하는 겸손은 우리 자신을 있는 그대로 바라보는 것이다. 겸손은 하나님의 거룩하심을 바라볼 때 수반되는 반응이다."[6]

여기에 더해 우리가 에베소서 5장에 따라 살려고 애쓰다 보면, 우리는 점점 더 겸손해진다. 진지한 부모는 본보기가 얼마나 중요한지를 의식하고 복음의 본이 되려고 힘쓴다. 하지만 더 열심히 노력할수록 자신의 부족함을 더 많이 깨닫는다. 그리스도께서 교회를 사랑하셨듯이 자기 아내를 사랑하려고 정말로 애쓰는 남편은 자신의 이기심이 얼마나 뿌리 깊은 것인지 발견한다. 아내도 "모든 일에" 남편에게 복종하려고 힘을 다해 애쓰기 전에는, 자신에게 있는 반역과 불신앙의 깊이가 어느 정도인지 이해하지 못한다.

따라서 복음을 살아내려고 애쓰면 우리의 실패가 드러난다. 그 결과 우리의 겸손함은 더 커지며, 우리는 자녀에게 더 매력적인 존재가 된다. 복음은 우리 자녀가 완벽한 본을 필요로 하지 않는다는 좋은 소식이다. 자녀에게는 그저 겸손한 본보기가 필요하다.

겸손은 여러 방식으로 부모에게 영향을 끼친다. 첫째로 겸손은 잘못을 빨리 인정하게 만든다. 폴 트립은 이렇게 쓴다. "구원하는 공동체로 역할하는 가족, 즉 복음이 식구를 하나로 결합하는 접착제로 기능하는 가족의 비결은, 부모가 그리스도를 신뢰하기 때문에 언제라도 자녀에게 자기 잘못을 고백할 수 있고 또 기꺼이 그렇게 하는 것이다."⁷¹ 부모가 자녀에게 죄를 지었을 때, 겸손한 부모는 잘못을 빠르게 고백한다. 그들은 먼저 하나님께 실수를 고백한다. 그리고 자녀 앞에서 죄를 고백하는 것도 꺼리지 않는다.

마찬가지로 겸손한 사람은 배우자에게 죄를 고백한다. 자녀들은 그 광경을 본다. 죄의 고백은 우리의 진정성을 입증한다. 죄의 고백은 자녀에게, 우리가 정말로 변화되길 추구하고 있다는 확신을 주고, 하나님이 그만큼 가치가 있는 분이심을 알린다. 하나님은 겸손한 자를 높이신다. 하나님은 자신을 낮추는 부모에게 영적인 권위를 주신다.

나는 아내를 가혹하고 불경건하게 대한 일에 대해 자녀들에게 여러 차례 용서를 구했다. 내가 주디를 비판하고 비하하는 모습을 자녀들이 본 경우에는 자녀들을 모아놓고 내가 보이는 본이 굉장히 중요하다는 사실을 알리고 내 죄에 대해 사과하고 용서를 구했다.

나는 자녀들의 마음을 추구했다. 아마도 겸손하고 진실하게 고백한 내 실수들이 보잘것없는 내 모든 미덕을 합친 것보다 자녀들의 마음을 그리스도께로 이끌었을 것이다.

죄의 고백은 자녀에게 중대한 메시지를 보낸다. 죄의 고백은 자녀에게, 그들의 부모가 비록 완전하지는 않더라도 그리스도를 따르며 변화되기 원하고, 하나님의 방식대로 살아가려고 진심으로 애쓰고 있다는 사실을 일깨워준다. 하지만 우리의 잘못을 고백하지 않으면 정반대의 메시지를 보내게 된다. "우리 부모님은 그리스도에 대해서 말은 많이 하지만, 그리스도를 따르는 일을 정말로 중요하게 생각하시지는 않아. 부모님은 말하는 대로 행하시지는 않아. 우리한테는 이렇게 하라고 말하고서 정작 본인은 그렇게 행하지 않으셔. 그리고 본인들이 행하지 않는 건 별로 중요한 게 아니라는 듯이 넘어가셔."

겸손해질수록 자신의 죄를 보는 눈이 열리게 된다. 자신의 죄를 보는 자는 자녀를 부드럽게 대하는 은혜로운 훈육자가 된다. "형제들아 사람이 만일 무슨 범죄한 일이 드러나거든 신령한 너희는 온유한 심령으로 그러한 자를 바로잡고 너 자신을 살펴보아 너도 시험을 받을까 두려워하라 너희가 짐을 서로 지라 그리하여 그리스도의 법을 성취하라 만일 누가 아무 것도 되지 못하고 된 줄로 생각하면 스스로 속임이라"(갈 6:1-3). 겸손한 부모는 "온유한 심령"으로 훈육한다. 그들은 "자신을 살펴"보며 자신도 같은 죄에 빠질 수 있고, 이미 빠졌었다는 사실을 안다. 겸손해질수록 아무것도 되지 못하고 된 줄로 생각하는 오류에 빠지지 않게 된다.

진정한 겸손은 자신의 죄와 실패를 인식하고 그로 인해 상한 심령에서 흘러나온다. 겸손한 부모는 자녀의 마음을 얻고, 더 중요하게는 하나님의 호의를 얻는다. "하나님이 교만한 자를 물리치시고 겸손한 자에게 은혜를 주신다 하였느니라"(약 4:6, 잠 3:34 인용). 하나님이 겸손한 부모에게 은혜를 주시는 한 가지 방법은 거듭남의 기적을 통해 자녀에게 새 마음을 주시는 것이다.

우리는 십자가의 발치에서 이 겸손을 받는다. 즉, 복음이 우리를 겸손하게 한다. 그곳에서 우리는 죄의 참상을 보고, 이 세상의 죄뿐 아니라 자신의 개인적인 죄도 본다. 4장에서는 우리 죄가 하나님께 무한히 악하기 때문에 무한한 가치가 있는 희생제물만이 우리 죄를 대속할 수 있다는 사실을 배웠다. 당신은 자신의 죄를 그렇게 보고 있는가? 십자가의 메시지를 묵상하는 자는 거룩을 갈망한다. 그런 자들은 노력하면 할수록 자신의 실패를 더 발견하고, 그래서 더욱 자주 용서를 구하며 십자가로 달려간다. 자신의 죄의 무게를 성경적으로 더욱 실감하기 때문이다. 그리고 마침내 성경적 겸손이 가져다주는 평안에 도달한다.

요약

인간 세상에 존재하는 어떠한 결혼도 하나님의 기준에 미치지 못한다. 어떤 남편도 그리스도께서 그분의 교회를 사랑하신 것처럼 아내를 사랑하지 못한다. 인간으로는 불가능하다. 그리고 어떤 아내도 교회가 그리스도에게 복종해야 하듯 "범사에"(엡 5:24) 자기 남편에게 복종하지 못한다. 우리는 모두 실패하기 마련이다. 새 몸을 입기 전에는 완벽한 결혼생활은 존재할 수 없다.

그뿐만 아니라 우리 중 누구도 충분히 겸손하지 않다. 우리는 모두 교만한 인간이며 오직 하나님의 은혜로 점점 겸손해지려고 노력할 뿐이다. 위선은 우리 안 어딘가에 도사리고 있다.

그러면 우리는 어떻게 해야 하는가?

이 장에서는 우리가 자녀에게 실제로 보이는 본이 중요하며, 우리의 결혼생활이 복음을 선포한다는 사실을 밝혔다. 또 복음이 우리 자녀의 마음을 얻게 하는 겸손을 만들어 낸다는 사실도 보였다. 그런데 복음에는 또 다른 중요한 기능이 있다. 복음은 곤고한 부모들이 죄 씻음과 용서를 구하며 향하는 곳이라는 점이다. 나는 아내에게 성마르게 굴었을 때 용서를 얻기 위해 십자가로 달려갔다. 아이들 앞에서 아내에게 이기적으로 또는 생각 없이 행동했을 때도 용서를 구하며 십자가로 달려갔다. 아내 역시 자신이 실패했을 때 그렇게 했다. 십자가에서 우리는 때를 따라 돕는 은혜를 발견한다 (히 4:16).

우리는 또한 동기부여가 필요할 때 십자가로 달려간다. 희생적인 사랑의 본이 필요할 때, 우리는 십자가를 바라본다. 그곳에서 원수인 나를 위해 죽으신 그리스도를 본다. 아내 역시 완전함과는 거리가 멀고 자신과 조금도 다를 게 없는 남편에게 복종하기 위한 동기부여가 필요할 때 십자가를 바라본다. 그리고 거기에서 아버지께(모든 면에서 자신과 동등하신 아버지께) 복종하신 그리스도를 본다. 예수님은 불평하지 않으셨다. 예수님은 자신이 삼위일체를 이끌 차례라고 요구하지 않으셨고, 아버지를 조종하려고 하지 않으셨다. 예수님은 그저 기꺼이 십자가로 가서 완벽히 순종하고 죽으셨다.

이미 죄로 인해 유죄 판결을 받은 우리에게 십자가는 구원이다. 십자가는 우리를 움직여 하나님이 원하시는 부모가 되게 하고, 자녀에게 강렬한 본을 보이게 만든다. 십자가는 우리의 교만을 폭로하고, 우리를 겸손하게 하며, 우리가 실제로 어떤 존재인지를 보여준다. 즉, 우리가 은혜로 구원받은 죄인이라는 사실을 보여준다.

십자가 중심적인 부모는 비록 불완전하지만 자녀의 마음을 끌어당긴다. 그리고 그들은 자녀의 마음을 끌어당겨 복음으로 향하게 만든다.

연구 질문

1. 당신의 결혼생활은 프랭크와 킴 또는 스테판과 멜로디 중 어느 쪽과 더 가까운가? 그 이유는 무엇인가?

2. 에베소서 5장 32절은 이렇게 말한다. "이 비밀(결혼생활)이 크도 다 나는 그리스도와 교회에 대하여 말하노라." 이 구절에 근거해서 하나님이 인간의 결혼을 제정하신 이유에 대해 설명해보라.

3. 에베소서 5장 22-23절을 다시 읽어보라. 이 본문은 아내의 역할에 대해 무엇을 말하는가? 남편의 역할에 대해서는 무엇을 말하는가? 당신 생각에는 어느 쪽의 역할이 더 어려운가?

4. 어떻게 결혼생활이 복음을 선포하는가? 하나님의 뜻은 결혼생활이 복음에 대해 무엇을 말하는 것인가? 그 설교는 누가 듣는가?

5. 진정한 겸손이란 무엇인가? 부모의 겸손이 어떻게 자녀의 마음을 부모와 부모의 가치관에 끌리도록 하는가?

6. 교만이란 무엇인가? 왜 교만 뒤에 위선이 따라오는가? 왜 교만하고 위선적인 부모는 자녀와 소원해지는가?

7. 당신의 결혼생활은 어떤 식으로 복음을 가르치는가? 당신의 결혼생활은 어떤 식으로 복음과 모순되는가? 이 장에 비추어 볼 때 우리의 회개는 어떤 모습을 띠어야 하는가?

7장
복음 아버지

기독교는 가부장적 종교다(이하 본서에서 말하는 '가부장'이라는 단어는 부정적인 의미로 쓰인 것이 아니며 긍정적 의미의 강력한 남성적 리더십을 의미함—편집주). 이는 아버지 중심이라는 뜻이다. 하지만 오늘날, 남성이 주도적으로 가정을 이끄는 체제는 급격히 쇠퇴하고 있다. 최근의 연구에 따르면 북미 복음주의 교회에 출석하는 숫자는 남성 한 명당 여성 두 명 꼴이라고 한다. 흑인 교회에서는 이 비율이 1:4까지 벌어진다.[1] 만약 이 추세가 변하지 않는다면 우리가 알고 있는 식의 교회는 남아나지 않을 것이다. 남자가 교회와 가정을 버리는 현상은, 바퀴가 빠져 버렸다는 징표다. 종의 자세로 섬기는 남성 지도자가 기독교 교회와 가정을 지탱하고 움직이는 동력이기 때문이다.

현대 세속주의 세계관이 점점 모권 중심matriarchal이 되어가면서, 가모장제가 교회를 잠식했으며, 이것은 많은 해악을 끼치고 있다.

당신은 자녀양육 관련 서적을 여성이 더 많이 산다는 사실을 알고 있는가? 나는 어느 출판사 대표에게 아버지 됨fatherhood에 관한 책을 제안했다. 그러자 그는 이렇게 말했다. "빌, 아버지에 관한 책은 팔리지 않아요. 우리 조사에 따르면 자녀양육 서적의 80퍼센트를 어머니가 구매합니다. 엄마가 읽고 남편에게 보라고 주는 식인데, 남편들은 거의 읽지 않죠. 여성 독자에게 아버지 됨에 관한 책을 내놓기란 쉽지 않습니다."

조지 길더George Gilder에 따르면 여자가 교회와 가정을 주도할 때 남자는 뒤로 물러나게 된다고 한다.[2] 나는 아내와 함께 200년 된 어느 감리교 흑인 교회에 갔었다. 거기에는 기쁨이 있었고, 찬양과 박수가 빈번했다(리듬은 아주 전염성이 있었다). 목사는 체구가 크고 쾌활한 중년 여자였다. 예배가 진행되면서 나는 주위를 둘러봤다. 참석자의 4분의 3 정도가 여자였다. 게다가 17세에서 60세 사이의 남성이 전혀 없었다.

이것은 놀랄 일도 아니다. 여자가 주도하면[3], 남자는 교회와 집에서 뒤로 물러나기 마련이다. 반대로, 섬기는 남성 지도자가 많으면 젊은 남자들이 자원해서 열심히 섬긴다. 생동감 넘치고 경건한 남성 지도자가 남자를 끌어모으는 것이다. 그들은 남자들의 적극적인 참여를 북돋우며, 남자들을 움직여 교회와 가정에서 섬기게 한다. 남자는 성경적 남성성의 본이 되는 사람에게 거부할 수 없이 끌리게 되어 있다.

이 책이 자녀양육에 관한 것이므로 이런 이야기를 하는 것이다.

남자들이 뒷전으로 물러나면 결국 자녀가 고통을 당한다.[4] 반대로 남자가 책임을 다하면 자녀양육이 살아난다. 이 장의 핵심은 복음을 이해하고 적용하면 남자들이 효과적인 부모가 되어야 하겠다는 동기부여를 받고, 그렇게 훈련된다는 사실이다.

아버지는 하나님이 세우신 주된 부모이다

성경 전체에 걸쳐, 아버지는 주도적 부모 역할을 담당하고, 아내는 남편의 보조자로 나타난다. 물론 아내는 굉장히 중요한 보조자이다. 자녀양육은 팀 경기이기 때문에 혼자 하기란 매우 어렵다. 하지만 아버지와 어머니가 모두 있는 가정에서는 아버지가 주된 부모로서 가정에 관해 하나님께 대한 책임을 지며, 어머니는 아버지를 돕는 자로 존재한다.

과거 서양 문화는 이러한 체제를 당연하게 여겼다. 1830년 이전에는 사실상 자녀양육에 관한 모든 지침서가 아버지를 대상으로 쓰였다.[5] 낸시 기브스Nancy Gibbs는 타임지Time에 이렇게 쓴다. "종교 개혁 이후 1830년대까지 대부분의 자녀양육 지침서는 아버지를 위한 것이었다. 어머니는 당연히 아버지를 보조하는 역할을 담당한다고 여겼다. 하지만 이제는 아버지가 어머니의 보조자로 여겨진다."[6]

왜 이전 세대는 아버지가 가정을 인도하는 책임을 맡고 있다고 여겼는가? 당시 문화에서 부모의 기본 지침서로 받아들인 성경이 어머니가 아닌 아버지에게 자녀양육 지침을 제시하기 때문이다. 하

7장 복음 아버지 **159**

지만 현대 복음주의 교회는 암묵적으로 이와 정반대되는 개념을 받아들인다. 즉 어머니가 주된 부모이고 아버지는 어머니의 보조자라는 것이다.

성경 말씀은 전부 아버지와 그 자녀에 관한 것이다. 창세기는 노아와 그의 세 아들들의 이야기를 기술한다. 그 후 아브라함과 그의 아들 이삭, 이삭과 그의 아들 야곱, 야곱과 그의 열두 아들의 이야기를 들려준다. 여기서 어머니는 배경 역할만 한다. 구약성경 내내 이러한 패턴이 계속된다. 어머니와 자녀에 관한 이야기는 예외적이며 매우 드물게 등장한다. 가부장제는 이스라엘의 강점이었다. 이는 유대교가 믿을 수 없을 정도로 오랜 기간에 걸쳐 지속될 수 있었던 하나의 이유이기도 하다.

그뿐만 아니라 하나님은 아버지에게 책임을 물으신다. 홉니와 비느하스를 적절하게 양육하지 못한 책임은 엘리에게 있었다. 사무엘이 아들들을 잘 기르지 못했기 때문에 이스라엘은 왕을 요구했다(삼상 8:1-9). 솔로몬은 고질적인 바람둥이 기질을 버리지 못한 채로 인생을 마쳤으며, 그 책임을 지는 사람은 밧세바가 아닌 다윗이었다.

2장에서 우리는 성경이 부모에게 직접 지침을 내린 경우가 극소수임을 살펴보았다. 그런데 하나님은 그 소수의 지침조차도 아버지에게 내리셨다. 예를 들어 신명기 6장 4-7절은 이렇게 말한다.

"이스라엘아 들으라 우리 하나님 여호와는 오직 유일한 여호와이시니 너는 마음을 다하고 뜻을 다하고 힘을 다하여 네 하나님 여호와를 사랑하라 오늘 내가 네게 명하는 이 말씀을 너는 마음에 새기고 네 자녀에게 부지런히 가르치며 집에 앉았을 때에든지 길을 갈 때에든지 누워 있을 때에든지 일어날 때에든지 이 말씀을 강론할 것이며."

하나님은 아버지에게 자녀를 가르치고 훈련할 책임을 물으시지만, 자녀에게는 부모 모두를 공경할 책임을 물으신다. 하지만 이 명령도 언제나 아버지의 포괄적인 권위라는 맥락 안에 있다. "너는 네 하나님 여호와께서 명령한 대로 네 부모를 공경하라 그리하면 네 하나님 여호와가 네게 준 땅에서 네 생명이 길고 복을 누리리라"(신 5:16). 솔로몬도 동일한 경고를 한다. "내 아들아 네 아비의 훈계를 들으며 네 어미의 법을 떠나지 말라"(잠 1:8, 6:20 참고).

물론 어머니에게도 막중한 책임이 있다. 아버지는 어머니에게 자녀양육에 따르는 일상적이고 고된 일을 대부분 위임한다. 특히 어릴 때는 더 그렇다. 그래서 솔로몬은 경고한다. "지혜로운 아들은 아비를 기쁘게 하거니와 미련한 아들은 어미의 근심이니라"(잠 10:1). "지혜로운 아들은 아비를 즐겁게 하여도 미련한 자는 어미를 업신여기느니라"(잠 15:20). "채찍과 꾸지람이 지혜를 주거늘 임의로 행하게 버려 둔 자식은 어미를 욕되게 하느니라"(잠 29:15). 이 구절에 내포된 개념은 어머니가 아버지의 보조자라는 것이다. 만약 어머니가 아버지의 지시를 따르지 않으면, 자녀들은 큰 악영향을 받을 것이다.

이미 살펴봤듯이 신약에는 부모를 가르치는 말씀이 단 두 구절만

나온다. 그런데 바울은 이 두 구절 모두를 아버지에게 말했다. "또 아비들아 너희 자녀를 노엽게 하지 말고 오직 주의 교훈과 훈계로 양육하라"(엡 6:4). "아비들아 너희 자녀를 노엽게 하지 말지니 낙심할까 함이라"(골 3:21).

그렇다고 이 본문들이 어머니의 막중한 책임을 부인하는 것은 아니다. 다만 이 본문들은 아버지에게 맡은 바 책임을 감당하라고 독려하는 데 초점이 맞추어져 있는 것이다.

실제적인 본보기

하나님은 아버지에게 자녀에게 미치는 막대한 영향력을 주셨기 때문에, 아버지에게 자녀양육의 책임을 물으신다. 청교도의 표현을 빌리자면, 성경이 제시하는 아버지는 자녀가 영적인 옷을 입을 때 바라보는 거울이다.

터치스톤지Touch stone 2003년 6월호는 이러한 명제를 입증하는 스위스의 한 연구 결과를 실었다. 그 연구는 부모님의 교회 출석과 자녀의 향후 교회 출석 확률 간에 어떠한 상관관계가 있는지 조사했다. 결론은, 아버지가 보이는 영적인 본이야말로 신앙 전수의 가장 우선되는 요인이었다. 어머니의 영적 헌신은 그것보다는 덜 결정적이었다.[7]

이 연구를 보면 아버지와 어머니가 모두 교회에 출석할 때 자녀 중 33퍼센트가 정기적으로 교회에 출석하게 된다. 하지만 아버지는 교회에 출석하지 않고 어머니만 정기적으로 교회에 출석할 때는 자녀가 정기적으로 교회에 출석하는 비율이 고작 2퍼센트였다. 아버지는 정기적으로 교회에 출석하고 어머니는 비정기적으로 출석하거나 아예 출석하지 않을 때, 성인이 된 자녀가 교회에 나갈 확률이 이례적으로 33-38퍼센트(어머니가 비정기적으로 출석할 때) 및 44퍼센트(어머니가 출석하지 않을 때)에 달했다. 이는 마치 아내가 남편의 종교에 무관심하거나 적대감을 표출하는 것과 비례해서 아버지의 신앙 충성도가 커지는 것처럼 보인다.

그림 4. 부모의 교회 출석이 자녀에게 미치는 영향

아버지의 출석 여부	어머니의 출석 여부	자녀 출석 확률
정기적 출석	정기적 출석	33%
출석하지 않음	정기적 출석	2%
정기적 출석	비정기적 출석	38%
정기적 출석	출석하지 않음	44%
비정기적 출석	출석하지 않음	25%

아버지가 교회에 비정기적으로 출석하고 어머니가 믿지 않을 때는 자녀 중 25퍼센트가 정기적으로 교회에 출석했다. 이 수치는 그 반대의 경우보다 무려 열두 배가 많은 것이다.

연구는 이렇게 결론 내린다. "간단히 말해 아버지가 교회에 다니지 않으면 어머니의 믿음이 아무리 신실하더라도 성인이 된 자녀가 오십 명 중 한 명(2%)꼴로만 정기적으로 예배에 참석한다. 이에 비해 아버지가 정기적으로 교회에 출석하면 어머니의 신앙과는 무관하게 자녀 중 3분의 2 내지 4분의 3이 교회에 출석하게 된다(정기적, 비정기적). 아버지가 교회에 비정기적으로 출석한다 해도, 어머니의 믿음과는 관계없이 자녀의 절반에서 3분의 2가 정기적이든 비정기적이든 교회에 출석하게 된다."

이 연구는 계속해서 말한다. "이 결과는 충격적이지만 놀랄 일은 아니다. 오늘날 정치인들이 보기에는 가장 부정확한 결과일지도 모른다. 하지만 이것은 심리학자, 범죄학자, 교육학자, 전통적인 그리스도인이라면 이미 다 알고 있는 바를 확인해줬을 뿐이다. 즉, 창조 질서에 따라 정해진 것을 막을 수는 없다는 것이다. 서구의 자유 사회에서 아버지에게 부여된 역할은 미미하고 그마저도 심각하게 격하되어 있지만, 이 결과에 비추어볼 때 아버지의 씨로 자녀의 성별이 정해지는 순간부터 아버지의 장례식에 이르기까지 아버지의 영향력은 비길 데 없이 크다."

친밀함, 돌봄, 양육 등과 같은 핵심 기능 면에서는 어머니의 역할이 주도적이다. 하지만 자녀가 집을 떠나 "저기 바깥"에 있는 세상과 관계하는 시기에 접어들 때, 자녀는 점점 아버지의 지도를 구하게 된다. 이때 아버지가 무관심하거나 혹은 그저 부재하기만 해도, 분화와 참여는 훨씬 어려워진다. 자녀가 교회를 "여자와 어린이"의 것으로 치부한다면 그에 따라 반응할 것이다. 그러면 결국 자녀는 교회에 다니지 않거나, 다녀도 마음은 멀리 떠난다.[8]

핵심은, 교회를 여성화하면 남자를 붙들어 둘 수 없다는 것이다. 그리고 남자를 붙들어 두지 못하면 아이들도 붙들어 두지 못하게 된다. 즉, 아버지가 부재하거나 수동적이면 그 가족은 시들어 버리고 믿음의 바통을 다음 세대에 넘겨줄 능력이 심각하게 저해된다. 그렇다고 편부모는 자녀양육에 성공할 가망이 없다는 말이 아니다. 하나님은 아버지가 없는 자들의 아버지가 되신다.[9] 디모데는 어머니와 외할머니에게서 자랐지만 초대 교회의 위대한 지도자가 되었다. 다만 아버지 중심적인 가정이 표준이라는 말이다. 또 남성을 얻고 남성을 지켜내는 일이 지역 교회에 있어 아주 중요하다는 뜻이다. 아버지가 아버지 노릇을 하는 것은 자녀양육에 필수적이며, 그렇기 때문에 자녀의 구원에도 필수적이다.

통계는 이러한 결론이 사실임을 생생하게 입증한다. 코넬 대학의 유리 브론펜브레너 Urie Bronfenbrenner 박사는 이렇게 주장한다.

> 아버지 없는 가정에서 자란 아이는 다양한 행동 문제 및 학습 문제에 처할 위험이 더 크다. 그들은 과잉 행동 또는 침잠, 교실에서 주의력 부족, 자제력 부족, 학습 성취 장애, 비행, 잦은 결석, 사회적으로 소외된 또래 집단에 소속됨, 흡연, 음주, 이른 성관계, 잦은 성관계뿐 아니라 극단적인 경우에는 마약, 자살, 공공기물 파손, 폭력, 범죄 행위와 같은 행동들을 수반하는 "십 대 증후군"에 쉽게 노출된다.[10]

이러한 통계를 토대로 《Fatherhood Initiative》는 말한다. "아버지

없는 가정의 십 대 청소년이 자살하는 비율은 그렇지 않은 경우보다 5배 많으며, 가출할 비율은 32배, 행동 장애가 있을 확률은 20배, 강간을 행할 비율은 14배, 고등학교 중퇴 비율은 9배, 화학 물질을 남용할 확률은 10배, 보호시설에 수감될 확률은 9배, 감옥에 들어갈 확률은 20배가 많다."[11]

2장에서 그리스도인은 영원에 대한 관점으로 자녀를 양육한다는 사실을 강조했다! 비극적인 것은, 위에서 언급한 통계자료는 아버지의 부재 또는 수동적인 아버지로 인한 이 땅에서의 병폐를 보여주고 있을 뿐이지만 영적인 차원이 더욱 걱정스럽다. 스위스의 연구 결과에서 살펴봤듯이, 그 영향이 영원까지 미치는 경우가 많기 때문이다.

아버지가 일찍 사망한 경우에는 이러한 통계가 잘 들어맞지 않는다는 것이 흥미롭다.[12] 그 경우에는 아버지 없이 자란 자녀도 아버지의 부재가 아버지의 능력 밖이었음을 이해하기 때문에 감정적으로 보상을 받는 것처럼 보인다.

이 모든 일이 어떻게 일어나게 되었는가? 베일러 대학의 데이비드 라일 제프리 David Lyle Jeffrey 박사에 따르면 그 바탕에 가부장적 권위에 대한 반항이 놓여 있다. "부권의 격하는 몇몇 시시껄렁한 시트콤이 만들어 낸 산물이 아니다. 그것은 순수문학에 이르기까지 오랜 세월을 거슬러 그 근원을 추적해 내려갈 수 있는 문화 양식이다…우리는 아버지를 책임과 권위의 상징으로 바라본다. 그리고 이는 우리가 하나님을 바라보는 방식과 거의 같다. 부권에 대한 저항은 하나님의 권위에 대한 보편적인 저항에 수반하는 부분적인 현상이다. 그리고 이것은 자아 도취증으로 향하는 한 걸음이다."[13] 이러한 여정은 권위에 맞선 1960년대의 저항과 함께 시작되었다. 그리고 우리 자녀는 그 저항의 씁쓸한 열매를 거두고 있다.

요컨대 하나님은 강력한 남성적 리더십을 발휘하신다. 성경은 그러한 남성적 리더십을 긍정한다. 하나님은 섬기는 남성 지도자 안에서 자신의 모습을 복제하고자 하신다. 섬기는 남성 지도자를 개발하려면 어떻게 해야 할까? 복음 선포는 섬기는 남성 지도자를 개발하는 데 핵심적인 요소이다.

남자 끌어들이기

어떻게 남자를 교회에 끌어들이고 아버지라는 사실에 흥분하게 만들 것인가? 우리는 세 가지를 할 수 있다. 첫째, 우리는 객관적 진리를 강조할 수 있다. 3장과 4장에서 논한 것처럼 남자는 분명한 복음에 반응하는 경향이 있다. 둘째, 우리는 남성적 역할 모델을 개발해야 한다. 남자는 다른 남자의 남성성에서 자신의 역할을 배운다. 셋째, 여성이 성경적 남성성을 고취하도록 만들어야 한다.

남자는 객관적 진리에 반응한다

앤 더글라스[Ann Douglas]는 저서 《*The Feminization of American Culture*》(미국 문화의 여성화)에서 조나단 에드워즈의 신학이 미국 문화

가부장제의 절정이었다고 말한다. 그녀는 그 중심을 에드워즈와 제자 조셉 벨라미Joseph Bellamy(1719-1790)가 주창한 대리 속죄에서 찾는다.14) 더글라스 자신은 에드워즈의 타계 이후 뉴잉글랜드 유니테리언교도에게서 발흥한 "보다 부드러운" 여성적 모델을 선호한다. 유니테리어니즘은 대리 속죄(성경에 근거한 복음)의 객관적인 엄밀함을 제거해 버리고 이를 새로운 복음으로 대체했다.15) H. 리차드 니버는 그것을 이렇게 설명한다. "진노하지 않는 하나님이 죄 없는 인간을 십자가 없는 그리스도의 직무를 통해 심판 없는 왕국으로 데려오셨다."16)

그림 5. 남성적 사고와 여성적 사고의 차이

남성적 사고	여성적 사고
진리/사실	느낌/감정
위험 감수	조심스러움
경쟁	협동
공격적	수동적

역사학자 스테판 니콜스Stephen Nichols도 이에 동의한다. 그는 청교도 교리, 그리고 거룩하고 다가갈 수 없어 보이는 초월적인 청교도의 구세주에 질린 윌리엄 엘러리 차닝William Ellery Channing(1780-1842)이 어떻게 친밀하고, 가까우며, 다정하고, 접근하기 쉽고, 완전히 인간적인 구세주를 가르치게 되었는지를 언급한다.17) 차닝은 에드워

즈의 뉴잉글랜드 신학을 19세기 유니테리어니즘으로 바꾸는 선봉에 섰다. 더글라스는 차닝이 시작한 이 변화를 미국 문화의 여성화의 시작으로 본다.

더글라스는 무언가를 알고 있다. 남자는 객관적인 진리에 가장 잘 반응한다. 이에 비해 여성의 본성에는 느낌과 감성이 더 호소력이 있다.[18] 최근 뉴욕 타임스 기사는 이 차이점을 확인해준다. 존 티어니John Tierney는 말한다. "남자와 여자가 성격 테스트를 하면, 화성인-금성인이라는 오래된 고정관념이 계속해서 나타난다. 평균적으로 여자는 더 협동적이고, 보호적이고, 조심스럽고, 감정적으로 호응을 잘한다. 남자는 보다 경쟁적이고, 자신만만하고, 무모하고, 감정적으로 무덤덤한 편이다. 이러한 차이는 아동기 초기에 나타나서 절대로 사라지지 않는다."[19] 비극적이게도 이 기사는 더 나아가 이러한 차이는 장려할 것이 아니라 수정해야 할 문제라고 제안한다.

에드워즈와 청교도가 주창한 성경적 복음은 객관적인 진리에 관한 것이다. 그것은 테두리가 선명하고 모서리가 예리하다. 4장과 5장에서 이에 대해 설명했다. 남성적 사고는 객관적인 진리에 공감한다. 서로 충돌하는 개념들이 불러오는 긴장을 계속 유지할 수 없다는 이유로 성경적 복음을 그 중심에 두지 않는 교회는 종종 남성 구성원을 잃게 된다.

더글라스가 선호하는 여성적인 사고에 부합하는 메시지를 내는 자유주의 기독교 교단이나 단체에서 어떤 일이 일어났는지 보도한 최근 기사가 있다.

미국의 복음주의 루터교회에서 안수받은 성직자 수는 1999년 13,841명에서 2007년 10,493명으로 감소했으며, 같은 기간 교인 수는 524만 명에서 477만 명으로 감소했다.

미국 장로교회[PCUSA](미국의 사유주의적 장로교 교단—편집주)는 목사로 섬기는 안수받은 성직자 수가 1990년 10,398명에서 2006년 8,705명으로 감소했다. 같은 기간 교인의 수는 285만 명에서 226만 명으로 감소했다.

미국의 로마 가톨릭 사제의 수는 1965년에서 2007년 사이에 35,925명에서 27,971명으로 감소했다. 반면에 같은 기간 미국의 로마 가톨릭 신도의 수는 4,560만 명에서 6,440만 명으로 증가했다.[20]

가톨릭 교도는 약 50퍼센트가 증가했는데도 남성 성직자 수는 25퍼센트 가량 감소한 것이다.

나는 최근에 Together for the Gospel이라는 목회자 콘퍼런스에 참석했었다. 그 콘퍼런스의 참석자 통계는 이런 수치와 현저한 대조를 이룬다. 그 콘퍼런스는 에드워즈와 그의 동료들이 주창한 객관적인 진리를 강조했다. 즉 대리 속죄, 하나님의 거룩하심, 하나님의 진노의 실재성, 대속 없는 용서의 불가능, 기독교의 배타성, 사람의 죄악됨 등을 강조했다. 그 콘퍼런스에는 5,000명이 참석했고, 대부분의 참석자는 젊은 사람이었으며, 대략 75퍼센트는 40세 이하였다.

여기서 얻을 수 있는 교훈은 무엇인가? 당신이 목사라면, 남성을 교회 안으로 끌어당기기 위해 복음의 객관적인 진리를 선포해야 한다. 당신이 목사가 아니라면, 그러한 메시지를 전하는 교회에 가족을 데려가야 한다.

남자는 남자다운 남자에게서 남성성을 배운다

남자들이 교회에 나오게 만들고 남자들을 신실한 교인으로 세우기 원한다면, 반드시 남성 역할 모델을 찾아내서 확립해야 한다. 데이비드 머로우David Murrow는 그의 저서 《교회 가고 싶은 남자》Why Men Hate Going to Church에서 이렇게 말한다.

> 그리스도를 참으로 따르는 사람들로 이루어진 핵심 남성 그룹이 없으면 교회가 번성할 수 없다. 남자가 죽으면 그 교회는 죽는다…
>
> 세상을 바꾸기 원한다면 남성에 집중해야 한다…
>
> 교회와 타이타닉호는 공통점이 있다. 여성과 어린이가 우선이라는 점이다. 개신교회 사역의 대부분은 아이에게 집중되어 있고 그 다음은 여성이다…
>
> 남자는 프로그램을 따르지 않는다. 남자는 남자를 따른다. 여자는 교회가 제공하는 프로그램 때문에 교회를 선택할 수 있을지 모른다. 하지만 남자는 자신이 따를 수 있는 또 다른 남자를 찾는다.[21]

머로우가 한 말이 맞다. 남자는 프로그램을 따르지 않고, 남자를 따른다. 그렇다고 "마초" 같은 행동 양식을 말하는 것이 아니다. 마초 같은 인위적 남성성masculinity은 성경적 남성성의 왜곡이다. 그리고 그러한 현상은 보통 자신의 남성성에 자신이 없기 때문에 발생한다.

남자는 성경적 남성성을 온전히 갖춘 채 태어나지 않는다. 물론 남자는 남자라는 성으로, 남자의 신체 기관을 지니고 이 세상에 태어나지만 학습을 통해 남성성을 배워야 하는 면 또한 존재한다. 참된 남성성은 리더로서 여자와 아이를 이끌고 보호하며 필요를 공급함으로써 여성과 아이를 섬기려는 욕구로 표출된다. 참된 남성성은 처음부터 끝까지 이타적인 섬김이다. 이는 근육 크기나 운동 능력과는 다른 특성이다.

궁극적으로 남자는 하나님에게서 남성성을 배운다. 물론 하나님은 남성이 아니며, 그분에게는 신체가 없다. 하지만 하나님은 아무것도 섞이지 않은 순전한 남성성 그 자체이시다. 궁극적으로 하나님만이 그리스도인 아버지의 역할 모델이 되신다. 하나님의 남성성은 주도적으로 이끄는 것으로 드러난다.

동성애자이자 불교도인 한 친구가 한번은 왜 하나님을 항상 그(him)라는 남성 대명사로 지칭하는지 물었다. 나는 C. S. 루이스의 글을 인용하여 조심스럽게 답했다. "하나님은 너무나 남성적이셔서 그분과 대조하면 창조된 모든 것이 여성스럽다."[22] 루이스는 주도적으로 이끄려는 마음이 하나님의 남성성의 정수라고 제안한다. 하나님은 주도적으로 우리를 섬기신다. 하나님은 그렇게 창조를 시작하셨고, 우리의 구속을 주도적으로 시작하셨다. 우리가 하나님께 간 것이 아니라, 하나님께서 성육신하셔서 우리에게 오셨다. 아마도 하나님의 이러한 성품이 하나님을 남성 대명사로 지칭하는 성경의 의도에 가장 가까울 것이다. 하나님은 남성의 신체를 지니지 않으셨다. 다만 하나님은 궁극적으로 모든 것을 주도적으로 시작하는 분이다. 그분은 궁극적인 섬기는 리더이시다. 이런 면에서 성부 하나님은 완전한 남성성을 지니신다.

대조적으로 여성성은 남성이 주도하는 것에 반응을 보인다. 이러한 이유로 하나님은 남성과 여성 모두로 이루어진 교회를 그리스도의 신부라고 부르신다. 하나님이 우리의 창조를 시작하셨고, 우리의 구속을 시작하셨고, 우리와 하나님과의 관계도 시작하셨다. 하나님과 우리의 관계에서 우리는 그저 반응하는 편에 속한다. 하나님에 비하면 우리는 모두 여성적이다.

핵심은 이렇다. 남자는 하나님에게서 남성성을 배운다. 그리고 살아 계신 하나님의 임재는 남자를 더욱 남성적으로, 여자를 더욱 여성적으로 만든다.

예수 그리스도는 성경이 말하는 남성성의 본이 되신다. 복음을 남자답게 시작하신 분이 바로 예수님이다. 첫째, 예수님은 자기의 생명을 대가로 치르고 우리의 구속을 시작하셨다. 예수님이 이 땅에 내려와서 우리를 찾으셨다. 그런 후에 하늘로 돌아가 자신의 성령을 보내어 우리를 아버지께 인도하셨다. 둘째, 그분은 종된 지도자의 최고봉이셨다. 예수님은 우리를 섬김으로써 교회를 인도하시고, 인도하심으로써 우리를 섬기신다. 셋째, 예수님은 날마다 우리의 물질적 필요를 공급하신다. 넷째, 예수님은 자신의 생명을 대가로 지불하고 자기 교회를 보호하신다. "내가 그들과 함께 있을 때에 내게 주신 아버지의 이름으로 그들을 보전하고 지키었나이다 그 중의 하나도 멸망하지 않고 다만 멸망의 자식뿐이오니 이는 성경을 응하게 함이니이다"(요 17:12). 남자는 하나님의 아들과 더 가까워질수록 그의 남성성이 더욱 강력해진다.

성경이 말하는 남성성masculinity은 여기에서 그치지 않는다. 남자는 그리스도로부터 영향을 받은 다른 남자에게서 남성성을 배운다. 소년은 아버지에게서 남성성을 배운다. 짐 돕슨Jim Dobson은 타임지에서 이렇게 말한다. "연구자들은 소년이 '남성다움maleness'에 대한 이해를 지닌 채로 태어나지 않는다고 결론 내렸다. 그들은 이를 배워야 하는데, 아버지에게서 배우는 것이 이상적이다."[23] 사실 수많은 연구가 소녀와 소년 모두, 어머니가 아닌 아버지와의 상호작용으로부터 성 정체성을 획득한다는 사실을 보여준다.[24]

데이비드 웨게너David Wegener는 말한다. "아버지는 반드시 아들에게는 남성적이 되도록, 딸에게는 여성적이 되도록 훈련해야 한다. 아버지는 가르치고 실천하며 본을 보여줌으로써, 아들에게 용기, 주도적인 자세, 희생적인 사랑을 반드시 심어줘야 한다. 또 딸이 잘 보살피는 사람이 되도록, 또한 강하고 자격 있는 남자가 시작하는 사랑에 반응하도록 훈련해야 한다. 아버지는 딸을 격려하고 지도하는 가운데 딸에게 그러한 영향을 줄 수 있다."[25]

내가 말하고자 하는 바는 먼저 복음의 객관적인 윤곽이 남자를 끌어당기면, 그 후에 복음의 실체가 성경적 남성성을 길러내고 활성화한다는 것이다. 남자가 그리스도를 바라보게 되면 그분의 형상으로 변화한다(고후 3:18). 남자에게 그리스도의 형상은 경건한 남성성의 "형상"과 "모양"(창 1:26)이다. 남자는 예수님이 자신의 교회를 위해 죽으신 것을 보면서 자기 아내와 자녀를 위해 죽으려고 한다. 그들은 예수님의 종된 리더십을 보고, 자기 가족을 그렇게 이끌고 섬기고자 한다. 이 모든 것이 4장과 5장에서 다룬 복음의 핵심에 있다.

아버지 됨Fatherhood은 멸종 위기에 놓였다. 교회에서 복음이 서서히 사라지면서 아버지 됨도 그렇게 되었다. 아버지 없는 가정이 점차 표준이 되어 간다. 웨이드 혼Wade Horn 박사는 보고한다. "1960년대에 미국에서 아버지 없는 가정은 1,000만 가정 정도였다. 2003년에 이 수치는 2,500만까지 치솟았다. 이제 세 가정 중 한 가정은 아버지가 없다."[26] 이러한 영향으로 미래의 교회와 가족에 대변동이 일어날 것이다. 이러한 시점에 오직 복음이 해결책이다!

성경적 여성성이 성경적 남성성을 고취한다

거대한 근육과 뛰어난 운동 능력이 성경적 남성성의 증거가 아닌 것처럼, 연약함, 수동성, 두려움도 성경이 말하는 여성성의 증거가 아니다. 그런 것들은 남성성과 여성성을 희화화한 것에 지나지 않는다. 스튜어트 스콧Stuart Scott은 말한다. "남성성은…마음의 문제다. 남자는 체육관에 가서 운동을 할 수 있고 어쩌면 찰스 아틀라스나 아놀드 슈왈츠제네거 같은 몸을 만들 수도 있다. 하지만 그렇다고 해서 그가 더욱 남성적이 되는 것은 아니다…궁극적으로 중요한 것은 남자 내면에 있는 것이다."[27]

마찬가지로 성경이 말하는 여성성은 일단의 성품이다. 성경적 여성성을 지닌 여자는 강하고, 믿음이 굳건하며, 흔들리지 않는다. 믿음이 그러한 여자의 토대이다. 성경은 말한다. "능력과 존귀로 옷을 삼고 후일을 웃으며"(잠 31:25). 겸손하게 섬기는 남성 지도자 옆에 있을 때 남자가 더욱 남성적이 되는 것처럼, 성경적 여성성이 있는 곳에서도 남자는 더욱 남성적이 된다.

여성은 남성에게 엄청난 영향력을 끼칠 수 있다. 그리고 남성은 이러한 영향력을 간절히 필요로 한다. 지혜로운 여인은 자신의 영향력을 지렛대처럼 사용해서 성경적 남성성을 고취한다. 그렇게 하는 첫 번째 방법은 자녀들이 아버지에게 향하도록 만드는 것이다. 내 아내는 자녀들이 질문거리를 갖고 찾아오면, 답을 알면서도 아빠인 나를 끼워주려고 이렇게 말하고는 했다. "가서 아빠한테 물어보자." 이렇게 함으로써 아내는 두 가지를 달성한다. 첫째, 자녀들이 보기에 아내의 행동은 나를 높이는 일이 되었고(물론 내게 종종 그런 자격이 없음에도 불구하고), 물론 나의 아버지의 역할도 높였다. 둘째, 이러한 행동은 나로 하여금 억지로라도 하나님이 내게 맡기신 중요한 책임을 받아들이고 관여하도록 만들었다.

또 여성은 남편을 존경함으로써(특히 자기 자녀 앞에서) 남성성을 고취할 수 있다. 결혼에 관한 위대한 구절을(에베소서 5장) 보면, 바울은 아내들에게 두 가지를 명령한다. 즉, 남편에게 복종하는 것과 남편을 존경하는 것이다. 바울은 남편이 존경받을 때 사랑받는 느낌을 받는다는 사실을 알았다. 그래서 내 아내는 습관적으로 자녀 앞에서 나를 높인다. 심지어 내가 힘쓰지 않은 일이나 그럴 자격이 없는 일에 대해서도 그렇게 한다. 아내가 그렇게 하는 이유는 자녀들을 위해서이다. 아내의 믿음은 언제나 나를 겸손하게 만든다. 그리고 나는 다시 아내를 존경하게 된다. 아내가 나를 존경하는 이유는 하나님이 아이들의 아버지를 통해서 일하시리라는 확신이 있어서이다.

여성은 또 기도함으로 성경적 남성성을 고취할 수 있다. 당신 옆에 있는 그 남자가 그리스도의 본을 따르는 남성이 되게 해달라고 하나님께 간구하라.

마지막으로 성경이 말하는 여성성은 남편을 격려하여 리더십을 발휘하게 만든다. 효과적으로 양육하는 엄마는 남편에게 잔소리하지 않으며, 다만 격려한다. 여기에 큰 차이가 있다. 효과적인 엄마는 남편을 비방하지 않고, 남편에게 나타난 은혜의 증거에 집중함으로써 그를 격려한다.

성경적 여성성은 남성의 역할을 인정함으로써 남성들이 스스로 필요한 존재임을 느끼도록 만드려고 애쓴다. 조지 길더George Gilder는 고전적인 그의 저서 《Men and Marriage》(남자와 결혼생활)에서 남자는 결혼생활에 오직 세 가지 특별한 공헌을 한다고 지적한다. 즉 리더십, 재정 공급, 보호이다.[28] 여성이 이러한 역할을 맡으면, 남성은 자신이 필요 없고 공헌할 수 없는 존재라고 느끼면서 남편으로서의 책임을 거부한다. 이러한 책임을 남편에게 완전히 맡기는 여성은 남자에게 목적의식을 불어넣는 것이고, 그러면 남편은 보통 긍정적으로 반응하기 마련이다. 여성은 이러한 책임을 남편에게 내줌으로써 성경적 남성성을 고취한다.

요약

이번 장에서는, 하나님의 경륜 아래 주된 부모는 아버지이고 어머니는 보조자임을 밝혔다. 성경은 자녀양육에 관한 모든 말을 아버지에게 한다. 하나님이 각 아버지에게 자녀의 마음, 그리고 궁극적으로 자녀의 영적인 운명까지 영향을 미치는 엄청난 영향력을 주셨기 때문이다. 다음의 일반 원칙은 항상 유지된다. 아버지가 가는 대로 가족과 자녀양육도 따라간다.

남자는 남성으로 태어나지만, 성경적인 남성성을 배워야 한다. 우리는 혼란스러운 시대에 살고 있다. 성경적 남성성과 여성성이 모두 희귀해지는 시대이다. 우리의 자녀를 위해, 하나님의 영광을 위해 이를 다시 세우는 일이 막중하다. 어떻게 그렇게 할 수 있는가?

복음의 객관적 진리를 강조하라. 남자의 마음은 여기에 반응한다. 복음에는 또 다른 유익이 있는데, 복음이 드러내는 하나님의 아들은 성경적 남성성의 본이 된다는 것이다. 그분은 참된 남성성을 지닌 유일한 분으로서, 우리가 닮아야 할 분이다. 복음은 또한 그분의 아버지가 지니신 강력한 남성성을 드러낸다.

남자는 복음의 영향을 받은 다른 남자에게서 남성성을 배운다. 소년은 무의식적으로 아버지에게서 남성성을 배운다. 여성은 성경적 남성성 주위에서 점점 여성적으로 변해간다. 그리고 성경적 여성성은 남성적인 행동을 고취함으로써 이 선순환이 완성된다.

복음은 남자를 끌어당긴다. 그리고 남자에게 남성성이 무엇인지 가르쳐준다. 우리가 말하는 복음이 그저 "예수님은 당신을 사랑합니다."라고 말하는 수준이라면 이런 일은 일어나지 않을 것이다. 복음 중심적인 교회는 성경적 남성성을 생산해 내는 공장이며, 성경적 자녀양육은 이런 환경에서 번성한다.

연구 질문

1. 자녀양육에 관해 어머니에게 말하는 성경 구절을 찾을 수 있다면 그 목록을 작성해보라.

2. 이 장은 어머니보다 아버지의 신앙과 믿음생활이 자녀에게 더 큰 영향을 미친다고 말했다. 정말로 그렇다고 생각하는가? 그렇다면 혹은 그렇지 않다면 그 이유는 무엇인가?

3. 주로 엄마들이 자녀양육에 관한 책을 사는 이유는 무엇이라고 생각하는가?

4. 당신의 가정에서는 누가 주된 부모이며 누가 보조적인 부모인

가?

5. 이 장은 남성을 끌어들이고 성경적 남성성을 고취하기 위해 우리가 할 수 있는 세 가지 일을 제시했다. 그중 어느 것이 당신에게 가장 중요했는가? 그 이유는 무엇인가?

6. 교회 지도자는 성경적 남성성을 고취하기 위해 무엇을 할 수 있는가?

7. 아내와 엄마는 남편과 아들의 참된 남성성을 고취하기 위해 무엇을 할 수 있는가?

8장
징계의 토대

지난 장에서는 아버지 중심적인 가정의 중요성에 대해 이야기했다. 성경은 자녀양육의 명령을 어머니가 아닌 아버지에게 내린다. "또 아비들아 너희 자녀를 노엽게 하지 말고 오직 주의 교훈과 훈계로 양육하라"(엡 6:4). 이 장에서는 훈계에 대해 다루고자 한다.

성경에서 하나님의 징계는 언제나 하나님의 사랑을 드러내는 것이다. "주께서 그 사랑하시는 자를 징계하시고 그가 받아들이시는 아들마다 채찍질하심이라 하였으니"(히 12:6, 잠 3:12 인용). 그리스도인 부모는 하나님의 징계를 본받아 자녀를 징계해야 한다. 따라서 부모가 징계하는 동기는 언제나 사랑이어야만 한다. 사실 성경은 징계와 사랑을 긴밀하게 결합하면서 징계하지 않는 부모는 사실상 자녀를 미워하는 것이라고 말한다. "매를 아끼는 자는 그의 자식을 미워함이라 자식을 사랑하는 자는 근실히 징계하느니라"(잠 13:24).

자녀를 징계하는 모든 시도의 핵심에는 복음이 있어야 한다. 복음은 두 가지 방식으로 징계에 영향을 미친다. 첫째, 복음은 징계의 동기가 된다. 둘째, 그리스도인의 효과적인 징계는 결과적으로 복음을 전하는 것이 된다.

효과적인 징계는 엄청난 결단과 인내를 요구한다. 어느 부모도 이 과업을 감당하기 쉽지 않다. 어떤 자녀에게는 평생 다섯 번만 매를 들어도 충분하지만, 어떤 자녀에게는 매일 아침 다섯 번 매를 들어야 한다.

장남 데이비드는 다섯 살 무렵에 내 전기면도기에 홀딱 빠졌었다. 그 아이는 "의지가 강한"이라는 표현으로도 도저히 설명할 수 없는 특이한 성격을 갖고 있었다. 아들이 무언가를 원할 때 그 끈기란 그저 놀라울 뿐이었다. 하지만 그 동기는 불순했다. 아들은 항상 자신이 원하는 것과 매 맞는 고통을 비교했고, 고통을 참을 가치가 있다고 판단하면 결코 순종하지 않았다.

어느 날 아들은 내 면도기를 가져가더니 전원을 연결하고 작동시켰다. 아들은 이 행동이 규칙에 어긋난다는 사실을 알고 있었다. 나는 매를 들었다. 그런데 몇 분 후에 아들이 다시 면도기를 켰다. 내가 때리는 매는 상당히 아팠기 때문에, 아들의 행동은 매우 놀라운 일이었다. 지금도 다 자란 아이들이 기억하며 질겁할 정도다. 결국 나는 다시 매를 들어 아들의 엉덩이를 때렸다. 어느 주일 오후에는 이 일을 일곱 차례나 반복했다. 나는 지치고 낙심하고 좌절한 상태로 아들을 재웠다. 하지만 데이비드를 위해서 이 전투에 이겨야 한다고 결심했다. 그 전투는 얼마나 치열했는지 모른다.

혹자는 면도기를 닿지 않는 곳에 두고 문제를 풀어갔을 수도 있을 것이다. 나도 그렇게 해야 하나 심각하게 고민했다. 그것은 쉬운 방법이 될 수도 있었을 것이다. 하지만 면도기를 숨기는 것으로는 아들의 고집 문제를 해결하지 못한다. 그것은 그저 갈등을 나중으로 미루는 것에 불과하다. 따라서 효과적인 야전 지휘관들이 그러하듯, 나는 전투를 벌일 시간과 장소를 주도적으로 정했다. 하지만 나도 때로는 데이비드의 고집이 얼마나 강한지 잘 몰랐다. 적어도 두 번은 매로도 아들을 통제하지 못하는 상황에 처했던 기억이 있다. 그러면 낙심하여 교회 장로님들께 찾아가 기도를 부탁했다. 두 번 모두 아들은 즉시 좋아졌다.

강한 의지는 하나님의 선물이다. 아이의 의지가 강할수록 그 고집을 꺾기가 더 어렵지만 용기를 내라. 포기하지 말라. 그런 아이의 고집이 한 번 꺾이면 또래 집단의 압력에도 더 잘 저항하고, 다른 이를 잘 이끌고, 영적 훈련을 꾸준히 실천하게 된다. 당신은 격려가 필요할 것이다. 의지가 강한 아이를 훈계하기 위해서는 엄청난 인내와 결단이 요구된다. 현재 데이비드는 그리스도께 깊이 헌신하는 사람이 되었고, 남자들을 이끄는 사람이 되었다. 사실 아들은 목사로 섬기고 있다. 하나님의 은혜로 나는 전투에서 이겼고, 그렇게 한 일이 지금도 참 기쁘다.

주디와 나는 복음이 자녀를 징계하는 일과 어떤 관련이 있는지 이해했기 때문에 힘을 낼 수 있었고, 그렇게 했던 것이 여러모로 도움이 되었다.

- 복음은 내주하는 죄가 자녀들의 문제라는 사실을 확신시켜주었다.
- 복음은 권위가 자녀양육에 매우 중요함을 확신시켜주었다.
- 복음은 자녀의 행동보다 마음을 추구하도록 가르쳤다.
- 복음은 우리의 마음을 움직여 징계를 사용하여 자녀에게 복음을 전하도록 만들었다.
- 복음은 우리의 마음을 움직여 하나님을 경외하도록 만들었다.
- 복음은 우리가 더 겸손하고 진실해지도록 도와주었다.

내주하는 죄

우리는 해결책을 적용하기에 앞서 반드시 문제를 진단해야 한다. 기름통이 텅 비어 차가 출발하지 않는다면 주유소에 가는 것이 해결책이다. 하지만 시동 모터에 결함이 있다면 자동차 정비소에 가야 한다. 마찬가지로 자녀의 문제를 해결하려면 정확한 진단부터 해야 한다.

그렇다면 당신의 자녀의 근본적인 문제는 무엇인가? 왜 당신의 자녀가 거짓말을 하고, 속이고, 훔치는가? 왜 자매를 깨무는가? 왜 가만히 있지 못하고, 이기적이고, 화를 내는가? 왜 부모에게 꼬박꼬박 말대꾸를 하는가? 만약 자녀의 병이 문제라면, 치료가 해답이며 자녀에게 도덕적인 책임은 없다. 만약 자녀의 환경이 문제라면, 생활 환경을 바꿔주는 것이 해답이다. 하지만 문제가 타락한 본성(내주하는 죄)이라면, 징계와 가르침이 유일한 해결책이다.

세상이 내리는 진단에는 대부분 결함이 있다. 그것들은 아이가 근본적으로 선하다고 가정하기 때문이다. 내 큰딸은 대학에서 초기 아동 발달을 전공하였다. 딸아이의 교수들은 아이들이 근본적으로 선하다는 신념을 지켜도록 주장했다. 그렇게 믿는 사람은 자녀가 나쁜 행동을 하는 이유를 병이나 환경에서 찾을 것이다. 그래서 요즘 반항적이고 고집이 센 아이들은 반항성 장애 Oppositional Defiant Disorder 진단을 많이 받는다. 의료 웹사이트인 Web MD에는 그 증상 목록으로 짜증, 어른과 논쟁함, 규칙 준수를 거부함, 자기 실수에 대해 다른 이를 비난함, 분노 표출 등이 나열되어 있다. Web MD는 생물학, 유전학, 또는 주변 환경이 그 질병의 원인이라고 주장한다(죄는 아예 언급하지도 않는다). 어느 소아과 의사는 반항성 장애(ODD) 증상을 확인하려고 자녀의 머리를 MRI 촬영하는 부모도 있다고 내게 말해줬다. 문제가 도덕이 아닌 육체와 관련된 것이라면 징계나 교훈이 아닌 심리학 치료나 약물 치료가 해답이다.

또 어떤 이들은 자녀의 환경을 탓한다. 선생님이 격려를 하지 않는다거나 학교 친구들이 상냥하지 않다거나 동네 친구들이 질이 나쁘다거나 텔레비전을 너무 많이 본다거나 하루에 여덟 시간씩 컴퓨터 게임을 한다는 등 환경 탓을 한다. 나쁜 환경이 문제라면 환경을 바꾸는 것이 해답이다.

그런데 성경은 다른 진단을 내린다. 당신의 자녀가 하는 일탈 행동은, 성경이 육체^{flesh}라고 말하는 것의 증상이다. 즉, 내주하는 죄가 교만과 이기심의 모습으로 나타나는 것이다.

문제가 영적이고 도덕적인 것이라면 해답은 주의 교훈과 훈계에 있다. 그리스도인은 자녀에게 과잉 활동과 같은 신체 문제나 환경적 영향이 있을 수도 있다는 사실을 인지하지만, 근본적인 진단은 훨씬 단순하고 간단하다. 짜증, 말싸움, 잘못된 일을 지적했을 때 받아들이지 않는 태도는 명백히 죄의 결과이다. 티모시 시즈모어Timothy Sisemore 박사는 말한다. "그리스도인은 성경이 죄라고 규정하는 문제를 '의학화'하지 않아야 한다."[1]

어느 신실한 부모가 항상 나에게 말해준 것이 있다. "문제의 핵심은 마음의 문제이다." 자녀는 본성이 악하기 때문에 악하게 행동하는 것이다. 자녀들의 마음은 가장 깊고 가장 근본적인 차원부터 완전히 무질서한 상태이다. "만물보다 거짓되고 심히 부패한 것은 마음이라 누가 능히 이를 알리요마는"(렘 17:9). 하나님이 당신의 자녀를 어떻게 보시는지 확인해보라. "의인은 없나니 하나도 없으며 깨닫는 자도 없고 하나님을 찾는 자도 없고"(롬 3:10-11, 시 14:1, 3 인용). 당신의 자녀는 "본질상 진노의 자녀"(엡 2:3)이다. 의학계가 ADD나 ODD라는 거창한 명칭을 갖다 붙인 증상들에 대해 성경은 간단히 "육체의 일"이라고 명명한다. "육체의 일은 분명하니 곧 음행과 더러운 것과 호색과 우상 숭배와 주술과 원수 맺는 것과 분쟁과 시기와 분냄과 당 짓는 것과 분열함과 이단과 투기와 술 취함과 방탕함과 또 그와 같은 것들이라"(갈 5:19-21).

마음의 부패라는 진단명이 내려졌다면 알약이나 환경의 변화로 그 문제를 해결할 수 없다. 그러한 방법으로 일시적으로 증상을 억누를 수 있을지는 몰라도 기저에 자리잡고 있는 문제를 해결하지는 못한다.

단기적 해결책은 "주의 교훈과 훈계"(엡 6:4)이다. "아이의 마음에는 미련한 것이 얽혔으나 징계하는 채찍이 이를 멀리 쫓아내리라"(잠 22:15).

장기적 해결책은 거듭남으로 말미암아 새 마음이 심기는 것이다. 하나님은 에스겔에게 약속하신다. "또 새 영을 너희 속에 두고 **새 마음**을 너희에게 주되 너희 육신에서 굳은 마음을 제거하고 **부드러운 마음을 줄 것**이며 또 내 영을 너희 속에 두어 너희로 내 율례를 행하게 하리니 너희가 내 규례를 지켜 행할지라"(겔 36:26-27).

이 모든 일 가운데 복음을 분명히 이해하는 것이 가장 중요하다. 복음을 이해해야 우리 자녀에게 마음의 문제가 있다는 사실을 확신할 수 있으며 그 마음의 문제가 전반적으로 영향을 미치고 있다는 사실을 확신할 수 있다. 즉, 마음의 부패가 우리 본성의 모든 부분에 깊이 엮여 있기 때문에 나쁜 팔을 하나 쳐낸다고 그 문제를 제거해 버릴 수 없다. 문제는 우리 존재의 모든 영역에 스며들어 있다. 그리고 자녀는 그 문제를 부모인 당신에게서 물려받았다.

복음은 하나님의 눈으로 자녀의 죄를 보고 죄를 직면하게 한다. 마음의 문제가 얼마나 심각한지 보게 하는 것이다. 당신의 자녀가 아무 잘못을 하지 않았더라도 그리스도는 여전히 그 아이를 위해 죽으셔야 했다. 자녀의 **본성**이 문제이기 때문이다. 바울이 죄^{sin}라는 단어를 단수로 쓸 때에는 우리의 타락한 본성을 가리키는 것이다. 예수님은 우리의 죄들(우리가 한 일)을 속죄하기에 앞서, 우리의 본성(죄, 우리의 존재)을 속죄하셔야 했다. 로마서 8장 3절에서 사용된 단어에 주의하라. "자기 아들을 죄 있는 육신의 모양으로 보내어 육신에 **죄**^{sin}를 정하사." 이는 당신의 자녀의 **본성**이 너무나 심각하게 부패하였기 때문에, 이를 속죄하려면 대신하는 자가 반드시 극심한 고문을 당하며 서서히 죽어가야만 했다는 뜻이다. 다시 말하자면 당신의 자녀가 실제로 아무런 잘못된 행동을 하지 않았다 하더라도 속죄가 필요하다는 뜻이다.

그런데 복음주의권의 부모들 대부분이 이러한 신념을 공유하지 않으며, 이것이 자녀양육에 따르는 많은 문제의 근본 원인이다. 한 친구가 삼십오 년 동안 복음주의 교회 신도였던 자기 아버지에게 손주의 마음이 죄악으로 쏠려 있기 때문에 정기적으로 체벌할 필요가 있다고 말하자, 그의 아버지는 충격적이게도 이렇게 이야기했다고 한다. "아이들은 죄인이 아니란다. 아이들은 죄가 없어. 책임을 질 나이가 되기 전까지는 하나님께 아무런 책임이 없단다. 네가 그런 부정적인 생각을 하고 있다니 걱정이 되는구나."

이러한 답변은 **펠라기우스주의**라고 불린 고대 이단의 주장 그대로다. 펠라기우스주의는 우리가 죄 없이 태어났고, 우리의 본성은 본질적으로 선하며, 하나님은 우리가 무언가 잘못된 일을 저지르기 전까지는 우리를 죄인으로 여기지 않으신다는 개념이다. R.C. 스프로울이 지적했듯이 이러한 사상은 널리 퍼져 있다.

> 조지 바나의 설문 조사 결과에 따르면, 미국에서 자신을 복음주의 그리스도인이라고 고백하는 사람 중 70퍼센트 이상은 사람이 근본적으로 선하다는 의견을 표출했다. 그리고 80퍼센트 이상은 하나님이 스스로 돕는 자를 돕는다는 가치관을 표명했다. 이러한 입장은…모두 펠라기우스주의이다…우리가 근본적으로 선하다고 말하는 것이 펠라기우스의 관점이다…우리는 그러한 사상에 압도되어 있다. 우리는 그러한 사상에 둘러싸여 있다. 우리는 그러한 사상에 완전히 빠져 있다. 우리는 그러한 사상을 매일 듣는다. 세속 문화 안에서 매일 들을 뿐 아니라 기독교 텔레비전과 라디오에서도 매일 듣는다.[2]

하지만 우리 자녀는 근본적으로 선하지 않다. 그리고 성경을 믿지 않는다 할지라도 자녀를 주의 깊게 살펴본 부모라면 문제의 핵심은 마음의 문제라는 증거를 수없이 발견할 수 있다. 예를 들어 당신은 자녀에게 나쁘게 굴라고 가르칠 필요가 없다. 나쁜 행동은 아이에게서 자연스레 나온다. 폴 트립은 이렇게 썼다. "몇 년 전 내가 유치원 선생님이었던 시절에 깨달았던 바가 있다. 나는 아이들에게 서로 때리고, 질투하고, 나쁜 말을 하고, 새치기를 하고, 자기 점심이 친구 점심보다 낫다고 말하고, 자신이 이룬 것을 뽐내고, 모든 것을 경쟁으로 만들라고 가르칠 필요가 전혀 없었다."[3]

실제 세상은 그 정반대다. 그래서 당신은 자녀에게 착하게 행동하라고 가르쳐야만 한다. 당신이 가르치지 않으면 자녀는 그렇게 하지 않을 것이다. 착한 행동은 자연스럽게 나오지 않는다. 착한 행동이 자연스럽게 나온다면 당신은 자녀에게 어떻게 해야 나쁘게 행동할 수 있는지를 가르쳐야만 한다. 그러면 펠라기우스주의를 옹호할 수 있을지 모른다. 하지만 그렇지 않다. 아이들은 부모가 진땀을 흘리며 인내해야만 겨우 좋은 행동을 배운다. 과자가 담긴 그릇 앞에서 두 살짜리 아이를 떼어놓아 본 경험이 있는 부모라면 누구나 알 것이다. 당신의 자녀가 처음 배우는 말은 "네"가 아닌("네 엄마. 어떻게 도와드릴까요?") "싫어"이다. 두 살배기 아이에게 부모가 부를 때 휙 돌아보고 다른 방향으로 가라고 가르치지 않아도 된다. 아이는 자연스럽게 그러한 행동을 한다. 짜증, 무례한 말, 뿌루퉁하기도 마찬가지다.

대부분의 자녀양육 실패 뒤에는 펠라기우스주의 사상이 자리잡고 있다. 문제를 바르게 진단하지 못하니 적절한 해결책도 적용할 수 없기 때문이다. 하나님이 내리시는 진단은, 태어나는 순간부터 자녀들이 진심으로 악을 향한다는 것이다. 하나님은 우리 자녀들의 대부분의 행동 문제에 대한 해결책도 지정해 주셨다. 바로 다음과 같은 구절들이다. "아이를 훈계하지 아니하려고 하지 말라 채찍으로 그를 때릴지라도 그가 죽지 아니하리라"(잠 23:13). "채찍과 꾸지람이 지혜를 주거늘 임의로 행하게 버려 둔 자식은 어미를 욕되게 하느니라"(잠 29:15).

복음은 죄가 문제의 핵심이라는 사실을 확신시켜주며 이 문제의 긴급성을 절감하게 만든다. 십자가는 정의를 향한 하나님의 무한한 열정을 선포하고, 언젠가 우리 자녀가 마주하게 될 완벽한 정의를 상기시킨다. 여기에 예외란 없다. 우리 자녀들은 문제로 가득한 세상에 들어왔고, 그래서 예수님이 십자가에서 그들을 대신해 죽으셨다. 예수님이 하나님의 완벽한 정의의 요구를 만족시키기 위해 그들을 대신해 죽으셨다. 이것이 함축하는 바는 분명하다. 우리 자녀가 영원토록 지옥에서 십자가형과 흡사한 고난을(우리 죄가 받아야 마땅한 정도가 이러하다) 당함으로써 하나님의 정의가 만족되든지, 아니면 예수님을 믿음으로써 예수님이 그들 대신 하나님의 정의를 만족시켜주신 혜택을 누리든지 둘 중 하나다. 이 두 운명 중 하나가 우리 자녀들을 기다린다. 이 사실을 깨달은 부모는 엄청난 절박감을 느끼지 않을 수 없다. 여기에 너무나 많은 것이 달려 있기 때문이다.

또 복음은 하나님이 죄에 대해 느끼시는 바를 우리에게 보여주는 창과 같다. 하나님은 죄를 증오하신다. 죄는 하나님의 진노를 일으킨다. 우리는 십자가에서 우리 자녀의 불평, 반항, 짜증, 이기심, 자제력 부족에 대해 하나님이 느끼시는 감정을 엿본다. 십자가는 말한다. "하나님은 그러한 죄악된 마음의 태도를 증오하신다. 그러한 태도는 십자가형을 당해 마땅하다." 이것은 정말 인기 없는 개념이다. 하지만 이것이 사실이라면 우리가 자녀들의 마음에 있는 죄에 대해 미온적으로 반응하면서 어떻게 그들을 사랑한다고 주장할 수 있겠는가?

이러한 이유로 복음을 확신하는 사람들은 자기 자녀에게 나이에 맞는 적절한 체벌을 시행한다. 세상은 말한다. "체벌은 아동 학대다." 하지만 성경은 말한다. "징계에 실패하는 것이야말로 아동 학대다."

사회 안에 아이를 신체적으로 학대하는 일이 존재하는 것은 사실이지만, 그리스도인은 학대를 혐오한다. 그리고 다정하고 안정된 양부모 가정의 체벌은 학대와 무관하다. 사회에 대한 연구 결과에 따르면,[4] 체벌을 반대하는 배후에는 대부분 화를 내며 학대하는 의붓아버지나 동거하는 애인과 연루된 안 좋은 사례들을 경험한 사회복지사들의 증언들이 존재한다. 사랑과 애정의 자연스러운 부모 자녀 결속이 존재하지 않는 곳에는 학대의 유혹이 넘쳐난다. 하지만 그런 것은 성경적 징계가 아니다.

간단히 말해서 복음은 부모와 자녀 모두에게 죄, 즉 사람 안에 깊이 자리잡은 전인적인 결함이 자녀의 근본적인 문제라는 사실을 확신시킨다. 그 죄와 그로부터 비롯되는 여러 가지 죄들 때문에 예수님이 죽으셨다. 십자가는 하나님이 악을 증오하신다는 사실을 가르쳐주며, 사랑으로 하는 부모의 징계와 교훈을 통해 구원받는 믿음으로 인도되지 않은 자녀를 기다리고 있는 것이 무엇인지 보게 한다. 복음이 제시하는 해결책은 자녀를 사랑하는 헌신적인 부모가 자녀를 체벌하는 것이다. 십자가는 일관성 있고 경건하게 자녀들을 징계하도록 동기를 부여한다.

권위를 믿다

효과적으로 징계하기 위해서, 그리스도인 부모는 죄를 이해할 뿐만 아니라 권위가 선하고 타당한 것임을 깊이 확신해야 한다. 스티브 파라Steve Farrar는 이렇게 쓴다. "우리 문화에서, 특히 학계에서 많은 이가 '권위적인' 것은 그게 무엇이든 잘못이라고 생각한다."[5] 파라는 옳게 말했다. 권위는 인기가 없다. 서구 문화권 내에는 권위에 대한 적대적 분위기가 분명 존재한다.

조지 바나는 그리스도인 부모들에 대한 대규모 조사를 마치고 이렇게 말한다. "많은 부모가 '명령하고 통제하는' 식의 부모가 되는 것은 적절하지 않고 심지어 역효과를 낳는다고 생각한다. 그들은 그러한 행동을 '정도가 지나친,' '군림하려 드는,' '둔감한,' '애정이 없는,' '자신의 약점에 대한 보상작용' 등의 부정적인 어구로 묘사했다."[6] 하지만 바나는 (다른 많은 이를 대변하여) 애정과 결합한 강력한 권위야말로 가장 효과적인 자녀양육 방식이라는 점을 보여준다. 성경은 권위를 중요하게, 그리고 긍정적으로 여긴다.

효과적인 부모는 권위에 대해 성경적 시각을 갖는다. 하나님은 권위를 사랑하고 반항을 싫어하신다.

"엘리사가 거기서 벧엘로 올라가더니 그가 길에서 올라갈 때에 작은 아이들이 성읍에서 나와 그를 조롱하여 이르되 대머리여 올라가라 대머리여 올라가라 하는지라 엘리사가 뒤로 돌이켜 그들을 보고 여호와의 이름으로 저주하매 곧 수풀에서 암곰 둘이 나와서 아이들 중의 사십이 명을 찢었더라"(왕하 2:23-24).

이 본문은 우리에게 아주 강렬한 메시지를 던진다. 자신의 선지자를 향한 반역에 대해 하나님이 보이신 반응을 보면, 하나님이 권위에 대한 조롱을 어떻게 느끼시는지 알 수 있다. 모든 권위는 하나님으로부터 나온다(롬 13장). 따라서 합법적인 권위에 대한 반역은 하나님에 대한 반역이다. 엘리사를 조롱하는 것은 하나님을 조롱하는 것이다. 이 말이 극단적으로 들린다면, 이미 우리 안에 권위에 대한 현대 문화의 시각이 스며들어 있어서이다.

반항하는 자녀에 대해 성경이 말하는 바도 이와 비슷하다. "아비를 조롱하며 어미 순종하기를 싫어하는 자의 눈은 골짜기의 까마귀에게 쪼이고 독수리 새끼에게 먹히리라"(잠 30:17). 그렇다고 당신의 자녀가 반항할 때마다 까마귀가 아이를 덮친다는 뜻은 아니다. 오히려 이 본문은 하나님이 그 반항을 어떻게 보시는지를 드러내며, 완고한 자녀가 받아 마땅한 벌이 무엇인지를 전한다.

부모의 권위가 가장 중요하다. 당신이 불완전하다 할지라도 하나님은 당신을 자녀들의 권위자로 세우셨다. 바울은 권고한다. "각 사람은 위에 있는 권세들에게 복종하라 권세는 하나님으로부터 나지 않음이 없나니 모든 권세는 다 하나님께서 정하신 바라 그러므로 권세를 거스르는 자는 하나님의 명을 거스름이니 거스르는 자들은 심판을 자취하리라"(롬 13:1-2). 부모는 자녀의 삶에 하나님이 "정하신" 권위자다. 반항하는 자녀를 그냥 내버려 두는 부모는 하나님의 권위를 조롱하고 아이들을 하나님의 "심판"에 노출시키는 격이다. 자녀를 사랑하는 부모라면 자녀를 가르쳐 반드시 부모의 권위에 복종하게 해야 한다.

성경을 따르는 부모는 종과 같이 섬기는 권위를 발휘한다. 부모는 가장 작은 양 떼를 치는 목자이다. 따라서 바울이 영적인 목자인 디모데에게 한 명령은 부모에게도 적용된다. (사실 목회자는 이 본문을 자기 자녀에게 우선적으로 적용함으로써 교회에 적용하는 방법을 배운다.)

"하나님 앞과 살아 있는 자와 죽은 자를 심판하실 그리스도 예수 앞에서 그가 나타나실 것과 그의 나라를 두고 엄히 명하노니 너는 말씀을 전파하라 때를 얻든지 못 얻든지 항상 힘쓰라 범사에 오래 참음과 가르침으로 경책하며 경계하며 권하라"(딤후 4:1-2).

자녀에게 말씀을 전파해야 한다. 말씀 전파는 권위를 전제한다. 자녀양육은 "범사에 오래 참음과 가르침으로 경책하며 경계하며 권하는" 일을 포괄한다.

바울이 디모데에게 내린 명령은 다른 진리들을 전제하고 있다. 우선 자녀들의 죄의 문제를 분명하게 진단하고 있음을 전제하며, 아울러 영원한 현실(3장)에 대한 확고한 인식에 기인하는 하나님 경외를 전제하며, 앞으로 임할 심판을 의식하고 있음을 전제한다. 바울은 디모데에게 이 말씀을 "살아 있는 자와 죽은 자를 심판하실"

하나님의 임재 안에서 읽으라고 명한다. 이것은 하나님이 나와 자녀 모두를 심판하신다는 진리를 의식하면서 자녀를 징계해야 한다는 뜻이다. 이 진리가 당신에게도 현실로 느껴지는가? 이 진리가 현실로 느껴지는 만큼 당신은 자녀들을 효과적으로 징계할 수 있다.

우리는 권위에 대한 하나님의 시각을 어디에서 확인할 수 있는가? 바로 복음이다. 복음은 우리에게 권위의 중요성을 확신시킨다. 복음은 우리에게 하나님이 우주의 날실과 씨실 안에 권위를 짜넣으셨다는 사실을 상기시킨다.

태초부터 존재하셨던 궁극적인 현실인 삼위일체는 원상의 공동체이다. 삼위일체 하나님은 언제나 그렇게 존재하셨고 또 언제나 그렇게 존재하실 것이다. 하나님은 인류를 창조하시고 그들로 하여금 이 태고의 공동체가 지닌 도덕적 아름다움에 영광을 돌리게 하셨다. 핵심은 이것이다. **삼위일체는 본질상 권위적이며 계층적이다.** 따라서 가정을 포함한 모든 기독교 문화는 하나님을 본받기 위해 반드시 그렇게 되어야 한다. 자녀는 종으로 섬기는 권위servant-authority를 행사하고 복종하는 법을 가정에서 배운다. 브루스 웨어Bruce Ware 박사는 다음과 같이 일깨운다.

우리는 모든 면에서 권위를 경멸하는 문화에 살고 있다…우리는 단 한 가지 간단한 이유 때문에 권위를 받아들이기 힘들어한다. 즉 우리는 자신의 삶을 스스로 관장하고 싶어하는 죄인이라는 사실이다…삼위일체의 교리가 전해주는 교훈은, 우리가 경멸하는 권위적 구조를 하나님은 좋아하신다는 것이다. 즉 하나님은 바른 권위에 복종하는 관계를 좋아하시고, 실천하시고, 포용하신다. 하나님은 그분의 위격 간의 삼위일체 관계에서 바로 이 구조를 구현해 내셨기 때문에 권위에 복종하는 이 구조를 사랑하신다.[71]

우리는 복음에서 삼위일체적 권위가 구현된 것을 본다. 삼위일체의 각 위격께서는 가치면에서 서로 동등하시지만, 정연한 서열 가운데 서로 관계를 맺으시기를 기뻐하신다.

성부는 섬기는 권위를 행사하신다. 그분의 권위는 이기적이지 않으며 섬기는 권위이다. 성자는 절대로 성부께 명령하지 않으신다. 성령도 절대로 성부와 성자께 명령하지 않으신다. 오히려 성령은 성부와 성자께 복종하신다. 성자와 성령은 복종을 억울하게 여기지 않으시고, 오히려 그렇게 하는 것을 기뻐하신다. 성자와 성령은 복종을 사랑하신다. 왜냐하면 하나님의 권위에 복종하는 일은 본질적으로 선하고, 덕스럽고, 아름답기 때문이다. 성부는 권위를 행사한다고 해서 자신이 우월하다고 느끼지 않으신다. 그분은 섬기신다. 그분은 무한한 사랑으로 성자를 지휘하신다. 성자의 복종은 다음과 같았다.

"너희 안에 이 마음을 품으라 곧 그리스도 예수의 마음이니 그는 근본 하나님의 본체시나 하나님과 동등됨을 취할 것으로 여기지 아니하시고 오히려 자기를 비워 종의 형체를 가지사 사람들과 같이 되셨고 사람의 모양으로 나타나사 **자기를 낮추시고** 죽기까지 **복종하셨으니** 곧 십자가에 죽으심이라"(빌 2:5-8).

예수님은 권위에 집착하지 않으셨다. 오히려 "자기를 비워" 종의 형체를 가지사, 자신을 낮추시고, 십자가에서 죽기까지 복종하셨다. 예수님은 아버지의 권위에 복종하셨다. 권위에 복종한다는 것은 겸손을 나타내고, 하나님은 언제나 겸손한 자를 높이신다. 그래서 성부 하나님은 예수님을 높이사 우편에 앉히시고 모든 능력과 권세를 주셨다.

하나님은 교회를 어두움에서 불러내어 그분의 기이한 빛으로 이끄시고, 하나님의 권위 안에 있는 아름다움을 우리 안에 내면화하시고 우리를 통해 드러내신다. 하나님은 부모들에게 성부 하나님이 그렇게 하셨듯이 섬기는 권위를 행사하라고 명하시고, 자녀에게는 부모의 권위에 기쁘게 복종하라고 명하신다.[8] 궁극적으로 삶은 권위에 관한 것이기 때문에 이는 사소한 문제가 아니다. 우리가 하나님의 권위에 어떻게 반응했는지에 따라 마지막 심판 날에 우리의 영원한 운명이 갈리게 된다.

최근에 나는 어느 모녀가 나누는 대화를 들었다. 어머니가 초등학생 정도 된 딸에게 밥상 차리는 일을 도와달라고 부탁했다. 그러자 딸은 억울하다는 듯이 화를 내며 말했다. "내가 왜 밥상을 차려야 해? 엄마 일 대신하는 거 이제 지긋지긋해. 엄마가 직접 밥상 차려. 친구들은 아무도 밥상을 차리지 않아. 왜 나만 그래야 해?"

사랑은 어떻게 반응할까? 사랑은 이 어머니에게 자녀를 사랑으로 징계하라고 할 것이다. 왜 그러한가? 이러한 반항에 따르는 영원한 결과와 현세의 결과 모두 매우 충격적이기 때문이다. 언젠가 "모든 무릎을 예수의 이름에 꿇게 하시고 모든 입으로 예수 그리스도를 주라 시인"(빌 2:10-11)하게 된다. "나가서 내게[하나님께] **패역한 자들의 시체들을 볼 것이라 그 벌레가 죽지 아니하며 그 불이 꺼지지 아니하여 모든 혈육에게 가증함이 되리라**"(사 66:24)는 말씀이 실현될 날이 올 것이다. 이 사실을 믿는다면, 자녀를 사랑하면서 징계하지 않는 것은 불가능한 일이다.

요약

죄와 권위에 대한 바른 가치관이 자녀 징계의 토대이다. 그런데 우리 문화는 이 두 가지를 공격적으로 거부한다.

따라서 우리는 죄를 분명히 이해해야 한다. 적절한 해결책을 적용하려면 먼저 문제를 바르게 진단해야 한다. 우리와 자녀 모두 타락한 본성 때문에 고통받는다. 우리 마음은 가장 근본부터 부패했다. 자녀들의 모든 행동 문제는 이 근본적인 도덕적, 영적 실체로 거슬러 올라간다. 하지만 희망은 있다. 애정으로 가하는 적절한 체벌은 하나님이 주신 은혜로운 해결책이다. 이를 사랑과 애정으로 실천하면 놀라운 열매를 맺는다.

우리는 권위에 대해서도 분명히 알아야 한다. 하나님은 자녀의 삶에 부모를 주셔서 애정이 넘치고 은혜로운 권위를 발휘하도록 하셨다. 자녀가 반항할 때 당신은 즉각적이고, 결단력 있고, 나이에 맞고, 단호하고, 다정하고, 은혜로운 반응을 전쟁에 승리할 때까지 반복적으로 보여야 한다. "매를 아끼는 자는 그의 자식을 미워함이라 자식을 사랑하는 자는 근실히 징계하느니라"(잠 13:24). "네가 네 아들에게 희망이 있은즉 그를 징계하되 죽일 마음은 두지 말지니라"(잠 19:18). 바울과 마찬가지로 나도 여러분에게 강력하게 권한다. "하나님 앞과 살아 있는 자와 죽은 자를 심판하실 그리스도 예수 앞에서 그가 나타나실 것과 그의 나라를 두고 엄히 명하노니"(딤후 4:1) 자녀의 삶에 섬기는 권위servant-authority를 행사하라.

연구 질문

1. 이 장의 내용을 당신 자신의 말로 요약해보라.

2. 다음 본문을 읽으라(잠 3:11-12; 13:24; 19:18,25; 20:30; 22:15; 23:13-14; 29:15,19; 엡 6:4). 4장과 5장에서 묘사된 복음은 당신이 이 말씀들을 보는 관점에 어떠한 영향을 미치는가?

3. 이 장에서 언급된 내주하는 죄는 무엇을 의미하는가? 펠라기우스주의가 무엇인지 정의할 수 있는가? 그 사상은 자녀들이 내주하는 죄를 지닌 채로 태어났다고 믿는 것과 어떻게 다른가? 펠라기우스주의는 부모의 자녀양육 접근법에 어떤 영향을

미치겠는가?

4. 효과적인 징계를 하기 위해 권위에 대한 적절한 이해가 필요한 이유는 무엇인가? 성부와 성자의 관계가 권위를 행사하고 권위에 복종하는 일에 관해 우리에게 가르치는 것은 무엇인가?

5. 적법한 권위에 반항하는 것에 대해 하나님이 어떻게 보시는지 보여주는 성경 구절로는 어떤 것이 있는가? (힌트 : 삼상 2:27-35, 왕하 2:23-25, 잠 30:17 참고)

9장
복음을 전하는 징계

이전 장에서는 효과적으로 자녀를 징계하기 위해 죄와 권위에 대한 분명한 이해가 필요하다고 이야기했다. 이제 우리는 그 권위가 겨냥하는 대상을 논해야 한다. 1장에서는 마음이 그 대상이라고 제시했다. 우리의 자녀양육의 목적은 자녀가 그지 도덕적으로 사는 것이 아니라, 자녀의 거듭남이다. 도덕적인 사람이 된다고 거듭나는 것이 아니다. 오히려 거듭남이 성경적 도덕성을 만들어 낸다. 따라서 지혜로운 부모는 징계의 목표를 마음에 두며, 근본적으로 행동이 아닌 마음 자세를 징계한다.

마음을 목표로 삼으라

이렇게 징계하기 위해서 우리는 반드시 하나님이 보시듯 자녀들의 마음을 보아야 한다. 폴 트립은 말한다.

> 만약 내 마음이 죄 문제의 근원이라면, 내 마음속에 영속적인 변화가 끊임없이 일어나야 한다. 행동을 고치거나 환경을 바꾸는 정도로는 충분하지 않다. 그리스도는 마음을 근본적으로 바꿈으로써 사람을 변화시키신다. 마음이 바뀌지 않아도 말과 행동은 외부의 압력이나 유인책(징계에 따르는 고통)으로 인해 일시적으로 바뀔 수도 있다. 하지만 이 경우 압력이나 자극이 제거되면 변화도 사라진다.[1]

즉, 고통으로 위협하거나 보상을 약속하는 것이 자녀를 움직이는 유일한 동기라면 자녀는 그러한 위협이나 약속이 있을 때에만 바르게 행할 것이다. 하지만 하나님께 사로잡힌 마음은 단기적인 고통이 예상되더라도 점점 바른 일을 해나갈 것이다.

우리 성품의 중심은 마음이다. 우리는 마음에서 나오는 것을 입으로 말한다. 성경은 말한다. "이는 마음에 가득한 것을 입으로 말함이라"(마 12:34). 소리 지름, 거짓말, 험담, 버릇없음, 비판적 언어, 불평, 무례한 말은 모두 자녀의 마음에서 기인한다. "입에서 나오는 것들은 마음에서 나오나니 이것이야말로 사람을 더럽게 하느니라"(마 15:18). 우리는 마음에서부터 음욕을 품는다. "음욕을 품고 여자를 보는 자마다 마음에 이미 간음하였느니라"(마 5:28). 그리고 마음으로 우상을 숭배한다(마 6:21). 사실 모든 죄가 마음에서 나온다. "마음에서 나오는 것은 악한 생각과 살인과 간음과 음란과 도둑질과 거짓 증언과 비방이니"(마 15:19).

이는 외적인 행동을 바꾸는 것이 능사가 아니라는 뜻이다. 우리는 반드시 문제의 본질에 다가가야 한다. 그리고 이미 말했듯이 문제의 본질은 마음의 문제다. 우리가 자녀의 마음에 영향을 끼칠 수 있다면 행동은 영속적으로, 그것도 자발적으로 따라오기 마련이다.

아들 조셉이 다섯 살 때의 일이다. 한번은 밥을 먹고 있는데 아들이 한 자리에서 우유를 세 번이나 엎었다. 나는 화가 나고 짜증이 났다. 아이를 혼내야 한다는 마음도 들었지만, 아들이 악의로 한 게 아니기 때문에 혼내지 않았다. 아이는 정말로 우리를 기쁘게 하려고 했던 것이다. 다만 아직 너무 어려서 컵을 다루기 어려워서 그렇게 한 것이었다.

그런데 그날 저녁에 조셉에게 잠잘 준비를 하라고 했더니 뿌루퉁하며 돌아다니는 것이었다. 여기에는 분명히 마음의 문제가 있었다. 아들의 행동은 이렇게 말하고 있었다. "내가 지금 자야 한다니 짜증 나. 날 이렇게 대접하다니. 난 더 나은 대접을 받을 자격이 있어." 그때 나는 아들의 엉덩이를 때리고 그가 울음을 멈출 때까지 안고 있었다. 아들이 하나님께 용서를 구한 후에, 나는 아들의 마음을 노리고 대화를 시작했다.

"조셉, 그러면 네가 정말로 받아야 할 대접이 뭘까? 네가 밤늦게 놀 자격이 있니?"

아들은 부끄러워하며 아래를 보고 아무 말도 하지 않았다.

"복음은 우리 모두가 십자가형을 당해야 한다고 일깨운단다. 엄마, 아빠, 그리고 너도 여기에 포함돼. 하지만 놀라운 진리가 있어. 하나님이 너를 사랑하시기 때문에 너는 십자가에서 죽지 않을 거야. 예수님이 너를 대신해 죽으셨어. 그 대신 너는 오늘 따뜻하고 영양이 듬뿍 담긴 저녁을 먹었고, 이제는 깨끗하고 따뜻한 이불에서 잘 수도 있지. 무엇보다 하나님은 너를 사랑하는 아빠와 엄마도 네게 허락하셨어. 하나님이 네가 받을 자격이 있는 것보다도 훨씬 좋은 것을 주셨다는 사실에 동의할 수 있겠니? 하나님께 감사할 수 있겠니?"

우리는 이 주제에 대해서 잠시 이야기를 나눴다. 내가 아들을 침대에 누일 때쯤 아이는 하나님이 복음을 통해 자신에게 베푸신 사랑에 행복해했고, 만족했으며, 고마워했다.

핵심은 이것이다. 징계할 때 아이의 마음을 목표로 삼으라. 나는 징계조차 조셉에게 복음을 일깨우는 기회로 이용했다. 성경은 말한다. "너희가 거듭난 것은…살아 있고 항상 있는 하나님의 말씀으로 되었느니라"(벧전 1:23). 복음은 "살아 있고 항상 있는" 하나님의 말씀이다. 복음에는 당신의 자녀를 바꿀 위대한 능력이 있다. 그러면 경건한 행동은 그냥 따라온다.

내가 엉덩이만 때리고 방을 나왔다면, 다음번에 아들은 두려움 때문에 뿌루퉁하게 굴 것을 뒤로 조금 미룰지도 모른다. 하지만 아들의 마음에는 아무 영향도 끼치지 못했을 것이다. 복음은 아들의 마음에 영향을 미쳤고 장기간에 걸친 변화로 이어졌다. 그리고 마침내 기대했던 행동도 따라왔다. 지금 조셉은 감사할 줄 아는 안정된 그리스도인으로 살아가고 있다.

십 대에게 이러한 접근법은 훨씬 더 중요하다. (폴 트립이 쓴 《위기의 십 대 기회의 십 대》*The Age of Opportunity*를 읽어보라. 이 문제에 관한 탁월한 지침을 얻을 수 있다.)

징계를 사용하여 복음을 가르치라

우리는 십자가가 우리 안에 거하는 죄에 대해 알려준다는 사실을 살펴봤다. 십자가는 우리가 권위 있는 부모가 되고, 자녀의 마음을 목표로 삼도록 동기를 부여한다. 또 징계를 통해 복음을 가르치도록 동기를 부여한다. 복음 중심적 부모들은 징계라는 수단을 사용하여 자녀들이 죄를 하나님의 시각으로 바라보고 마음속의 죄를 진정한 문제로 여기게 만든다. 즉, 복음 중심적 부모는 죄에는 그에 상응하는 결과가 따르며, 하나님은 우리의 행위가 아닌 그분의 아들께서 지신 십자가를 근거로 우리를 용서하시며, 하나님이 우리를 사랑하기 때문에 우리를 징계하신다는 사실을 자녀들이 깨달을 수 있도록 돕는다.[21]

이 일을 성공적으로 수행하는 한 가지 모델을 제안하고자 한다. 이 모델이 성경에 구체적으로 명시되어 있지는 않지만, 성경에서 관련된 원칙을 발견할 수 있다. 따라서 이것을 율법주의로 만들지 않도록 주의하라.

당신이 여섯 살짜리 자녀에게 저녁을 먹으러 오라고 부르는 상황이라고 해보자. 아이는 텔레비전을 재미있게 보는 중이다. 당신이 아이를 두 번 불렀는데 아이는 "싫어"라고 답한다. 당신은 어떻게 대응하겠는가? 당신은 우선 기뻐해야 한다. 그것은 자녀가 복음을 이해하는 수준을 한층 높여줄 절호의 기회이기 때문이다.

첫째, 일관성 있게 징계를 해야 한다. 이 첫 번째 단계가 가장 어렵다. 팻 파브리지오$^{Pat\ Fabrizio}$는 아이가 반항하는 것을 당신이 그냥 무시하면 그때마다 자녀를 반항하도록 훈련하는 것이라고 상기시킨다. 만약 아이가 바닥에 드러누울 때 당신이 이렇게 말한다고 해보자. "삼 분 안에 멈추지 않으면 혼날 거야." 그러면 당신은 아이에게 삼 분간은 짜증을 내도 무방하다고 훈련하는 것이다. 만약 당신이 "이제 다섯을 셀 거야. 그때까지 그러고 있으면 혼날 거야"라고 한다면 당신은 다섯을 셀 때까지는 불순종하도록 자녀를 훈련하는 것이다.

부모는 언제나 자녀를 훈련한다. 여기에 중립은 없다. 무례한 말이 규칙에 어긋난다는 사실을 자녀가 알고 있다. 그런데 당신이 "다시 한 번 그렇게 하면 엉덩이를 때려줄 거야"라고 한다면, 당신은 자녀에게 그 규칙이 중요하지 않다고 가르치는 것이 된다. 자녀는 첫 번째 반항 행위를 허락받은 셈이기 때문이다. 이는 자녀에게 권위에 반항하는 게 별일이 아니라고 말해주는 것과 같다.[3] 따라서 그런 말은 할 필요가 없으며 바로 멈춰 엉덩이를 때리는 편이 훨씬 낫다. 자녀가 규칙을 알고서 어긴 경우에는 더 말할 필요도 없다.

하나님은 우리가 명령을 듣고 바로 순종하기를 기대하신다. 이는 우리가 하나님께 사랑을 드러내는 방법이다. 예수님은 말씀하셨다. "너희가 나를 사랑하면 나의 계명을 지키리라"(요 14:15). 우리의 의무는 자녀들이 그들의 순종을 통해 하나님에 대한 사랑을 표출하도록 훈련하는 일이다. 그렇기에 자녀에게 세 번째나 네 번째로 명령할 때 순종해도 괜찮다고 가르치는 것은 엄청난 잘못이다. 자녀들을 첫 번째 명령에 반응하도록 훈련하라.

둘째, **언제나 사랑이라는 맥락 안에서 징계를 해야 한다.** 자녀에게 이런 식으로 이야기하라. "성경에 따르면 하나님은 우리를 사랑하시기 때문에 징계하신단다. 지금 내가 너를 혼내는 이유도 똑같아. 나는 너를 사랑해. 하지만 네가 무례한 말을 하고, 엄마의 권위를 무시하는 걸 그대로 내버려 둔다면 결국 너에게 큰 고통이 있을 거야. 그리고 가장 중요한 사실은 내가 지금 너를 징계하지 않으면 하나님이 결국 너를 징계하신다는 거야. 나는 하나님을 두려워하고 너를 사랑하기 때문에 매를 들 거야."

셋째, **성경 말씀을 인용하라.** 이런 상황에서는 야고보서 3장 8-9절을 읽는 것도 좋을 것이다. "혀는…쉬지 아니하는 악이요 죽이는 독이 가득한 것이라 이것으로 우리가 주 아버지를 찬송하고 또 이것으로 하나님의 형상대로 지음을 받은 사람을 저주하나니." 시간을 내서 자녀가 지은 죄에 대해 성경이 어떻게 이야기하는지 자녀에게 보여주라. 마음이 문제라는 사실을 일깨워주라. 반항적인 언어의 바탕에는 반항하는 마음이 있다. 마음이 변하기 전에는 말은 변하지 않는다. 이렇게 하면 자녀는 당신이 하나님의 권위 아래에 있고, 당신도 더 높은 법을 따를 책임이 있다는 사실과 더불어 자신도 그래야 한다고 확신하게 된다.

넷째, 징계할 때는 확실히 아프게 해야 한다. 반드시 아이의 고집을 꺾어야 한다. 그러기만 하면 자녀는 당신에게 더 이상 화를 내지 않을 것이고, 자신의 행동에 책임을 지며, 자신의 잘못을 진실하게 고백하고 회개할 것이다. 많은 부모에게 자녀를 아프게 하기란 정말 어려운 일이다. 하지만 자녀는 반드시 통제되어야 한다. 만약 부모가 매로 통제하지 못한다면, 그 유일한 대안은 죄책감을 조장하는 언어 학대 또는 비난뿐이다. 사랑하는 마음으로 조심스럽게 때리면 아픔은 순간이지만, 비난의 말은 더 큰 해를 끼친다.

자녀의 두려움과 존경을 얻으려면, 징계할 때 상당히 아프게 해야 한다. 나도 어머니에게 매 맞은 기억이 있지만, 아프지는 않았다. 나는 열두 살 때쯤 어머니가 나를 징계하실 때 정말로 아프게 때리지 않게 하려고 아픈 척을 했었다. 이런 것은 이상적이지 않다. 오히려 당신은 존 웨슬리(1703-1791)와 같은 결단으로 징계해야 한다. 그는 이렇게 썼다. "어떤 고통을 대가로 치르더라도 고집을 정복하고 의지를 꺾어야 한다. **자녀를 지옥에 보내고 싶지 않다면 말이다.** 나는 당신에게 이 일을 방치하지도, 늦추지도 말 것을 명한다!"[4]

다섯째, 아이가 울기를 멈추기까지 안고 있으라. 이를 통해 자녀에게 사랑과 애정을 전할 수 있다. 그리고 이런 행동은 징계에 따른 아픔과 신체적인 애정을 연결하는 역할을 한다. 이러한 연결고리를 마련하는 일이 이후에 하나님이 당신 자녀를 직접 징계하실 때 매우 중요하게 작용한다.

여섯째, 징계의 기회를 사용해서 복음을 구체적으로 전하라. 당신의 자녀는 복음을 그렇게 자주 듣지 못할 수도 있다. 당신은 당신의 자녀가 1장에서 언급된 것과 같이 교회 청소년 모임에 출석하다가 이십 대 초반에 믿음을 버리는 70퍼센트의 아이들과 같이 되기를 원하지는 않을 것이다. 당신의 자녀는 교만하며, 복음을 거부하고 싶은 유혹을 느낄 것이며, 스스로 충분히 선해지고 싶어 할 것이다. 그들은 하나님이 거룩하다거나, 자신이 죄악된 존재라거나, 자신에게 문제가 있다는 사실을 인정하지 않으려 할 것이다.

일곱째, 자녀가 직접 자신의 죄를 구체적으로 고백하도록 요청하라. "반항적인 말을 한 죄에 대해 하나님께 용서를 구할 준비가 되었니?" 아이가 "아니요"라고 한다면, 당신의 징계는 아직 성공한 것이 아니다. 아마 처음부터 다시 시작해야 할지도 모른다. 아이가 "네"라고 답한다면, 아이가 직접 하나님의 용서를 구하도록 하라. 그리고 반드시 복음이 주는 은혜를 상기시킴으로 마무리하도록 하라. "하나님은 거룩하셔. 그래서 이 한 가지 죄 때문에 너는 지옥에 가게 될 수 있어. 하지만 하나님은 너를 사랑하셔. 또 하나님은 무한히 은혜로우셔. 하나님은 죄인인 우리가 받아 마땅한 심판을 면하게 해주시려고, 하나님의 아들이 십자가에서 너 대신 벌을 받게 하셨어. 다른 이유는 없고 그저 네가 믿기 때문에, 하나님은 이제 예수님이 보여주신 권위에 대한 존경을 너도 덧입었다고 보셔. 하나님은 그 믿음만을 근거로 너를 용서하고 받아주셔."

이렇게 가르치는 순간들이 자녀에게 엄청난 영향을 미친다. 나는 앤이 여덟 살 때, 예수님이 어떻게 십자가에서 우리 대신 죽으셨는지를 설명해주었던 기억이 난다. 다음 날 남동생이 혼나고 있었다. 그러자 앤이 나에게 와서 말했다. "저는 예수님처럼 되고 싶어요. 제가 데이비드 대신 혼나도 될까요?"

나는 그렇게는 안 된다고 설명했다. 하지만 딸이 복음의 핵심을 분명히 이해하고 내면화했다는 점에 희열을 느꼈다.

마지막으로, **보상할 일이 있으면 자녀가 직접 보상하게 하라**. 자녀가 누군가에게 해를 입혔다면, 자녀가 직접 바로잡아야 한다. 나는 당시 3학년이었던 데이비드가 가게에서 사탕을 훔쳤다는 사실을 알았다. 우리는 위에서 언급한 몇 단계를 거쳤다. 그리고 다음 날 아침 아이를 데리고 가게로 갔다. 데이비드는 판매대에 1달러를 두고서는 눈물을 흘리며 잘못을 고백했다. "존스 아저씨. 제가 스니커즈 초코바를 훔쳤어요. 여기 갚아 드리려고 돈을 가져왔어요."

주인은 돈을 집어 들고 데이비드를 보더니 역시 울기 시작했다. 그러더니 다음과 같이 물어보듯 나를 쳐다봤다. "어떻게 아이에게 이렇게 할 수 있습니까?" 솔직히 말해 나 역시 굉장히 어색했다. 하지만 나는 아들을 사랑하기에 데이비드가 직접 보상하도록 했다. 아들은 하나님의 정의, 하나님의 용서, 그리고 죄의 대가를 분명히 깨닫고 그 자리를 떠났다.

요약하자면 성부 하나님이 우리의 모델이시다. 하나님은 우리를 어떻게 양육하시는가? 첫째, 하나님은 우리를 희생적으로 양육하신다. 하나님은 수많은 자녀를 자기 가족으로 입양하시려고 아들을 보내어 죽게 하셨다. 십자가는 모든 부모 사랑의 기준이다. 당신이 성부 하나님을 닮으려면 십자가가 당신에게 영향을 미쳐야 한다.

둘째, 하나님의 양육에는 목적이 있다. 그것은 바로 우리의 거룩이다. 거룩한 자녀가 행복한 자녀다. 성경은 말한다. "하나님께서는 우리를 자기의 거룩하심에 참여하게 하시려고, 우리에게 유익이 되도록 징계하십니다"(히 12:10, 새번역). 당신 역시 자녀가 결국 어떠한 모습이 되어야 할지를 분명히 인식하며 자녀양육을 해야 한다.

셋째, 하나님은 고통이 있더라도 아프게 징계하신다. "무릇 징계가 당시에는 즐거워 보이지 않고 슬퍼 보이나 후에 그로 말미암아 연단 받은 자들은 의와 평강의 열매를 맺느니라"(히 12:11). 하나님은 우리의 일시적인 행복과 더불어 영원한 행복을 염두에 두시고 우리를 사랑하시기 때문에 징계하신다. 우리도 같은 마음으로 우리의 자녀를 징계해야 한다.

하나님 경외

3장에서는 하나님이 자신을 경외하는 부모에게 복을 주신다고 말했다. 하나님 경외는 우리를 궁극적인 실재와 연결하기 때문에 정말 중요하다. 하나님 경외는 우리로 하여금 자녀들을 기꺼이 징계하도록 만들며, 징계를 꾸준히 실시할 수 있게 동기를 부여한다.

하나님 경외는 징계에 실패하는 것이 어떠한 결과를 초래하는지 우리에게 상기시킨다. 우리가 자녀를 징계하지 않으면 하나님이 우리 자녀들을 징계하실 것이다. 우리가 하나님의 명령에 따라 자녀에게 매를 들지 않으면 언젠가 하나님이 우리 자녀에게 닥칠 비극(이혼, 파산, 실직)을 사용하셔서 자녀와 더불어 우리까지도 징계하실 수 있다. 하나님은 우리가 자녀를 징계하는 편을 선호하신다. 하나님이 우리가 할 일을 대신하시면 그때는 작은 고통으로 충분한 시기가 지나간 것이다. 하나님의 징계와 비교하자면 우리가 가하는 가장 가혹한 체벌도 호의에 불과하다. 엘리는 자기 아들을 징계하는 데 실패했고, 그 대가는 그와 그의 아들들의 생명과 제사장직의 박탈이었다(삼상 2장 참고).

샌디는 하나님을 경외하는 젊은 여인이다. 샌디는 막 걷기 시작한 아이에게 자기 쪽으로 오라고 했다. 그런데 아이는 엄마를 빤히 쳐다보더니, 휙 뒤로 돌아 반대로 갔다. 샌디는 딸이 자신의 말을 알아들었다는 사실을 알았기에 아이를 안고 엉덩이를 때렸다. 그리고 아이가 울기를 마칠 때까지 꼭 안고 있었다. 그런 후에 다시 아이를 내려놓고 뒷걸음을 친 다음 똑같이 말했다.

"케디, 이리로 오렴." 이번에는 딸이 순종했다.

나는 말했다. "참 놀랍군요. 무엇 때문에 그렇게 하셨나요?"

샌디는 답했다. "하나님 경외 때문입니다. 저는 십자가를 통해 하나님이 제 자녀의 반항에 내리시는 심판을 보았어요. 대다수 사람에게 이 죄는 사소한 것에 불과하죠. 하지만 저는 하나님이 그런 식으로 죄를 보시지 않는다는 사실을 알아요. 제 딸의 고집이 그리스도께서 십자가에 달려 죽으시게 했습니다. 저는 예수님이 치르신 대가를 생각했습니다. 그리고 순종에 이르는 겸손을 가르치지 않을 때 사랑하는 제 딸이 치러야 할 대가도 생각했습니다. 그래서 엉덩이를 때렸어요."

이는 하나님 경외가 자녀양육에 미치는 영향을 보여주는 예이다. 바울은 하나님을 두려워하는 가운데 거룩함을 온전하게 이룬다고 상기시킨다(고후 7:1). 우리는 우리가 십자가를 이해하는 만큼 하나님을 경외한다. 우리는 하나님의 방식으로 자녀를 양육하는 일에 진지해야 한다.

하나님 경외에는 두 번째 유익이 있다. 하나님을 경외하는 부모들은 자녀를 두려워하는 마음을 이겨낼 수 있다. 내 오랜 친구인 팀은 아들이 자신에게 반감을 가질까 두려워해서 세 살배기 자녀를 징계하지 못했다고 고백했다. 그는 아들이 자신을 거부하고, 통제할 수 없는 화를 낼까봐 두려웠다.

하나님 경외는 자녀에 대한 두려움을 극복하게 한다. 자녀를 실망시킬 수는 있지만 하나님을 실망시킬 수는 없는 것이다. 왜 그러한가? 하나님이 자녀의 마음을 주재하시는 분임을 알기 때문이다. 하나님은 모든 것을 통제하신다. 이 사실을 정말로 믿는 부모는 자녀를 두려워하지 않고 하나님을 기쁘시게 하는 자가 된다. 하지만 이러한 확신이 부족한 부모는 자녀에게 인정받으려고 하다가 오히려 자녀의 종이 된다. 하나님을 경외하는 부모에게는 오직 한 분의 청중이 있다. 바로 하나님이시다. 그러한 부모는 자신이 하나님을 기쁘시게 하면 하나님이 자녀를 올바른 길로 인도해주실 것이라고 확신한다.

요약

이 장과 이전 장에서는 죄를 바라보는 시각이 자녀 징계에 큰 영향을 미친다는 사실을 확인했다. 복음은(4장과 5장에서 설명함) 죄를 바라보는 우리의 시각에 영향을 미치며, 자녀들이 죄인이라는 사실을 확신시킨다.

복음은 권위에 대해 말한다. 하나님은 섬기는 권위를 행사하시고, 우리에게 기쁨으로 그 권위에 복종하라고 명하신다. 하나님은 권위에 반항하는 것을 미워하신다. 하나님은 자신의 권위를 모든 실재할 것들의 본질에 엮으셨다. 즉, 공동체의 원형인 삼위일체에는 위계와 권위가 있다. 그리고 복음은 이러한 현실을 표출해 낸다. 따라서 우리의 자녀양육 역시 그러해야 한다.

복음은 우리에게 자녀들의 문제의 핵심은 마음의 문제라는 확신을 준다. 따라서 우리는 징계의 목표를 행동이 아닌 마음 자세에 두어야 한다.

또한 모든 징계가 복음을 다시 강조하고 가르칠 기회라는 것을 살펴봤다. 그리고 복음을 강화시키는 징계의 일곱 단계를 제안했다.

마지막으로 우리는 이 모든 것이 결국 하나님 경외로 귀결된다는 사실을 살펴봤다. 하나님을 경외하는 부모는 자기 자녀를 징계한다.

복음은 우리에게 하나님 경외를 가르친다.

에베소서 6장 4절은 말한다. "아비들아 너희 자녀를 노엽게 하지 말고 오직 주의 교훈과 훈계로 양육하라." 이 장에서 우리는 "주의 훈계", 곧 징계에 대해 논했다. 다음 장의 주제는 "주의 교훈"이다.

연구 질문

1. 징계의 목표를 자녀의 마음에 둔다는 것은 어떤 의미를 가지는가? 행동을 징계하는 것과 마음을 징계하는 것은 어떻게 다른가?

2. 이 장에서 징계를 통해 자녀에게 복음을 전하는 방법을 살펴봤다. 이것은 어떤 단계들로 구성되는가? 실질적으로 이 땅에서 이렇게 하려는 노력을 방해하는 요소는 무엇인가?

3. 하나님 경외는 부모의 징계에 어떠한 영향을 미치는가?

10장
영적인 양식을 공급하라

에베소서 6장 4절은 이렇게 말한다. "아비들아 너희 자녀를 노엽게 하지 말고 오직 주의 교훈과 훈계로 양육하라." 8장과 9장에서는 "주의 훈계"를 다뤘다. 이 장에서는 이 권고의 남은 부분인 "주의 교훈"을 다루려고 한다.

오늘날 가장 인기 있는 슬로건 중에 "당신이 먹은 것이 곧 당신이다You are what you eat"라는 말이 있다. 내 딸들은 다들 세심한 어머니라서 자기 자녀들에게 유기농 음식만 먹인다. 자녀가 먹는 음식이 자녀를 형성하기에, 가공식품이 아닌 "유기농" 음식을 먹여 건강한 자녀들이 되길 바라는 것이다.

당신이 나와 같은 부류라면, 이 슬로건은 이미 사실로 판명되었을 것이다. 당신은 감자칩, 토르티야, 살사 등 당신이 좋아하는 음식을 닮기 시작했을 것이다.

영적인 영역도 마찬가지다. 예수님은 자신이 생명의 떡이라고 말씀하셨다. "나는 생명의 떡이니"(요 6:35). 단백질, 탄수화물, 야채는 육체의 생명을 유지시켜준다. 우리는 젊어서 죽지만 않으면 육십 살에서 팔십 살까지 살 것이다. 하지만 이 땅에서의 수명은 한계가 있다. 따라서 우리 자녀의 영원한 생명을 유지해줄 음식은 비교할 수 없게 더 중요하다. 그리고 그리스도인의 자녀양육이란 바로 그 영적인 음식을 공급하는 것을 핵심으로 한다.

이러한 이유로 하나님은 부모가 자녀를 먹이는 책임을 매우 진지하게 여기신다. 바울은 이렇게 쓴다. "누구든지 자기 친족 특히 자기 가족을 돌보지 아니하면 믿음을 배반한 자요 **불신자보다 더 악한 자니라**"(딤전 5:8). 이 구절에서 바울의 관심사는 물질적인 음식이다. 게으른 아버지, 즉 자녀의 먹을거리를 얻기 위해 일하지 않는 자는 "불신자보다 더 악한 자"이다. 이것은 아주 강한 표현이다! 이런 사람은 막중한 책임에 실패한 것이고, 그는 그의 행동으로써 자신이 입으로 고백하는 믿음을 정면으로 부정한 것이다.

얼마 되지 않는 기간 동안 우리 몸에 영양을 공급하는 음식을 공급하지 않는 실패에 대해서도 이렇게 단호하게 말한다면, 자녀에게 생명의 떡을 주지 못하는 실패에 대해서는 무어라 말하겠는가? 복음이 바로 그 생명의 떡이다. 아버지가 자녀에게 물질적인 음식을 공급하지 못하는 것도 치명적인 일이다. 하지만 자녀에게 생명의 떡을 먹이지 못하면 대재앙과 같은 결과가 영원히 남게 된다. 이는 물질적인 필요를 공급하지 못한 것에 비해 무한히 심각한 실패다.

당신의 자녀는 몸과 영이 먹은 대로 될 것이다. 따라서 아버지가 자녀에게 생명의 떡을 공급하는 일은 매우 중요하다. 당신은 자녀에게 무엇을 먹이고 있는가?

자녀에게 영의 음식을 먹이려는 의지를 저해하는 네 가지 생각이 있다. 첫째, 나는 이 일을 스스로 할 수 없고 다른 이에게 위임해야 한다는 생각이다. 둘째, 생명의 떡, 즉 복음의 효능에 대한 확신 부족이다. 셋째, 복음을 자녀에게 적용할 수 있다는 확신이 없는 것이다. 넷째, 나는 자녀를 가르치는 데 충분하지 않다고 생각하는 것이다. 이 장의 목적은 이러한 잘못된 생각을 없애는 것이다.

누가 주된 선생인가

그리스도인 부모들은 자녀를 어디에서 교육해야 하는지, 즉 공립학교에 보내야 할지 사립학교에 보내야 할지 그것도 아니면 홈스쿨링을 해야 하는지를 두고 갑론을박한다. 성경은 이 문제에 대해서 무어라고 말하는가? 성경은 우리 자녀를 어떤 학교에 보내야 하는가에 대해 침묵한다. 하지만 누가 교육을 해야 하는가에 대해서는 침묵하지 않는다. "**아비들아** 너희 자녀를 노엽게 하지 말고 오직 주의 교훈과 훈계로 양육하라."(엡 6:4). 보디 바우컴 Voddie Baucham 은 말한다. "하나님은 가정이 자녀를 제자화하도록 계획하셨지, 청소년부나 주일학교나 기독교 학교를 자녀들을 제자화하는 주된 기관으로 고안하지 않으셨다."[1]

대부분의 아버지들은 자녀의 마음을 다스리도록 하나님이 그들에게 주신 능력을 이해하지 못하고 있다. 조지 바나는, 자녀를 지역 교회에 적극적으로 헌신하는 탄탄한 신앙을 지닌 청년으로 양육해낸 부부를 천 쌍 이상 조사했다. 그들의 자녀양육 비결은 무엇이었는가? 바나는, 그리스도인 가정 중에 일주일에 한 번 이상 성경을 함께 읽는 가정이 열에 하나도 되지 않는 가운데, 이 성공적인 부모들은 규칙적으로 가족 경건 모임을 하고, 성경을 삶의 문제에 적용하는 법을 논하며, 정규적으로 예배와 성경공부 시간을 갖는다는 점에 주목한다. 즉, 정규적인 가정 성경공부가 자녀양육 성공의 핵심 열쇠였다![2]

그렇다고 우리가 초원의 집Little House on the Prairie(1870년대 미국 서부를 배경으로 하는 드라마—역자주) 시대로 돌아가야 한다는 말은 아니다. 아버지가 가정에서 자녀를 가르치기 위해 직장을 그만둬야 한다는 말도 아니다. 하지만 주된 선생이 누구인가에 대한 생각을 궁극적으로는 성경에서 도출해야만 한다는 것이다. 모세는 다른 이가 아닌 아버지들에게 이렇게 명한다.

"오늘 내가 네게 명하는 이 말씀을 너는 마음에 새기고 네 자녀에게 부지런히 가르치며 집에 앉았을 때에든지 길을 갈 때에든지 누워 있을 때에든지 일어날 때에든지 이 말씀을 강론할 것이며 너는 또 그것을 네 손목에 매어 기호를 삼으며 네 미간에 붙여 표로 삼고 또 네 집 문설주와 바깥 문에 기록할지니라"(신 6:6-9).[3]

우선순위에 주목하라. 아버지들은 하나님의 명령을 먼저 자신의 마음에 새겨야 한다. 복음을 아는 것으로 충분하지 않다. 아버지는 복음을 깊이 내면화해야 한다. 그럼 언제 자녀를 가르쳐야 하는가? "집에 앉았을 때에든지(공식적인 가르침) 길을 갈 때에든지(비공식적인 가르침)" 자녀를 가르쳐야 한다.

많은 아버지가 이렇게 말하는 이야기를 들었다. "저도 가르쳐요. 하지만 저는 비공식적으로 가르쳐요. 저는 낚시를 하면서 가르칩니다. 차를 타거나 야구를 할 때도 가르치고요." 물론 일상생활에서 편안하게 성경을 가르쳐야 한다. 하지만 그것을 공식적인 가르침을 거르는 구실로 삼아서는 안 된다. 어떤 이는 공식적이고 체계적인 가르침을 주저하며 이렇게 생각한다. '아이를 자리에 앉히고 공식적으로 엄격하게 가르치면 아이는 거부감을 느끼고 신앙을 거부하게 될 거야.'

하지만 우리는 산수나 영어나 화학을 비공식적으로 배우지 않는다. 비공식적으로는 제대로 배울 수 없기 때문이다. 오히려 우리는 그런 과목에 대해서 엄격하게 수업을 듣는다. 그리고 또 집에 와서 공부한다. 성경은 화학보다 훨씬 중요하며, 여기에 영원한 운명이 달려 있다. 죽는 순간에 과학 지식은 끝이 나지만, 성경은 그렇지 않다. "우리 하나님의 말씀은 영원히 서리라"(사 40:8).

자녀들은 공식적인 성경공부가 너무 많아서 우리의 신앙을 거부하는 것이 아니다. 우리가 신앙을 실천하지 않기 때문에 우리의 신앙을 거부하는 것이다. 아니면 우리가 어느 정도 외적 실천은 하지만 자녀에게 가르칠 정도로 그것을 충분히 가치 있게 여기지 않기 때문에 우리의 신앙을 거부한다. 물론 자녀들이 거듭나지 않았기 때문에 거부하기도 한다. 어쨌든 너무 많은 지식이 문제는 아니다. 오히려 보통은 지식의 결핍이 문제다.

자녀들의 마음은 영적인 정원과 같다. 17세기의 위대한 청교도 설교가인 윌리엄 거널 William Gurnall (1617-1679)은 말한다. "종교와 무신론의 차이가 여기에 있다. 종교는 심지 않으면 자라지 않으며, 심어도 물을 주지 않으면 죽어 버린다. 하지만 무신론, 무종교, 불경스러움은 노력 없이 잘 자라는 잡초이며, 뽑아내지 않으면 죽지도 않는다."

거널의 말이 옳다. 어떤 정원도 진공 상태가 아니며 그곳에서 무언가가 자라기 마련이다. 돌보지 않은 정원, 즉 가르치지 않은 마음은 잡초를 낸다. 잡초가 아닌 열매를 원한다면, 엄청난 인내로 심고, 잡초를 솎아 내고, 비료를 주어야만 한다. 잡초를 원하지 않는다면, 정기적으로 그리고 의도적으로 자녀를 가르쳐야 한다.

당신은 이렇게 생각할지도 모른다. '그래서 아이를 기독교 학교로 보내는 거예요. 학교에서 성경을 가르쳐주니까요.' 물론 기독교 학교는 도움이 된다. 하지만 절대로 아버지(한부모 가정일 경우는 아버지 또는 어머니)를 대체하지 못한다. 기독교 학교가 이미 자녀를 잘 가르치고 있는 아버지를 보완하는 역할은 잘 해낼지도 모른다. 하지만 아버지 역할을 아예 대체하는 것은 거의 불가능하다. 부모들은 대부분 십 대 자녀들이 또래에게서 가장 큰 영향을 받는다고 생각하지만, 연구 결과는 그렇지 않다. "USA 투데이 주말지_USA Today Weekend Magazine_가 십 대 272,400명을 대상으로 조사한 광범위한 조사결과에 따르면, 십 대 중 70퍼센트는 자기 삶에 가장 중요한 영향력을 미친 존재를 아버지라고 하였다."[4]

한 친구가 최근에 기독교 고등학교에서 학생들에게 강연을 한 일이 있었다. 친구는 낙심한 채 그곳을 떠났다. 그곳은 일류 선생들이 성경적 세계관을 가지고 학생들을 열심히 가르치는 곳이었지만, 그 학교 학생들과 근처의 공립학교 학생들 사이에 영적인 차이를 거의 발견할 수 없었다는 것이다. 그 이유는 무엇인가? 대부분의 아버지들이 하나님이 자신에게 명하신 일을 학교에 돈을 주고 위임했기 때문이다. 하나님은 아버지 자리를 포기하는 결정에 복을 주지 않으신다.

아버지들이여, 당신은 마음의 정원사다. 아무도 당신을 대체할 수 없다. 당신은 학교나 교회에게 아이들을 일임해 버릴 수 없다. 학교는 다만 우리를 돕는 역할을 담당하며, 또 마땅히 그래야만 한다. 자녀들의 마음은 정원과 같다. 성경적 세계관에서 자양분을 얻어 강인한 신앙의 열매를 맺기를 원한다면, 당신은 반드시 직접 그 정원에서 땀을 흘리며 수고해야 한다. 징계로 잡초를 뽑고, 하나님 말씀의 씨를 심으며, 본을 보임으로써 비료를 줘야 한다. 존 플라벨 John Flavel(1627-1691)은 이렇게 결론 내린다. "당신이 거룩한 방식으로 가르치는 일을 소홀히 한다고 마귀가 악한 방식으로 가르치는 일을 소홀히 하겠는가? 그렇지 않다. 당신이 자녀에게 기도하도록 가르치지 않으면 마귀는 자녀에게 저주하고 욕하고 거짓말하도록 가르칠 것이다. 경작되지 않은 땅에서는 잡초가 올라온다."[5]

주일학교와 청소년부(십 대들을 위한 교회 학교) 역시 아버지를 대체하지 못한다. 1장에서 우리는 복음주의 교회에 출석하는 십 대 청소년의 88퍼센트가 기독교를 떠나게 된다는 사실을 살폈다. 교회 청소년부에 출석하는 학생 중 70퍼센트 정도도 그렇게 될 것이다. 당신은 부모의 자리를 포기하면 안 된다. 하나님은 그러한 결정에 복을 주지 않으신다. 스티브 라이트Steve Wright는 그의 저서 《reThink》(다시 생각하라)에서 이 사실을 뒷받침하는 방대한 자료를 제공한다. 예를 들어, "기독교 가정에서 자란 아이 중 88퍼센트가 고등학교를 졸업한 후에 주님을 따르지 않는다."[6] 계속해서 라이트는 그 이유를 설명한다. 부모들이 주된 교육자의 자리를 포기하기 때문이다. 주일학교와 청소년부는 그 공백을 대체할 수 없다.

성경은 아버지가 자녀의 주된 영적 교사라는 점을 분명히 한다. 본서의 4장에서 하나님의 거룩하심에 대해 설명했고, 5장에서는 하나님의 은혜에 대해 탐구했다. 이것이 복음의 정수다. 이 복음이 가르치는 하나님 경외가 우리를 깨워 맡은 책임에 반응하게 한다. 천국과 지옥이 여기에 달려 있다. 또 하나님 경외는 우리가 가르치는 지혜와 지식의 근본이다. "여호와를 경외하는 것이 지혜의 근본이요"(잠 9:10). "여호와를 경외하는 것이 지식의 근본이거늘"(잠 1:7). 당신의 자녀는 이 덕목이 필요하고, 하나님을 경외하는 부모의 가르침을 통해 이 덕목을 배운다. 그리고 부모들은 궁극적으로 이 덕목을 십자가에서 얻는다. 십자가가 하나님 경외의 이유를 드러내고 하나님의 지혜의 성육신이신 그리스도를 보여준다. 성경은 "그 안에는 지혜와 지식의 모든 보화가 감추어져 있느니라"(골 2:3)라고 말한다.

당신의 확신은 어디에 있는가

우리가 자녀를 성실하게 가르치지 않는 두 번째 이유는 복음의 능력에 대한 확신이 부족하기 때문이다. 부모가 메시지의 능력을 확신한다면 자녀를 더 끈질기게 가르칠 수 있을 것이다. 사람들은 저마다 의지하는 대상이 있다. 그리고 그 대상이 우리의 자랑이 되며, 어려운 일이 닥치면 우리는 그 대상을 신뢰한다. 어떤 부모는 특정 학교를 신뢰하고, 어떤 부모는 청소년 사역자의 능력을 신뢰한다. 어떤 부모는 인간의 도덕성을 신뢰해서, 자녀에게 기독교 내용이 담긴 유익한 비디오를 틀어주면, 자녀가 그리스도인이 되리라고 믿는다. 우리 중 많은 이에게 이 문제는 더욱 근본적이다. 우리는 우리 자신을 의지한다. 즉 자신의 진실성, 자신의 지혜, 부모님이 우리를 양육하신 방식, 우리 가족의 전통, 우리의 영리함 등을 의지한다.

하지만 복음 중심적 부모는 복음을 신뢰한다. 복음이 그들의 확신이자 희망이다. 복음은 "모든 믿는 자에게 구원을 주시는 하나님의 능력"(롬 1:16)이다. 복음 중심적 부모는 하나님의 말씀이 살아 있고 운동력이 있다는 사실을 안다. 하나님의 말씀은 모든 것을 꿰뚫고(히 4:12), 거듭나게 한다. "너희가 거듭난 것은 썩어질 씨로 된 것이 아니요 썩지 아니할 씨로 된 것이니 살아 있고 항상 있는 하나님의 말씀으로 되었느니라"(벧전 1:23). 복음은 하나님의 다이너마이트이다.

거듭남은 중요한 것인데, 당신은 당신의 힘으로 자녀의 마음을 바꿀 수 없고 당신 밖에서 오는 힘이 필요하다. 2장에서 우리는 거듭남이 새 마음을 이식하는 것이라고 했다. 그렇게만 되면 전쟁은 끝난 것이고, 자녀양육의 나머지는 패잔병을 소탕하는 일에 불과하다. 6장에서는 우리가 아이들에게 보여주는 본에 어떤 능력이 있는지를 탐구했고, 7장에서는 아버지가 자녀의 마음에 미치는 영향력을 살폈으며, 8장과 9장에서는 우리 자녀의 마음에 영향력을 미치기 위해 어떻게 징계를 사용해야 하는지를 살폈다. 이제 우리는 문제의 핵심에 와 있다. 궁극적으로, 복음은 결정적인 마음 체인저[heart changer]이다. 이 글을 읽는 많은 이가 기독교 가정에서 자라지 않았을 것이다. 기독교 가정에서 자랐다고 하더라도 부모님이 성경의 원칙을 적용하여 양육하지 않았을 것이다. 하지만 그럼에도 복음을 들었고, 하나님의 능력이 임해서 반응을 했다. 우리 자녀도 마찬가지다.

회심은 초자연적인 사건이다. 사람은 회심할 때, 사람은 교만한 인간의 눈에 불쾌하기 그지없는 메시지를 기쁨으로 받아들인다. 성경은 세상 사람들의 눈에는 복음이 어리석게 보인다고 말한다(고전 1:18). 복음은 자신을 존엄하다고 여기는 사람들에게 걸림돌이 되고(갈 5:11), 행위를 의지하는 사람들에게도 걸림돌이 된다(롬 9:32). 십자가의 메시지는 대부분의 박해를 일으키는 원인이다(갈 6:12). 모든 자

너는 복음을 거부하는 상태로 이 세상에 태어난다. 그래서 부모들은 자녀가 받아들일 수 있을 정도로 복음의 메시지를 부드럽게 만들어야 한다는 엄청난 유혹에 직면한다. 하지만 메시지를 부드럽게 만들면서 메시지의 능력을 상실하지 않는 방법은 전혀 없다. 또한, 그 메시지를 사람들의 구미에 맞게 만들 수 있는 방법도 전혀 없다. 복음의 메시지의 능력은 그 거리낌에 있다.

이것이 사실이기 때문에 부모들은 이 메시지를 반복해서 선포한다. 하나님과 하나님의 말씀에 대한 확신이 있기 때문이다. 그들은 하나님이 복음 선포에 복을 주시겠다고 약속하신 사실을 안다. 그들은 하나님이 초자연적으로 자녀의 마음을 열어 이 메시지를 듣게 하지 않으시면 자녀가 어두움에 머무를 수밖에 없다는 사실도 안다. 그들은 하나님이 이 복음으로 자녀의 마음을 부드럽게 해주실 것을 전심으로 믿는다. 즉, 부모들은 고린도로 가는 바울의 심정과 동일하게 복음을 신뢰하면서 자녀에게로 나아가는 것이다.

> "형제들아 내가 너희에게 나아가 하나님의 증거를 전할 때에 말과 지혜의 아름다운 것으로 아니하였나니 내가 너희 중에서 예수 그리스도와 그가 십자가에 못 박히신 것 외에는 아무 것도 알지 아니하기로 작정하였음이라 내가 너희 가운데 거할 때에 약하고 두려워하고 심히 떨었노라 내 말과 내 전도함이 설득력 있는 지혜의 말로 하지 아니하고 다만 성령의 나타나심과 능력으로 하여 너희 믿음이 사람의 지혜에 있지 아니하고 다만 하나님의 능력에 있게 하려 하였노라"(고전 2:1-5).

이러한 진리에 대한 확신은 부모를 복음 중심적으로 만든다. 그들은 자녀를 가르치지만, 그들의 모든 가르침은 복음으로 귀결된다. 왜 그런가? 복음은 하나님의 능력이고, 그 능력이 자기 자녀에게 미쳐야 하기 때문이다.

물론 부모가 그 과정을 통제하지는 못한다. 하나님만이 원하는 때에 원하는 사람에게 자신을 알리신다. 자녀들의 머리에서 가슴까지의 거리인 33센티미터가 세상에서 가장 먼 거리다. 그래서 존 파이퍼는 "하나님은 구구단표나 원소표와 같이 알 수 있는 분이 아니다. 그분은 자신이 알려지는 것을 완전히 통제하신다."라고 말했다.[7]

복음의 능력을 신뢰하는 부모는 자녀에게 복음을 가르친다. 그들은 식사 때 나누는 이야기를 복음과 연결시킨다. 자녀를 징계하면서도 복음을 가르친다. 복음을 분명하고 단호히 선포하는 교회에 출석한다. 가족 경건 모임 시간에도 복음에 중심을 둔다. 다른 말로 하자면 그들은 끊임없이 4장과 5장의 내용, 즉 하나님의 거룩하심과 은혜를 가르치는 것이다. 그들은 삶의 모든 것을 그리스도의 성육신, 삶, 죽음, 부활, 승천과 연결한다. 그들은 성경 전체를 자녀에게 읽어주고 가르친다. 그리고 언제나 중심이 되는 복음과 연결하여 가르친다.

마지막으로 그들은 자녀가 복음을 이해했다고 절대로 지레짐작하지 않는다. 우리는 1장에서 이렇게 하는 부모가 굉장히 위험하다는 사실에 주목했다. 언젠가 한 청소년이 우리 교회에 출석하기 시작했다. 그는 그리스도인 가정에서 자랐고, 이십 년간 복음주의 교회에 출석했다. 하지만 내가 멤버십 인터뷰(교인등록 전에 등록 적격성을 점검하기 위해 갖는 면담)에서 그에게 복음을 정의해볼 것을 요청하자 그는 이렇게 말했다. "복음은 십계명입니다." 내가 이 사실을 그의 부모에게 전하자, 그들은 깜짝 놀랐다. 부모는 자기 아들이 복음을 이해했다고 짐작하고 있었던 것이다.

우리의 타고난 성향은 "구원을 얻어내자."이다. 우리는 율법주의를 사랑하는 상태로 이 세상에 태어난다. 그리고 자신이 하나님의 호의를 받을 자격이 있다고 확신한다. 우리는 도덕주의를 사랑하고, 복음에 저항한다. 이 사실을 이해하는 부모는 절대로 자기 자신과 자녀에게 복음을 선포하는 일을 멈추지 않는다.

복음을 적용하라

자녀에게 복음을 가르치는 것으로는 충분하지 않다. 우리는 자녀가 복음을 적용할 수 있도록 반드시 도와야 한다. 즉, 우리 자녀의 윤리는 복음에서 흘러나와야만 한다. 복음이 가르치는 도덕적 교훈은 광범위하다. 복음은 예수님이 율법과 선지자를 요약한 것이라고 하신 사랑의 법을 실천하는 방법을 보여준다(마 22:37-40). 복음은 원한을 극복하고, 사랑 안에서 성장하고, 이기심을 정복하도록 우리를 가르친다. 복음은 먼저 우리 죄와 하나님의 자비하심에 관한 것이다. 그런 다음, 복음은 윤리 문제에 관한 대부분의 판단에 답변을 주는 백과사전이 된다.

당신의 자녀가 싸울 때마다 복음을 적용하라. 복음은 섬김의 근거이다. 당신은 자녀에게 이런 식으로 말할 수 있을 것이다. "예수님은 너를 위해 자기 생명을 내어주셨단다. 네가 심판과 정죄밖에 받을 것이 없을 때, 예수님은 너 대신 고문을 당하고 죽으셨어. 예수님이 너를 이렇게 대해주셨기 때문에 너도 형제와 자매를 섬겨야 한단다."

십 대 자녀가 다른 자매의 새 치마를 몰래 입고 나가 더럽혔다면, 당신은 복음으로 중재를 해야 한다. 복음은 용서의 근거다. "예수님이 너의 죄를 위해 죽으셨을 때 너는 예수님의 원수였어. 네 자매가 너한테 저지른 죄는 그에 비하면 사소하단다. 하나님이 너를 용서하셨다면 너도 반드시 자매를 용서해야 한단다."

중학교 1학년인 자녀가 비그리스도인 친구에게 다가가 복음을 전하고 싶어 하지 않아 한다면, 예수님이 영원한 영광의 왕국에서 이 땅으로 내려오셔서 우리를 위해 죽으신 사실을 상기시켜주라. 그와 마찬가지로 우리도 이웃에 있는 비그리스도인들을 위해 자신이 편안하게 느끼는 공간을 떠나 이웃에게 사랑으로 다가가야 한다는 것을 말해주라.

자녀가 엉망인 성적표를 가져왔을 때, 왜 모두 A 학점을 받지 못했냐고 문제 삼지 말라. 먼저 자녀의 마음을 목표로 삼으라. 그리스도인은 모든 일을 하나님의 영광을 위해 한다는 사실을 일깨워주라(고전 10:31). 여기에는 성적도 포함된다. 왜 그러한가? 예수님은 하나님의 영광을 위해 십자가에서 죽으셨다. 같은 이유로 학교에서도 뛰어나야 한다고 말해주는 것이다.

자녀가 운동선수인데 주전에서 밀려나서 그만두길 원한다면, 그리스도인은 자신이 희생하면서도 팀의 성공을 추구한다는 사실을 일깨워주라. 왜 그러한가? 바로 예수님이 그렇게 하셨기 때문이다. 예수님은 우리를 가장 높은 곳으로 올리기 위해 가장 낮은 곳에 임하셨다. 예수님은 우리를 살리려고 죽음을 택하셨고, 우리가 높임을 받게 하려고 스스로 낮아지셨다. 운동선수는 비록 그것이 벤치를 지키는 일을 의미한다 하더라도 팀의 성공을 위해 죽어야 한다.

복음, 즉 예수님의 성육신 및 삶과 죽음과 부활이 우리의 지침서다. 이 복음은 우리가 사람, 하나님, 윤리, 결혼, 겸손, 권위에의 순종, 탁월함, 야망, 천국, 지옥, 희망, 참된 사랑 그리고 다른 많은 것들에 대해 알아야 할 모든 것을 가르친다. 복음의 적용은 거의 무한대다. 나는 오랜 기간 그리스도인이었지만 지금도 매주 새롭게 복음을 적용하는 방식을 발견하고 있다.

가르침에 관한 제안

우리가 자녀를 가르치지 않는 마지막 이유는 자신의 능력에 대한 확신이 부족하기 때문이다. 당신들 대부분은 나와 같을 것이다. 당신은 훈련받은 교육자가 아니고, 가르치는 일에 소질이 있는 것도 아니며, 어떻게 가르쳐야 할지도 모른다. 그렇다면 실질적으로 우리는 어떻게 자녀를 가르칠 수 있겠는가? 여기에 좋은 소식이 있다.

우리가 전문적인 교육 훈련을 받지 않았더라도, 여전히 우리 자녀에게 엄청나게 효과적일 수 있다는 것이다. 그 비결은 아이의 나이에 맞춘 적절한 훈육에 달려 있다.

다섯 살 전에는 아이들에게 공식적인 교육을 거의 수행할 수 없다. 물론 아이마다 다르고, 특별하게 영리한 아이는 더 일찍 정규 교육에 잘 반응할지 모르지만 그것은 예외적인 경우이다. 능숙한 부모는 유아기 동안 징계와 애정으로 자녀에 대한 통제력을 확보한다. 자기 절제는 아이의 학습 능력에 필수 조건이다. 이 시기에 부모는 성경 그림책을 읽어준다. 아이가 자랄수록 부모는 적게 통제하고 더 많이 가르쳐야 한다.

다른 말로 하자면 효과적인 훈련이 공식적인 교육을 가능하게 한다는 것이다. 훈련되지 않은 아이는 가르치기가 어렵다. 첫 오 년은 아이의 자기 절제 능력을 확립할 시기이다.

어느 슈퍼마켓 복도에서 한 엄마가 걸음마를 배우는 아이를 어떻게 대하는지 살펴볼 기회가 있었다. 그 아이는 보이는 것을 모조리 움켜쥐고 있었고, 엄마가 그것을 제지하려고 하면 짜증을 냈다. 통제 불능이었다. 엄마는 위협도 하고 꾸짖기도 했지만 아무 소용이 없었다. 아이는 엄마를 무시했고, 엄마의 당혹감과 화를 돋구고 있었다.

이러한 상태의 아이는 가르치기 어렵다. 하지만 훈련된 자녀는 가르침을 받을 정도로 가만히 오래 앉아 있을 수 있다. 이는 우리의 자제력이 애정 어린 훈련을 통해 우리 자녀에게 전이됨을 시사한다.

유치원을 다니는 자녀는 그림을 이해하기 때문에 색이 다채롭고 큰 그림이 있는 성경 그림책이 유용하다. 자녀는 같은 그림을 몇 번이고 반복해서 보고 싶어 할 것이다. 이해할 수 없는 정보는 주지 말라. 이와 관련해서 도움이 될 만한 책 세 권이 있다. 샐리 로이드 존스$^{Sally\ Lloyd\ Jones}$의 《스토리 바이블》*The Jesus Storybook Bible*, 데이비드 헬름$^{David\ Helm}$의 《큰 그림 이야기 성경책》*The Big Picture Story Bible*, 올리버 헌킨$^{Oliver\ Hunkin}$의 《위험한 여행》*The Story of Pilgrim's Progress*을 추천한다.

이후, 다섯 살에서 여덟 살 사이 자녀에게는 이야기가 더 많이 들어 있는 그림 성경책을 접하게 하면 좋다. 아이가 자랄수록 매는 적게 들고 가르침은 많이 하는 편이 정상이다. 사춘기 이전의 어느 적당한 시점에 체벌은 중단되어야 한다.

아홉 살 내지 열 살부터는 어른 성경책을 읽어주기 시작해도 좋다. 하지만 아이마다 개인차가 있다는 사실을 기억하라. 창조성을 발휘하라. 재미있게 만들라. 경건한 시간으로 만들라. 중요한 것은 하나님의 말씀을 자녀에게 읽어줌으로써 자녀가 말씀을 존중하고 공경히도록 만드는 일이다. 더글라스 윌슨은 말한다. "그리스도인 부모의 첫 번째 임무는 아이들에게 성경의 자료를 접하게 하는 일이다. 이를 위해 성경과 성경 이야기를 읽어주고 성경 녹음물을 들려주는 것이 좋다. 부차적으로는 경건하고 교훈적인 책을 읽어준다. 《나니아 연대기》, 선교사 전기문 등을 추천한다."[8]

자녀가 초등학교 고학년이 되면 여러 이슈에 대해 성인 수준의 더 깊은 토론도 할 수 있다. 성경을 일상 뉴스에 적용하라. 복음은 낙태, 물가 상승, 인간의 존엄성, 인종차별, 남녀 관계, 환경에 대해 무엇을 가르치는가? 성경은 정부의 책임, 경제, 주식 시장, 유전 공학에 대해 어떤 말을 하는가? 성경은 교제할 사람을 선택하는 일, 만남, 결혼에 대해 어떻게 가르치는가?

위대한 성도들의 전기나 고전 소설을 가족이 함께 읽으라. 우리 가족은 《나의 올드 댄 나의 리틀 앤》*Where the Red Fern Grows*, 《아기 사슴 플랙》*The Yearling*, 《청동 활》*The Bronze Bow*, 《천로역정》*The Pilgrim's Progress*을 같이 읽었다. 그리고 이 책 중 하나를 읽고 나면 항상 우리의 기본서인 성경으로 돌아갔다.

가족이 함께 모인 가운데 자녀들을 가르칠 수 있는 최고의 시간과 장소는 가족 식사 시간이다. 식사하며 가르치는 일을 습관으로 삼아야 한다. 반드시 오랫동안 가르칠 필요는 없고, 15분 정도면 적당하다. 가족 식사는 한결같이 가족이 함께하는 시간이다. 윌슨은 말한다. "우리 가정에서 경건한 가르침이 행해지는 최고의 장소는 당연하게도 저녁 식사 토론 시간이었다. 이 시간에 신명기 6장의 가르침을 매우 실천적으로 적용되었다. 나의 부모님은 단어와 교리를 동시에 가르치실 수 있었다. 부모님은 질문을 잘 사용하셨고 하나님의 말씀을 가깝거나 먼 세계에서 벌어지고 있는 일과 결부하여 가르치기도 하셨다."[9]

유연성을 발휘하라. 조나단 에드워즈는 연구 때문에 자녀와 따로 식사했다. 하지만 에드워즈는 식사 후에 거실에 모인 가족을 대상으로 소소한 가르침을 부드럽게 전했다. 중요한 원칙은 날마다, 한결같이 가족이 함께 모이는 시간을 마련하는 일이다. 우리 대부분에게 이상적인 시간은 가족이 함께 식사할 때이다.

우리 문화 안에 만연해 있는 개인주의는 가족 경건 시간의 적이 될 수 있다. 개인주의는 정규적 가족 식사를 거의 불가능하게 만들 수도 있다. 특히 자녀가 십 대에 들어서면 더더욱 그렇다. 가족 구성원이 모두 자신의 욕망을 가족이라는 더 큰 선에 굴복시키지 않으면, 정규적으로 함께하는 가족 경건 시간은 확보될 수 없다. 이기적인 개인주의는 자기가 원하는 것을 희생해서 더 큰 사회 조직, 이 경우에는 가족의 선을 추구할 마음이 전혀 없다. 따라서 자녀에게 그들의 개인적 관심사보다 가족이 훨씬 더 중요하다는 사실을 가르치는 것이 중요하다. 가족과 함께하기 위해서는 테니스 레슨, 발레 연습, 컴퓨터 게임, 좋아하는 TV 프로그램, 친구들과 함께하는 시간을 포기해야 한다. 더 큰 사회 조직의 성공을 위해 자신이 원하는 것에 대해 "아니오"라고 말하는 일은 모든 그리스도인이 배워야 하는 중요한 덕목이다.

핵심은 이것이다. 한결같이 가족이 함께하지 못한다면 하나님의 말씀을 가족에게 가르칠 수 없다. 매들린 레빈$^{\text{Madeline Levine}}$은 말한다. "아마도 가족이 지킬 수 있는 단 하나의 가장 중요한 의식은 저녁 식사를 함께 하는 일이다. 한 주에 다섯 번 이상을 함께 식사하는 가정은 일주일에 두 번 이하로 식사하는 가정에 비해 담배, 술, 대마초를 복용하는 자녀가 현저하게 적었고, 평균 성적은 높았으며,

우울증 증상이 적으며, 자살 충동을 느끼는 경우가 적었다."[10]

그러나 매우 소수의 가정만이 함께 식사를 하기 때문에 공식적인 가르침은 거의 사라지다시피 되었다. 한 친구가 저녁 시간에 어느 그리스도인의 가정을 방문했다. 그런데 그 집의 십 대 자녀들이 부엌 곳곳에서 식사했다고 한다. 그들은 피자 조각을 하나씩 집어 들고서는 자기 방으로 들어가서 먹거나 각자 자기 할일을 하면서 먹었다. 가족 식사, 이야기 나눔, 사회적 상호작용 따위는 전혀 없었다. 가장 고통스러운 사실은 그날 저녁이 예외적인 것이 아니라는 점이었다. 그것이 그 가정의 일상이었다. 그러한 환경에서 부모의 공식적인 가르침은 거의 일어날 수 없다.

대조적으로, 내가 아는 어떤 아버지는 특별한 식탁을 만들어서 식탁 밑 서랍장에 자녀마다 성경책을 둘 자리를 마련해 놓았다. 그 가정은 접시를 다 치우면 성경을 꺼내서 함께 읽고, 토론하고, 기도하였다. 현재 그의 자녀들은 성장해서 대부분 선교사, 목회자, 또는 목회자의 아내가 되었다. 가족이 함께 경건 시간을 갖는 것은 중요하다. 자녀에게 공식적으로 가르치는 부모는 그 열매를 누린다. 조지 바나는 말한다. "이러한 실천(가족 경건 시간)은 분명히 일반적으로 행해지고 있지 않다. 거듭난 열 가정 중 주일에 함께 성경을 읽거나 함께 기도하는 가정은 일반적으로 한 가정도 되지 않는다."[11]

당신은 이렇게 생각할지 모른다. 그렇다면 자녀에게 날마다 가르칠 내용을 준비하라는 말인가? 그렇지 않다. 내 말은 그런 뜻이 아니다. 사실 그건 당신이 할 수 있는 최악의 일이 될 것이다. 그게 아니라, 질문을 던지면서 가르치라는 말이다. 이를 통해 당신의 자녀는 스스로 생각하면서 성경과 상호작용할 수 있게 된다. 한 자녀 또는 여러 자녀에게 성경을 큰 목소리로 읽게 하고, 그런 다음에 질문을 던지라. 이 본문은 무엇에 관한 내용이니? 왜 그것이 중요하지? 이 본문의 내용 중에 어떤 점에 놀랐니? 이 본문과 복음은 어떻게 관련이 되니? 이 내용은 하나님에 대해 우리에게 무엇을 말해주니? 이 본문은 너의 삶에 무엇을 요구하니?

아버지들이여, 아침 경건 시간에 읽은 내용을 가족과 나누라. 그러면 준비할 필요도 없고 즉흥적으로 이야기를 나눌 수도 있다. 아침 묵상을 하지 못했다면 주일 설교 내용을 나누거나 성경 한 권을 함께 읽어 나가라. 가능성은 무한하다. 핵심은 당신이 자녀를 가르치기 위해서 성경학자나 학교 선생이 될 필요는 없다는 사실이다. 당신에게 필요한 것은 그저 근면, 일관성, 인내, 그리고 자녀가 복음에 반복적으로 노출되면 결국 그 삶이 바뀔 것이라는 확신이다.

낙심하지 말라. 나는 다음과 같은 질문을 아이들에게 던지고도 대답을 아예 못 듣거나 거의 듣지 못한 적이 대부분이다.

"이번 주 설교 내용이 뭐였지?"

"하나님이요."

"좀 더 자세하게 말해줄래?"

멍한 눈빛…

낙심의 유혹은 대단하다. 당신도 그러한 유혹을 경험하게 될 것이다. 하나님은 자신이 명하신 것 위에 복을 내리심을 굳게 믿는 부모는 인내하면서 지속해 나간다. 그들은 자녀를 계속해서 복음에 노출시킨다.

요약

당신의 자녀에게는 생명의 떡이 필요하다. 그리고 자녀에게 그 떡을 먹여야 하는 주체는 바로 당신이다. 기독교 학교와 교회가 도움을 줄 수는 있지만 당신을 대체할 수는 없다. 당신이 가르치지 않으면 기독교 학교와 교회는 잘해봐야 무의미한 정도이고, 최악의 경우에는 시간과 돈을 낭비하는 것에 지나지 않는다.

복음, 하나님의 말씀, 생명의 떡을 신뢰하라. 이는 구원하시는 하나님의 능력이다. 정기적으로 자녀에게 복음을 가르침으로써 그러한 확신을 입증하라. 복음의 본을 보임으로써 복음이 우리 삶에 밀접히 관련되어 있음을 확인하라.

위대한 스코틀랜드 설교가인 로버트 머레이 맥체인Robert Murray M'Cheyne(1813-1843)은 가정을 다스리는 일에 관한 설교에서 이렇게 권고했다.

당신이 가정에서 하나님을 예배하지 않는다면, 당신은 적극적으로 죄를 짓는 삶을 사는 것이다. 그것은 당신이 가족의 영혼 따위는 신경 쓰지 않는다는 점을 꽤 명확히 밝히는 것이다. 당신이 자녀를 위해 음식 차리는 일을 무시한다면, 그것은 자녀의 건강에 신경 쓰지 않는다고 말하는 것과 무엇이 다른가? 당신이 자녀와 종들을 하나님의 말씀이라는 푸른 초장으로 인도하지도 않고 생수를 구하게 하지도 않는다면, 당신이 그들의 영혼을 돌보지 않는다는 것은 얼마나 분명한가? 아침이든 저녁이든 **정기적으로 하라**. 이는 일용할 양식보다 더 필요한 것이며, 당신의 일보다도 더욱 필요한 것이다.[12]

맥체인은 "정기적으로 하라."고 권고한다. 이 일이 얼마나 어려운가. 우리 대부분은 시작은 잘해놓고 형편없이 끝나 버린다. 하지만 복음 중심적 부모는 실패에도 불구하고 인내한다. 믿음이 그들을 움직인다. 그들은 실패할 때도 스스로를 일으키고 하나님의 용서를 구한다. 그리고 다시 궤도로 복귀해서 다시 그 일에 착수한다. 하나님을 경외함이 그들을 인내할 수 있도록 만든다. 그들은 십자가에서 하나님 경외를 배운다.

많은 부모가 자신이 일관성을 지키지 못한다는 사실과 마주할 때 포기하고 만다. 그들은 책도 그런 식으로 읽는다. 그들은 열광한다. 자녀를 가르치기로 작정한다. 열흘은 잘된다. 그러다가 곁길로 새고 만다. 한 주가 지나면 다른 길로 들어섰음을 깨닫고 다시 시작한다. 하지만 이렇게 두세 번 시작하고 그만두기를 반복하고는 좌절하여 다 포기해 버리고 만다.

많은 경우에 문제는 교만이다. 부모는 자기 자신을 모른다. 예수님은 말씀하셨다. "나를 떠나서는 너희가 아무것도 할 수 없음이라"(요 15:5). 문제는 하나님 없이도 일관성 있게 할 수 있다고 생각한다는 것이다. 그러다가 자신이 스스로 설정한 기대치를 충족하지 못할 때 낙심하여 그만둔다.

현실적으로 생각하면서 시작하라. 마차에서 되풀이하여 떨어질 수 있다고 생각하라. 하지만 다시 오르겠다고 다짐하라. 한번도 빠지지 않고 날마다 성경을 가르칠 수 있을 것으로 기대하지 말라. 실제 세상에서 그런 일은 없다. 당신이 한 주에 며칠이라도 꾸준히 자녀를 가르친다면 잘하고 있는 것이다.

이 모든 일들 가운데 복음으로 달려가라. 당신의 자녀와 마찬가지로 당신도 죄인이다. 그 이유로 예수님이 죽으셨다. 당신은 구원자가 필요하다. 새로운 동기를 달라고 그분께 달려가라. 실패하면 용서를 구하며 그분께 달려가라. 주님은 "자비롭고 은혜롭고 노하기를 더디하고 인자와 진실이 많은"(출 34:6) 분이다.

당신의 실패를 통해 자녀에게 십자가의 그늘 아래에서 살아가는 것이 어떤 모습인지를 보여주라.

연구 질문

1. 다음 본문을 읽으라(창 18:19; 신 4:9-10; 11:18; 시 78:5-6; 잠 24:3-4; 엡 6:4). 자녀를 가르칠 책임은 누구에게 있는가?

2. 부모가 복음의 능력을 신뢰한다는 것은 무슨 의미인가? (힌트 : 마 11:27; 롬 1:16-17; 고후 4:6) 우리가 신뢰하고픈 유혹을 느끼는 다

른 대안들은 무엇인가?

3. 우리 자녀에게 복음의 윤리를 가르친다는 것은 무슨 의미인가? 동생을 때리는 다섯 살짜리 아이에게 복음의 윤리를 어떻게 적용할 것인가? 믿지 않는 사람과 교제하는 열일곱 살짜리 아이에게는 어떻게 적용할 것인가?

4. 부모가 가르치는 바의 본보기가 된다는 것은 무슨 의미인가? 이는 실질적으로 어떤 모습으로 나타나는가? 부모가 자녀 앞에서 실패했을 때 어떻게 해야 하는가?

5. 복음을 가르치지 못하겠다는 통상적인 핑계들 중에서 당신에게 가장 해당되는 것은 무엇인가? 그 이유는 무엇인가?

11장
복음의 사랑

아내 주디는 십자가에 관한 찬송을 들으며 마을길을 운전하고 있었다. 그때 "내 대신 높이 들려 죽으셨네"라는 가사가 들렸다. 그 순간 아내는 갑자기 분노한 사람들이 자신을 강제로 십자가로 끌고 가는 듯한 생생한 느낌을 받았다. 그들은 아내의 몸을 억지로 눕히더니 손에 못을 박으려고 했다. 그러고 나서 아내는 자신이 십자가가 세워지는 느낌을 받았다. 아내는 말했다. "나는 너무나 외롭고 무력했어요. 나를 짓누르는 군중의 적대감을 느꼈어요." 이러한 경험 후에, 아내는 자신이 십자가형을 당해 마땅한 존재이지만 그 일이 자신에게 일어나지 않았다는 사실에 깊이 감사했다. 아내는 예수님이 자기 대신 죽으시고 아버지의 진노를 당하셨다는 사실에 기뻐했다.

며칠 후 아내는 두 번째 체험을 했다. 하지만 이번에는 자신이 그리스도를 십자가로 끌고 가는 적대적인 군중 가운데 있었다. 아내는 예수님이 최대한 천천히 고통스럽게 죽도록 십자가를 들어 올리고 있었다. 아내의 죄, 그리스도를 향한 아내의 적개심이 예수님을 죽게 한 것이 매우 분명했다.

이 체험을 통해 주디는 대리 속죄의 경이로움을 새롭게 느끼게 되었다. 하나님의 사랑이라는 진리가 아내의 머리에서 가슴으로 옮겨진 것이다. 아내는 아버지의 애정을 새로운 방식으로 보고 느꼈다. 아내는 십자가를 통해 하나님의 사랑이 얼마나 값진지 확신하게 되었다.

많은 사람이 모든 부모가 자녀를 사랑한다고 추정한다. 하지만 그것은 사실이 아니다. 어떤 부모는 자녀를 위해 엄청난 희생을 하지만 자녀를 다정하게 대하지는 못한다. 어떤 부모는 자녀를 마치 자기의 소유물처럼 사랑하고, 그들에게 있어 자녀는 우상이 된다. 어떤 부모는 자녀를 향한 자연적인 애정은 많지만 자녀를 위해 희생할 마음은 전혀 없다.

복음 안에 내재된 하나님의 사랑이 이러한 그릇된 사랑의 치유책이다. 첫째, 복음은 우리가 자녀보다 하나님을 더 사랑하도록 만든다. 우리가 하나님을 더 사랑하기 전까지 우리는 우리 자녀를 효과적으로 사랑할 수 없다. 둘째, 복음은 우리가 자녀를 위해 희생하도록 만든다. 셋째, 복음은 우리가 자녀에게 아낌없이 애정을 베풀도록 한다.

자녀보다 하나님을 더 사랑하라

나는 중국에서 있었던 어느 경건한 여인의 실제 이야기를 기억한다. 그녀의 아들이 막 걸음마를 배우기 시작할 때, 국가는 그 아이를 데려갔다. 공산주의 정부는 그리스도인인 그녀가 자녀를 양육하는 것이 적절하지 않다고 여긴 것이다. 만약 그녀가 복음을 거부하는 데 동의했다면, 중국 정부는 그 여인이 아들을 계속 기를 수 있게 허용했을 것이다. 하지만 그녀는 아들보다 하나님을 더 사랑했기에 정부의 제안을 거절했다.

이십 년 후 그녀는 아들과 다시 만나게 되었다. 그런데, 아들은 완고한 무신론자가 되어 있었다. 그는 어머니와 어머니의 기독교를 경멸했다. 그녀의 마음은 무너졌다. 그 여인에게 있어 하나님을 사랑하는 것은 많은 희생을 요구하는 일이었다. 서방에서는 이러한 대가에 대해서 거의 알지 못한다. 이 이야기는 한 가지 중요한 원칙을 알려주는데, 그것은 우리가 자녀보다 하나님을 더욱 사랑해야 한다는 점이다. 예수님은 다음과 같이 말씀하셨다. "무릇 내게 오는 자가 자기 부모와 처자와 형제와 자매와 더욱이 자기 목숨까지 미워하지 아니하면 능히 내 제자가 되지 못하고 누구든지 자기 십자가를 지고 나를 따르지 않는 자도 능히 내 제자가 되지 못하리라"(눅 14:26-27).

예수님은 우리가 자녀를 정말로 미워하길 원하지는 않으신다. 다른 성경 본문에서 예수님은 모든 사람, 특히 우리 자녀를 사랑하라고 명하신다. 이 본문에서 사용된 미워하라는 단어는 가족 관계, 특히 부모와 자녀 사이의 파괴적인 사랑을 공격하기 위해 사용되었다. 파괴적인 사랑이란 하나님의 선물인 자녀를 하나님보다 더 사랑하는 것을 의미한다. 자녀를 기쁘게 하거나 자녀와 관계를 개선하기 위해 하나님의 뜻을 타협하려고 할 때마다 우리는 이런 식으로 자녀를 사랑하는 것이다. 중국의 그 여인은 타협하고 아들을 지킬 수도 있었지만 그렇게 하지 않았다. 예수님이 우리 자녀를 "미워하라"고 말씀하셨을 때는, "너는 자녀를 향한 사랑이 하나님에 대한 사랑에 비하면 미움에 비견될 정도로, 자녀보다 하나님을 훨씬 더 많이 사랑해야 한다."고 하신 것이다. 이러한 권고를 하시는 데에는 이유가 있다. 우리가 하나님을 더 사랑하는 정도까지만 하나님의 사랑으로 우리 자녀를 사랑할 수 있기 때문이다.

복음은 이러한 사랑을 이해하는 열쇠이다. 예수님은 우리보다 아버지를 더 사랑하셨기 때문에 십자가를 지셨다. 예수님은 아버지를 기쁘시게 하고 하나님의 영광을 더하기 위해 십자가에서 죽으셨다. 여기서 우리를 향한 사랑은 부차적인 것이었다. 그리스도는 우리보다 아버지를 더 사랑하셨고, 바로 그 이유 때문에 우리는 우리에게 정말로 필요한 참된 사랑을 받았다. 즉, 그리스도께서 우리 죄를 대속하기 위해 십자가에서 죽으셨다.

마찬가지로 그리스도를 향한 사랑이 자녀를 사랑하는 방식을 결정한다. 디트리히 본회퍼는 《성도의 공동생활》Life Together에서 우리와 우리가 가장 사랑하는 자 사이에는 반드시 그리스도가 있어야 한다고 말한다.[1] 즉, 우리의 욕정이나 공포가 아닌 하나님의 말씀이, 자녀와 배우자 및 다른 이를 사랑하는 방식을 다스려야 한다는 뜻이다. 우리는 자녀가 아닌 하나님을 기쁘시게 하기 위해 자녀와 관계를 형성한다. 우리는 자녀들의 반감이 아닌 하나님의 반감을 두려워한다. 조지 마스덴 George Marsden에 따르면 이러한 이유로 청교도들은 자녀를 지나치게 많이 사랑하지 않도록 끊임없이 경고했다고 한다.[2] 이는 아이를 우상으로 섬기도록 훈련된 문화권에서는 상당히 낯선 개념이다.

이 모든 것이 중요한 이유는, 궁극적으로 자녀양육의 목적은 자녀의 행복이 아니기 때문이다. 물론 당신의 행복도 그 목적이 아니다. 자녀의 학업적 성공이나 직업적 성공도 목적이 아니다. 당신의 명성도 목적이 아니다. 자녀양육의 목적은 바로 하나님의 영광이다. 이 개념은 태초부터 나타난다. 즉, 성경의 첫 장에서부터 나타난다.

> "하나님이 이르시되 우리의 **형상**을 따라 우리의 **모양**대로 우리가 사람을 만들고…하나님이 그들에게 이르시되 **생육하고 번성하여 땅에 충만하라**, 땅을 정복하라, 바다의 물고기와 하늘의 새와 땅에 움직이는 모든 생물을 다스리라 하시니라"(창 1:26-28).

하나님은 우리를 자신의 형상과 모양대로 만드셨다. 그러고 나서 아담과 하와에게 "생육하고 번성하여 땅에 충만하라"고 명하셨다. 하나님의 뜻은 바로 하나님의 형상과 모양, 즉 하나님의 영광을 드러내는 자녀로 이 땅을 채우는 것이었다. 자녀를 낳고 그 자녀가 그리스도(하나님의 영광)를 닮도록 기르는 일은 부모가 하나님의 영광으로 이 땅을 채우는 방식이다. 이 말의 의미는 궁극적으로 자녀양육이란 하나님의 영광을 위한 것이란 뜻이다. 자녀양육은 일차적으로 우리 또는 우리 자녀에 관한 것이 아니다. 존 한나John Hanna는 묻는다. "하나님은 왜 세상과 인류를 창조하셨는가? 하나님의 최고의 목적은 자신의 모든 영광을 드러내시는 것이다…하나님은 자신을 다른 모든 것보다 높게 여기신다. 하나님이 그러하시기 때문에 창조의 목적은 그분 자신이다."[31]

이 사실은 중요하다. 당신이 하나님의 목적을 분명하게 파악하지 못하고, 자녀보다 하나님을 더 사랑하지 않으면, 자녀를 효과적으로 사랑할 수 없다. 예를 들어 당신의 양심은 이렇게 말할지 모른다. "지미에게는 체벌이 필요해." 하지만 당신의 동정심은 이렇게 말한다. "지금은 아니야!" 하지만 지금 해야만 하는 사랑의 작업이 체벌이라면, 자녀에 대한 감정보다 더 강력한 하나님을 향한 사랑이 당신을 움직여 체벌을 하도록 만들어야 한다.

어느 열아홉 살 된 아들이 부모 집에 얹혀 살았다. 그 소년은 의욕이 없고 게을렀으며, 설상가상으로 그의 여자친구가 그 집으로 들어왔다. 부모는 그들이 독립하기를 원했지만, 그렇게 말하면 아들에게(그리고 어쩌면 미래의 며느리에게) 어떻게 보일지 몰라 걱정하고 있었다. 하지만 우리가 자녀보다 하나님을 더 사랑한다면 이 결정은 훨씬 쉬워진다. 결국 우리 자녀들은 진정한 사랑을 얻을 것이다. 궁극적으로 이것은 우리 자녀에 관한 것이 아니며 훨씬 위대한 것에 관한 것이다. 우리가 하나님을 더 사랑하지 않으면 자녀에 대한 사랑은 이타주의라는 가면을 쓴 자기애에 지나지 않는다.

희생적으로 자녀를 사랑하라

우리가 살펴봤듯이 복음은 하나님의 사랑의 척도다. 복음은 사랑을 정의하고, 분명하게 만들며, 영광스럽게 한다. 우리는 사람들을 아무리 둘러봐도 그들에게서 하나님의 사랑에 대해 배우지 못한다. 우리는 십자가를 볼 때만 하나님의 사랑을 이해한다. "그가 우리를 위하여 목숨을 버리셨으니 우리가 이로써 사랑을 알고 우리도 형제들을 위하여 목숨을 버리는 것이 마땅하니라"(요일 3:16). 그리스도의 죽음은 하나님의 사랑이 어떠한 모습인지를 정의한다. 그리고 복음 중심적 부모는 그 사랑을 보고 그것을 본받으려 노력한다.

때로 이 사랑은 상처를 주고, 우리를 불편하게 만들기도 하며, 스트레스의 근원이 되기도 한다. 또한, 우리의 계획을 방해하며, 우리의 삶을 바꿔놓기도 한다. 사랑은 우리의 에너지를 예상하지 못한 방향으로 돌려 버리기도 한다. 하지만 우리는 놀라지 말아야 한다. 복음은 하나님의 사랑에 관한 것이고, 하나님의 사랑은 십자가에서 입증된 사랑이다. 그것은 피흘림과 고난을 감수하는 사랑이다.

한 어머니가 이렇게 말했다. "아기가 생기기 전에는 저에게도 직업이 있었습니다. 그리고 남편과 저는 한가하게 산책할 수 있었습니다. 매일 경건의 시간도 즐겼고, 토요일 아침이면 쇼핑하러 가기도 했고요. 그런데 아이가 태어난 후에는 모든 것이 달라졌습니다. 내키지 않았지만 사랑하던 일을 그만두었습니다. 게다가 여전히 나를 위한 시간은 없었습니다. '무슨 일이 생긴 거지?'라는 생각이 들었습니다. 과거로 돌아가고 싶었지만 그럴 수 없었으며, 점점 자기연민의 감정을 느끼기 시작했습니다. 그렇게 몇 달이 지난 후 저는 예수님이 보여주신 그 참 사랑, 그 값비싼 사랑에 참여할 기회를 얻었다는 사실을 처음으로 깨달았습니다. 예수님의 삶과 죽음에 대한 이해는 저로 하여금 사랑과 희생을 결부하여 생각할 수 있게 해주었습니다. 저는 태도를 바꾸어 점차 기쁨과 감사로 새로운 삶에 적응해 나가기 시작했습니다."

희생적인 사랑은 이외에도 여러 가지로 부모에게 영향을 미친다. 부모는 이제 자기 직업을 자녀보다 우선시할 수 없다. 내 아버지는 토목 기사였고, 그것은 좋은 직업이었다. 하지만 내 아버지와 어머니는 아홉 자녀를 양육하는 일에 전적으로 헌신하셨다. 이는 희생을 의미했다. 돈이 부족하면 아버지는 이른 아침에 신문 배달을 하기도 하셨다. 어머니는 교육학 학위가 있었기 때문에 어머니가 일을 하러 나가실 수도 있었지만, 그렇게 하는 것이 우리 대가족을 사랑하는 최고의 방식은 아니었다. 그래서 아버지는 안락함을 포기하고 아침에 부업을 시작하였다. 매일 저녁 여섯시면 집에 와서, 아침 네시 반이면 일어나서 직장에 출근하기 전에 신문을 배달했다.

희생적인 사랑은 여성에게도 영향을 미친다. 마틴 로이드 존스 박사는 아마도 20세기 설교자 중에서 가장 큰 영향력을 끼친 인물 중 하나일 것이다. 그는 존경받는 의사였지만 시골의 웨일스 교회에서 목회하기 위해 촉망받는 직업을 버렸다. 그의 아내 베단^{Bethan}역시 의사였다. 그들은 1920년대에 결혼했는데, 당시에는 소수의 여성만이 의학 학위를 받던 시대였다. 하지만 베단은 하나님의 말씀을 듣고 복음에 함축되어 있는 의미들을 깨달은 후, 그리스도의 본을 따라, 남편과 자녀를 섬기기 위해 의사로서의 경력을 포기했다. 복음 중심적 사랑은 이처럼 큰 대가를 요구한다. 어머니가 경력을 유지하는 일이 반드시 잘못된 것은 아니지만, 문제는 자녀에 대한 사랑이다. 아이의 성장과 구원에 가장 좋은 것은 무엇인가? 성경은 남편이 생활비를 벌어오는 주된 인물이라고 여긴다. 여성은 아이들을 키우고 돌보는 일에 특화되었다. 부부가 자신의 직업적 경력이 자녀에게 부정적으로 영향을 끼친다는 사실을 발견할 때, 그들은 십자가에서 드러난 사랑으로 반응하며 여기에는 언제나 희생이 수반된다.

스티브 파라$^{Steve\ Farrar}$는 저서 《*King Me*》라는 저서에서 제임스 돕슨의 아버지에 관한 이야기를 들려준다. 그는 순회 복음 전도자로서 사역하였고 그의 사역은 계속 성장하고 있었다. 그런데 하루는 아내에게서 연락이 왔다. 아내는 당시 열여섯 살 된 아들 짐과 갈등을 겪고 있었다. 아내는 간단하게 말했다. "나는 당신이 필요해요." 돕슨은 자신의 책임을 인지했다. 그는 아마 고린도후서 4장 12절 말씀을 기억했을지 모른다. "그런즉 사망은 우리 안에서 역사하고

11장 복음의 사랑　**253**

생명은 너희 안에서 역사하느니라." 아들이 살려면 자신이 죽어야 했다. 예수님은 우리를 살리기 위해 죽으셨다. 그리고 그 강력한 강물의 흐름이 모든 복음 중심적 부모의 마음을 통해 흐른다.

돕슨은 전화기를 집어 들고 달력에 있는 모든 설교 약속을 취소했다. 그러고 나서 이웃 주에 있는 작은 목회지를 구했다. 파라는 설명한다. "그는 그 후 이 년 동안, 즉 아들이 고등학교를 졸업하고 대학에 진학할 때까지 작은 교회에서 목회하면서 아들을 돌봤다."[4] 제임스가 대학에 입학하자 돕슨은 하던 일로 돌아가려고 했지만 이미 그 기세를 잃고 말았다. "그의 경력과 소명의 관점에서 보자면 그는 자신의 결정으로 엄청난 대가를 치렀다…집에 가겠다는 결정이 엄청난 희생으로 돌아온 것이다."[5] 돕슨은 자신의 야망에 대해 죽었다. 하지만 그의 죽음은 아들에게 생명을 가져다주었다. 그리고 그의 아들을 통해 20세기 교회에게 생명을 가져다주었다. 영적인 생명을 발견하는 곳에는 대개 누군가의 죽음이 존재한다.

하나님의 사랑은 승진을 포기하고 불리한 보직을 맡는 것을 의미할지 모른다. 또 필요하다면 자녀가 자랄 때까지 골프채는 선반에만 놓여 있어야 할지 모른다. 외벌이 가정은 호숫가의 호화로운 숙박시설 대신 캠핑을 해야 함을 뜻할지도 모른다. 세상은 부모에게 자기의 권리를 주장하고, 자기의 경력을 추구하고, 다른 이를(배우자와 자녀) 희생하라고 말한다. 하지만 복음은 말한다. "너에게 권리는 없다. 오직 책임만 있을 뿐이다." 복음은 말한다. "생명은 죽음에서 나온다." 복음은 말한다. "네 자녀는 네가 죽는 만큼 살 것이다."

좋은 소식이 있다. 복음의 사랑은 단지 자녀에게만 생명을 가져다주지 않는다. 그것은 부모에게도 하나님의 생명을 가져다준다. 이와 관련된 하나님의 약속은 풍성하다. "그(예수님) 앞에 있는 기쁨을 위하여 십자가를 참으사"(히 12:2). "누구든지 나를 위하여 제 목숨을 잃으면 찾으리라"(마 16:25). 우리의 죽음은 우리와 자녀 모두에게 생명이 된다. 당신은 정말로 이 사실을 믿는가? 복음 중심적 부모는 그렇게 믿는다.

이것이 자녀가 하나님의 사랑을 내면화하는 방식이다. 자녀는 부모가 하나님의 사랑을 어떻게 본받아 사는지를 관찰한다. 이것이 자녀가 남을 사랑해야 한다는 자신의 의무를 내면화하는 방식이다. 자기를 부인하는 부모의 사랑을 통해 자녀는 하나님의 생명을 흡수한다.

이 책에서 말한 모든 내용은 기꺼이 자신을 희생하여 자녀를 사랑하는 것을 전제하고 있다. 결혼생활이 자녀에게 복음을 선포하는 것이라면(6장), 아빠는 반드시 섬기는 리더가 되고 엄마는 아빠의 리더십을 격려하고 복종해야 함을 의미하며 이것은 아빠와 엄마 모두 자기 목숨에 대해 죽었음을 뜻한다.

자녀를 징계하는 일(8장과 9장)에도 희생적인 사랑이 요구된다. 이는 일관성을 요구한다. 엄마는 제멋대로 구는 자녀를 훈육하기 위해 저녁 준비를 잠시 제쳐놓아야 하며, 아빠는 자기가 좋아하는 풋볼 경기 시청을 포기해야 한다. 복음 중심적 부모는 한쪽 눈을 십자가에 고정한 채로 항상 희생할 준비를 하면서 자녀를 섬긴다.

자녀에게 영적인 음식을 공급하는 일(10장)도 희생을 요구한다. 이는 온 가족이 자신의 계획을 희생하고 식사 자리에 모이는 것을 의미한다. 부모는 그 시간에 다른 일을 할 수도 있지만, 그것을 희생하고 성경을 펴서 자녀를 가르치는 것이다.

희생적인 사랑은 성육신적이다. 희생적인 사랑은 부모로 하여금 자녀의 세계로 들어가도록 만든다. 예수님은 우리를 구원하시기 위해, 무한한 영광의 왕국을 버리고 타락한 세상으로 들어오셨다. 복음 중심적 부모도 그렇게 한다. 나의 큰아들이 중학교에 다닐 때 그는 테니스에 흥미를 갖게 되었다. 그래서 나도 테니스를 시작했다. 나는 아들의 세상에 들어선 것이다. 막내 아들은 제물낚시에 관심이 있었다. 그래서 아들이 십 대가 되었을 때는 플롯 튜브float tube를 사서 함께 낚시를 다녔다. 놀라운 시간이었다. 희생이 따르지 않았느냐고? 때로는 그랬다. 하지만 대부분은 기쁨이었다. 그래서 결국 유익을 본 사람은 나였다.

하나님은 지금 당신에게 어떤 부분에 대해 말씀하고 계신가? 당신은 자녀의 행복을 위해서 무엇을 희생해야 하는가?

애정을 담아 자녀를 사랑하라

애정은 하나님의 사랑이 지니는 또 다른 중요한 차원이다. 4장과 5장에서는 성부 하나님이 부모의 본보기가 되신다고 말했다. 하나님은 애정이 넘치신다. 그리고 이 말이 사실이라면 우리는 반드시 자녀에게 애정을 쏟아부어야 한다. 궁극적으로 우리는 십자가를 묵상함으로써 아버지의 애정을 배우고, 느끼고, 이해한다.

방금 살펴봤듯이 하나님의 사랑은 희생적이다. 하나님의 희생 덕분에 우리는 행복을 누린다. 하나님의 사랑^{love}은 애정^{affection}보다 더 크다. 하나님의 사랑은 행동으로 시작하나 따뜻한 애정으로 끝난다. 그리고 5장에서 살펴봤듯이 그 사랑의 대가는 무한하다. 사랑을 위해 치른 대가가 사랑의 척도라면, 하나님의 사랑은 무한하다. 그래서 바울은 그것을 "지식에 넘치는 그리스도의 사랑"(엡 3:18)이라고 표현했다.

하나님의 사랑은 애정으로 시작하지 않는다. 당신은 원수에게 애정을 느끼지 않으며, 그들은 오히려 당신에게 진노의 대상일 것이다. 그런데 4장과 5장에서 살펴봤듯이 우리가 하나님께 바로 그러한 존재였다. 즉, 우리는 하나님의 원수였다(롬 5:10).

하지만 하나님에게 있어 애정은 너무나 중요하기 때문에, 하나님은 자기 아들을 보내서서 자신과 우리를 분리하게 만드는 죄를 제거하게 하신다. 하나님은 우리에게 애정을 마음껏 베푸시기 위해서 그렇게 하셨다. 하나님은 우리와 더불어 우정을 나누고, 애정 어린 관계를 맺기 원하셨다. 하지만 죄가 우리와 하나님 사이에 있기에 하나님은 십자가에서 죄의 문제를 해결하신 것이다. 이를 통해 하나님은 애정의 수문을 여셨다.

이 사실은 중요하다. 종종 우리도 자녀에게 애정을 느끼기 어렵기 때문이다. 어떤 자녀에게는 애정이 쉽게 가지만, 어떤 자녀에게는 그렇지 않다. 그러나 두 유형의 아이 모두 하나님이 우리에게 주신 선물이다. 어떤 자녀는 감사할 줄 알고 마음씨가 곱고 성격도 고분고분하다. 어떤 자녀는 감사할 줄 모르고 욕심이 많으며 주의가 산만하다. 한 아이는 성적을 잘 받아온다. 다른 아이는 성적에 전혀 신경 쓰지 않는다. 한 아이는 자신의 관심사를 부모와 나눈다. 다른 아이는 전혀 그렇지 않다. 한 아이는 당신이 마음에 들어하는 사람과 결혼한다. 다른 아이는 당신의 조언을 거부한다.

하나님은 우리가 하늘 아버지처럼 사랑할 수 있는지 시험하려고 어려운 아이를 보내신다. 사랑스럽지 않은 아이에게 애정을 품을 수 있느냐는 시험이다. 당신이 사랑스럽지 않은 자녀를 사랑하는지 아닌지는 아무도 모른다. 애정의 유무는 마음속에서 일어나는 일이기 때문이다. 당신이 어려운 아이에게 애정을 품지 못하더라도 아무도 모를 것이다(하나님을 제외하면). 아니면 하나님이 당신의 무가치함에도 불구하고 당신에게 애정을 베푸신 사실에 감동받아 당신도 그 아이에게 애정을 베풀 수도 있다.

부모의 애정은 매우 강력한 영향력을 발휘한다. 부모는 자녀에게 보이는 애정을 통해 자신과 자신이 믿는 하나님을 매력적으로 만든다. 애정은 아이에게 너는 사랑받고 용납되고 있다는 메시지를 전한다. 우리는 자녀에게 사랑한다고 얼마든지 말할 수 있지만, 자녀에게 참으로 확신을 주는 것은 우리의 애정 어린 태도이다. 애정을 통해 우리의 사랑이 자녀에게 전해진다. 애정을 통해 진리라는 못이 자녀들 마음 깊숙이 박힌다. 애정의 중요성은 아무리 강조해도 지나치지 않다.

로스 캠벨Ross Campbell 박사는 그의 베스트셀러인 《진정한 자녀사랑》How to Really Love Your Child에서 이렇게 쓴다. "아이가 자신이 진정으로 사랑받고 있다고 느낄 때 징계는 굉장히 수월해진다…만약 아이가 자신이 진정으로 사랑받고 받아들여지고 있다고 느끼지 못할 때…그 아이가 부모의 가치에 동질감을 갖기는 정말로 어렵다."[6] 2장에서 살펴봤듯이, 징계의 핵심은 우리의 가치관과 믿음을 자녀의 마음에 심는 것이다. 캠벨이 말하는 핵심은 이것이다. 즉, 부모가 자신을 사랑하고 수용한다는 사실을 느끼지 못하는 자녀는, 부모의 가르침을 내면화하지 않는다. 그때 부모의 세계관이 자녀의 마음을 꿰뚫고 지나가지 못할 것이고, 신앙의 바통은 전달되지 않을 것이다.

십자가는 바울의 애정affections에 불을 질렀다. 그래서 바울은 로마 교인들에게 "형제를 사랑하여 서로 우애love one another with brotherly affection"하라고 권한다(롬 12:10). 또 바울은 빌립보 교인들에게 "그리스도의 심장으로with the affection of Christ" 외친다(빌 1:8). 그는 그가 개척한 교회가 복음을 깨달았다면 서로를 향한 애정을 가져야 한다고 생각했다(빌 2:1). 그러면, 지금부터 애정이 중요한 이유를 더 깊이 살펴보고, 자녀에게 애정을 나타내는 실천적인 방법에 대해 이야기하겠다.

애정은 특별히 아버지에게서 나올 때 강력하다. 엄청나게 많은 리서치에서 아버지의 애정이 중요한 역할을 한다는 사실을 강조한다. 아버지의 애정은 어머니의 애정과는 다른 방식으로 자녀의 마음에 영향을 미친다. 이는 자녀의 인격 형성과 성화에 지대한 영향을 미치는 큰 능력을 지니고 있다.

전도자인 제임스 로비슨$^{James\ Robison}$은 작지만 묵직한 책인 《In Search of a Father》(아버지를 찾아서)에서 애정 어린 보살핌^{nurturance}이라는 말을 사용한다. "애정 어린 보살핌은 자녀의 사회화를 위한 핵심 요소이다. 이것이 없으면 아이는 겉보기에는 부모(아버지)가 가르친 가치에 동화된 것처럼 보이더라도 실제로는 그것을 받아들이지 않았을 수 있다. 애정 어린 보살핌은 아이를 정신적으로나 감정적으로 준비시켜 도덕적 원칙, 그리고 다른 사람과 관계를 맺는 바른 양식을 받아들이게 한다."[71] 다시 말해, 아버지가 애정이 있을수록 자녀가 아버지의 가치관을 더 깊이 내면화할 수 있다는 뜻이다. 반대로, 아버지가 애정이 없으면 자녀는 아버지의 가치관을 잘 받아들이지 않는 경향이 있다.

아버지의 애정 유무는 다른 방식으로도 자녀들에게 영향을 미친다. 당신은 아이들이 공감 능력을 형성하는 데 주된 역할을 하는 사람이 아버지(어머니가 아님)라는 사실을 알고 있는가? 사회학자 데이비드 포페노$^{David\ Popenoe}$는 그의 저서 《Life without Father》(아버지 없는 삶)에서 이렇게 말한다. 자녀에게 "아버지가 일주일에 두 번 이상 자녀의 밥을 챙겨주거나 목욕을 시키거나 그 외 다른 기초적인 돌봄을 담당할 때, 자녀는 공감 능력이 풍부한 어른으로 자라난다. 이 한 가지 요소가, 어머니가 차지하는 요인 상위 세 가지를 합한 것보다도 더 자녀의 공감 능력 형성에 더 큰 비중을 차지한다."[8] 다시 말해, 자녀양육을 담당하는 애정 있는 아버지의 존재는 자녀의 공감 능력 형성에 어머니보다 더 큰 영향을 미친다. 이 사실을 바로 아는 것이 중요하다. 우리는 정반대로, 어머니의 애정이 아이의 공감 능력을 결정한다고 생각하기 때문이다.

아버지의 애정 유무는 특별히 자녀의 장기적인 행복에 영향을 미친다. 포페노는 이렇게 덧붙인다. "아버지와 정서적 유대감을 느끼는 청년은, 어머니에 대한 감정과 관계없이 삶에서 더 행복하고 더 만족스러워하는 경향이 있다."[9] 저명한 사회학자인 헨리 빌러Henry Biller는 "아버지에게 비밀을 털어놓을 수 있는 소년은 자존감이 높은 경우가 많다…특별히 어린시절의 아버지와 자녀의 관계가 아이의 자존감에 중요하다. 아버지가 없는 사춘기 청소년은 아버지가 있는 청소년에 비해 자존감이 낮다. 특별히 어린시절부터 아버지가 부재한 경우는 더욱더 그렇다."[10]

아버지의 애정 유무는 아이의 성 정체성에도 강력하고 지속적인 영향을 끼친다. 로빈슨이 인용한 연구 결과에 따르면, 소년 소녀 모두 아버지와의 관계가 성 정체성에 영향을 미친다. 아버지가 애정이 많을수록 일반적인 성 정형화sex typing는 더 견고해진다. 하지만 아버지가 애정이 덜하고 자녀와 거리가 멀수록 자녀는 동성애나 성적 방종에 더 쉽게 유혹을 느낀다.[11] 피터 와이든과 바바라 와이든은 《*Growing Up Straight*》(이성애자로 자라다)에서 통찰력 있는 연구를 통해 동성애의 원인에 관해 이렇게 결론 내린다. "나는 아버지와 관계가 좋았던 동성애자를 본 적이 없다. 우리는 다음과 같은 결론에 이르렀다. 자녀와 아버지 사이에 건설적이고, 지지적이고, 따뜻한 관계가 형성되면, 아들이 동성애자가 될 확률은 급격히 낮아진다. 소년이 받은 아버지의 사랑의 질質, 그리고 때로는 그저 어머니가 강화시킨 아버지의 사랑에 대한 기억이(아버지가 돌아가셨을 경우) 중요한 요소로 작용함이 밝혀졌다. 아버지를 존경하고 아버지와 동질감을 가지면 그는 잘 적응된 이성애자 남성으로 자라게 된다."[12] 이 데이터에는 분명히 많은 예외들이 있지만 그것들은 그냥 예외일 뿐이다.

다른 연구들은 딸에게도 같은 법칙이 적용된다는 사실을 보여준다. "아버지가 아버지 노릇을 부적절하게 또는 불충분하게 하는 것이 남자뿐 아니라 여자도 동성애자로 만드는 중요 요인이다. 벤Bene은 여성 동성애자들이 그들의 아버지를 약하고 무능한 존재로 느낀다고 보고한다. 동성애자 여성은 이성애자 여성보다 아버지를 적대시하거나 두려워한다."[13]

적절한 애정은 결정적인 영향을 끼친다. 이미 언급했지만, 이는 너무나 중요하기 때문에 다시 언급해도 무방하다. 적절한 애정이 부모의 징계를 효과 있게 만든다! 징계와 애정의 균형을 잘 맞추는 부모는 자녀를 과하게 징계하지 않는다. 테드 트립은 애정이 넘치는 분위기 가운데 자신의 권위를 행사하는 부모를 "자애로운 전제 군주"(그다지 좋은 명칭은 아닐 것이다)라고 칭한다. 그는 열 살에서 열두 살 사이에 있는 자녀 중 대다수가 정신적으로는 이미 집을 떠났다고 설명한다. "자애로운 전제 군주인 부모의 자녀는 애써 집을 떠나려고 하지 않는다. 자녀는 자기 필요가 충족되는 집에서 거의 떠나지 않는다. 사랑받고 존중받는다고 느끼는 관계에서 누가 벗어나고 싶어 하겠는가?"[14] 애정은 자녀에게 "사랑받고 존중받는" 느낌을 주는 중요한 방법이다.

애정을 보여주는 방법들

자녀에게 애정을 보여주는 가장 좋은 방법은 무엇일까? 로스 캠벨Ross Campbell 박사는 집중된 관심, 눈 맞춤, 신체 접촉을 제안한다.[15] 나는 여기에 네 번째 사항을 더하고 싶다. 우리 자녀에게 있는 은혜의 증거를 인정해주는 것이다.

남자들은 대부분 애정 표현이 자연스럽지 않다. 어렵고 경쟁적인 삶의 현실이 감정을 메마르게 하기 때문이다. 어떤 아버지들은 애정을 표현하지만 어색하다. 그래서 아내가 보이는 편안한 애정은 신비롭기만 하다. 그리고 자신은 그런 애정 표현에 부적합하다고 느끼는 남자도 있다. 그렇게 느끼는 이유는 그 스스로 애정 있는 남자 주위에 있었던 경험이 없기 때문이다.

애정을 보이는 첫 번째 방식은 집중해서 관심을 기울이는 것이다. 집중된 관심이란 오직 한 자녀와 따로 시간을 보내는 것이다. 관심을 집중하려면 집중을 방해하는 요소를 미리 제거해야 한다. 예를 들어, 교회에서 남자끼리 아침 식사하는 자리에 십 대 아들을 데려가는 일은 집중된 관심이 아니다. 다른 자녀들과 함께 하는 가족 활동도 집중된 관심이 아니다. 자녀에게 관심을 기울였더라도 집중된 관심은 아니기 때문이다. 집중된 관심이란 그 자녀와 독점적으로 보내는 시간을 말한다. 이러한 시간이야말로 진정한 사랑을 전한다. 자녀와 단둘이 배낭을 메고 아이다호의 자연보호구역을 여행하는 일은 집중된 관심이다. 딸과 동네 식당에서 특별한 식사 시간을 갖는 일도 집중된 관심이다.

나는 자녀들이 어릴 때 집중된 관심을 보여줄 시간을 확보하는 일을 우선순위로 삼았다. 우리는 그 시간을 "특별 시간"이라고 불렀고, 매주 한 아이에게 그 기회가 돌아갔다. 나는 그 자녀와 보내는 독점적인 시간을 계획했고, 달력에도 기록해서 잊지 않도록 했다. 그리고 자녀가 장소를 정하도록 했다. 때로 우리는 아이스크림을 먹으러 아이스크림 가게에 갔다. 때로는 아이가 좋아하는 사탕을 사주기 위해 동네 슈퍼마켓까지 걸어가기도 했다.

그 시간에 우리는 중요한 이야기를 많이 나눴다. 아이들은 스스로 자기 이야기를 꺼낼 때가 많았다. 큰딸인 사라가 일곱 살일 때 함께 슈퍼마켓까지 걸어간 적이 있었다. 그때, 길가에서 썩어가고 있는 개똥지빠귀 사체를 지나쳤다. 딸은 호기심에 멈춰서 한참 그 사체를 살펴봤다. 나는 그 기회를 이용해서 죽음에 관한 대화를 꺼냈다. 그 새와 마찬가지로 우리 역시 언젠가 죽어서 썩어지는데, 하나님이 언젠가 우리 몸을 다시 살리셔서 그리스도의 몸과 같이 만드실 것이라고 설명했다. 이제 어른이 된 사라는 여전히 그 대화를 기억한다.

　자녀들이 자라면서 나는 더 수준 높은 시간을 보내려고 계획했다. 자녀들이 가장 좋아하는 음식점인 동네 팬케이크 집에 데려가거나, 다른 지역으로 출장을 갈 때 함께 가기도 했다. 집중된 관심은 애정을 전하기 때문에 매우 중요하다. 그런데 우리는 바쁘기 때문에 미리 계획을 잡지 않으면 그런 시간은 있을 수가 없다. 또한 집중된 관심이란 자녀의 이야기를 듣는다는 것을 의미한다. 바쁜 아버지에게 이 일은 어려운 일이 될 수 있고, 나 역시 그렇게 하기가 종종 고역이었다. 때로는 그것이 내 의지력을 빼앗기도 했고, 그러면 잘 듣지 못하기도 했다. 하지만 하나님은 우리의 부족함을 채워주신다. 집중된 관심을 기울이는 데는 시간과 에너지가 필요하지만, 그 수고는 백배로 보상받게 될 것이다.

　애정을 전하는 두 번째 방법은 눈 맞춤, 즉 자녀의 눈을 바라보고 듣는 것이다. 이를 통해 당신은 자녀에게 집중된 관심을 드러낸다. 나도 이 부분에서 종종 실패했지만 계속 노력했고, 이 일에 있어서도 하나님은 나의 부족함을 채워주셨다.

　특히 자녀는 곤란한 시간에 당신의 관심을 요구할 것이다. 예를 들어, 당신은 긴장한 상태로 직장에서 돌아왔고, 그저 쉬고 싶은 상태이다. 소파에 무너지듯 앉아 신문을 막 폈는데, 십 대 딸이 방해하기 시작한다. 자기를 좋아하지 않는 친구에 관해 이야기를 하고 싶어 하는 것이다. 당신은 이 상황을 원하지 않았다. 하지만 십자가는 당신에게 무엇을 요구하는가? 신문을 내려놓고, 자녀에게 눈을 맞추라. 그리고 들으라. 당신이 나와 같다면 저녁 식사 이후에 그렇게 하기로 약속하라. 그 시간에 자녀에게 눈을 맞추고 이야기를 주의 깊게 들을 수 있다.

부모들이여, 당신들은 마차에서 떨어져도 다시 올라갈 수 있다는 사실을 내가 증언한다. 내가 이미 수없이 떨어지고 다시 오르기를 반복했기 때문이다. 그리고 실패할 때마다 나는 자녀에게 용서를 구하고 다시 시도했다.

애정을 전하는 세 번째 방법은 적절한 신체 접촉이다. 이는 포옹, 적절한 스킨십, 손 잡기를 뜻한다. 오늘날과 같은 아동 학대의 시대에 몸으로 애정을 표현하는 일은 종종 오해되고 심지어 기피되기도 한다. 하지만 자녀는 부모의 품 안에서 자신이 완전히 안전하다는 사실을 느껴야만 한다.

효과적인 부모, 특히 효과적인 아버지는 몸으로 애정을 전할 모든 기회를 살핀다. 부모는 몸으로 애정을 드러낼 기회를 찾기 위해 비상한 노력을 해야만 한다. 우리 자녀들이 아직 어렸을 때 나는 아이들을 안고 책을 읽어줬다. 연구 결과에 따르면 아이는 대부분 어머니보다는 아버지가 안아주는 편을 택한다고 한다.[16] 이는 남자가 덩치가 크고 근육이 있어 아이가 더 안전하다고 느끼기 때문이다.

남자아이도 여자아이만큼이나 신체적 애정 표현을 필요로 한다. 나의 한 살짜리 손자는 이미 자기가 좋아하는 책을 부모에게 가져가 무릎에 앉아 읽어주는 걸 듣는다. 걸음마를 하는 아이들과는 마루바닥에서 뒹굴며 놀아라. 텔레비전을 볼 때는 아이를 소파가 아닌 무릎 위에 앉히라. 공원에서는 목마를 태워주라. 스포츠 경기가 끝나면 아이를 안아주어 승리의 기쁨을 축하하고, 아이가 패배의 고통 가운데 있다면 함께 슬퍼함을 보이라. 몸으로 애정을 표현할 모든 기회를 활용하라.

이런 식으로 아버지가 아들에게 애정을 표현하면 동성애를 불러온다는 오랜 미신이 있다. 그러나 우리가 이미 살펴봤듯이, 동성애는 보통 이런 따뜻한 남자 대 남자(또는 엄마 대 남자)의 접촉이 부재하기 때문에 생긴다. 당신의 아들과 딸이 십 대가 되어도 접촉을 멈추지 말라. 많은 부모가 사춘기 자녀와 신체 접촉을 최소화한다. 사랑스러운 딸이 사춘기가 되면 아버지들은 뒤로 물러선다. 하지만 이는 큰 실수다. 십 대보다 더 불안정한 시기가 있는가? 청소년이 부모의 몸을 통해 마음의 편안함을 누려야 할 때 많은 부모가 바로 그 일을 멈춘다. 포옹하고, 등을 두드려주고, 어깨에 팔을 두를 모든 기회를 부지런히 찾으라. 고등학생이 된 자녀가 숙제로 힘들어한다면 어깨에 팔을 두르고 사랑한다고 말하라. 그 접촉이 차이를 만들어 낸다.

애정을 보여주는 네 번째 방법은 말로 격려하는 것이다. 서번 그레이스 미니스트리즈 Sovereign Grace Ministries 의 매허니 C. J. Mahaney 는 격려란 다른 사람 안에 있는 은혜의 증거를 주목하는 일이라고 말했다. 자녀를 비판해야 할 경우도 있겠지만 중점은 격려에 두어야 한다.

부모는 보통 자녀의 단점은 잘 보면서도 자녀의 장점은 잘 보지 못한다. 왜 그러한가? 어느 부모에게 가서 자녀의 단점을 나열해보라고 하면 신속하게 써 내려갈 것이다. 하지만 그 아이에게 하나님의 은혜가 나타난 증거를 말해보라고 하면, 있다 해도 그 목록은 고민을 해야 겨우 나올 것이다. 왜 그러한가?

한 가지 이유는 우리가 자녀의 단점에 대해서는 많이 생각하지만, 자녀의 장점은 덜 생각하기 때문이다. 특별히 까다로운 자녀에게는 더욱 그렇게 한다. 하지만 까다로운 자녀야말로 우리가 더욱 지지해주어야 할 아이다. 자녀 중 한 명을 떠올릴 때 처음으로 드는 생각이 무엇인지 질문을 받은 한 어머니가 있었다. 그 어머니가 나중에 내게 말해준 바로는, 그때 자녀에 대한 부정적인 생각만 떠올라서 힘들었다는 것이었다.

은혜의 증거를 찾기가 어려운 두 번째 이유는 우리가 하나님의 은혜를 당연시하기 때문이다. 우리는 자녀의 문제에도 불구하고 자녀로 인해 감사하는 법을 배우지 않았다. 우리는 자신이 더 나은 대접을 받을 자격이 있다고 생각하고, 하나님께 감사하지 않는다. 그러나 감사가 없으면 우리는 언제나 교만으로 나아가기 마련이다. 교만은 말한다. "나는 하나님의 손에서 좋은 것을 받을 자격이 있어." 하지만 복음은 다른 메시지를 전한다. 우리는 십자가형을 당해 마땅하다. 우리는 순종하는 자녀, 기르기 쉬운 자녀를 받을 자격이 없다.

긍정해주는 말에는 강력한 힘이 있다. 성경은 혀의 놀라운 능력을 강조한다. 성경은 "의인의 입은 생명의 샘"(잠 10:11)이라고 말한다. 적절한 언어는 힘을 주고, 사랑을 전하며, 영감을 주고, 자녀의 마음에 내일을 마주할 자신감을 불어넣어 준다. 특별히 우리가 말로 하나님이 그들의 삶에서 일하신 부분을 인정해줄 때 더욱 그러하다.

거의 모든 자녀의 약점 뒤에는 그에 상응하는 장점이 있다. 약점을 징계한 후에는 시간을 두고 장점을 인정해줘야 한다. 두려움이 많고 예민한 아이는 친구를 사귀는 일에 능할 수 있다. 반항하고 고집이 센 아이는 또래가 주는 압박감을 잘 버텨낼 것이다. 말을 많이 하는 아이는 좋은 선생이 될 자질이 있을지 모른다. 계속해서 자녀의 삶에 있는 하나님의 은혜를 말로 전하라.

우리는 무엇을 더 의식하고 있는가? 자녀의 실패인가 아니면 하나님의 은혜인가? 자신의 죄를 깊이 의식하는 부모는 다른 이에게 있는 하나님의 은혜에 매우 민감하게 반응한다. 자녀의 단점에도 불구하고 그 부모는 감사하며, 반복해서 그 감사함을 표출한다. 하지만 교만하고 자기 의로 가득한 부모는 하나님의 은혜가 자녀 안에 역사하는 일을 보는 일에 더디다. 그들은 요구하기만 하고 감사할 줄은 모른다. 그런 부모에게는 자녀가 하는 어떤 일도 흡족하지 않다.

요약

사랑이 핵심이다. 이 책에서 언급한 자녀양육에 관한 모든 제안을 수행하기에 앞서 당신은 반드시 사랑으로 흠뻑 젖어 있어야 한다. 복음이 사랑을 규정하고, 사랑할 동기를 부여한다.

우리는 자녀를 사랑하기 전에, 반드시 하나님을 더 사랑해야 한다. 하나님을 향한 사랑이 우리가 자녀를 **어떻게** 사랑할지를 규정하기 때문이다. 이 문제가 정리되었다면, 이제 자녀를 희생적으로 사랑할 준비가 된 것이다. 십자가가 이 사랑의 동기를 부여한다.

덧붙여서 복음 중심적 사랑은 애정까지 이른다. 하나님은 우리에게 애정을 베푸시기 위해 엄청난 대가를 치르셨다. 애정은 자녀양육에서 굉장히 중요하다. 특히 아버지가 베푸는 애정은 더욱더 그러하다. 신앙의 바통을 다음 세대로 잘 넘기기 원한다면 부모는 애정을 실천해야 한다. 즉, 자녀가 우리의 믿음과 가치를 받아들이고, 건강한 성 정체성을 형성하며, 무언가를 해내겠다는 확신으로 충만하고, 공감 능력을 갖추기 원한다면 부모는 애정을 실천해야 한다.

집중해서 관심을 기울이고, 눈을 맞추고, 신체 접촉을 하고, 자녀 안에 있는 은혜의 증거를 인정하는 법을 배우라. 이 네 가지가 애정을 표현하는 방법이다.

연구 질문

1. 이 장의 내용은 무엇인가? 당신 자신의 말로 요약해보라.

2. 자녀를 기쁘게 하려고 하나님의 뜻을 타협해야겠다는 유혹을 받은 때가 있었는가? 부모가 그렇게 할 때, 자녀를 사랑한다고 생각하면서 한 일이 실제로는 자녀를 미워하는 일이 될 수도

있는가? 그렇다면 그 이유는 무엇인가? 그렇지 않다면 그 이유는 무엇인가?

3. 당신이 자녀를 희생적으로 사랑하지 않을 때 나타나는 증상은 무엇인가? 당신이 처한 상황에서 희생적인 사랑은 어떻게 구체화될 수 있는가?

4. 이 장은 애정을 드러내는 네 가지 방식에 대해 언급했다. 당신은 어떤 점에 가장 노력이 필요한가? 그렇게 하기 위해 무엇을 계획하겠는가?

5. 부모의 적절한 애정 표현은 자녀에게 실질적으로 어떠한 유익을 주는가?

6. 당신 생각에 부모가 자녀의 삶에서 은혜의 증거를 찾아내기가 어려운 이유는 무엇인가? 이 장에서 말한 네 가지 방법 중 어떤 애정 표현이 당신에게 가장 쉽고, 어떤 것이 가장 어려운가?

12장
놀라운 은혜

아니타가 나를 찾아왔다. 그 여인은 죄책감과 절망감에 휩싸여 있었다. 그녀의 딸은 그녀를 극한까지 몰아갔고, 아니타는 언제라도 구렁덩이로 떨어질 것만 같았다. 그녀의 딸은 유별나게 고집이 셌고, 아니타는 딸을 도무지 통제할 수 없었다. 그리고 점차 자신의 분노를 인지하게 되었다. 그렇게 해서는 안 된다는 사실을 알았지만 바꾸는 방법을 알지 못했다. 그녀는 패배감에 시달리고 있었다.

나는 몇 가지 실천적인 조언을 하고 나서, "하나님의 은혜 안에 거하세요."라는 말로 상담을 마쳤다.

부모에게는 은혜가 필요하다. 할 일은 너무나 많고, 우리 대부분은 그 일들을 꾸준히 성실하게 하고 있지 못하다. 제리 브리지스의 말에 따르면, 우리는 날마다 자신에게 복음을 선포할 필요가 있다.[1] 수많은 실패에도 불구하고 이렇게 하는 부모는 정죄와 낙심에서 점차 자유로워진다. 이를 통해 부모는 복음의 승리 안에 살아가는 법을 자녀에게 본으로 보여줘야 하고, 자녀는 부모가 그렇게 살아가는 모습을 봐야 한다.

실패

우리는 죄인이다. 우리는 실패한다. 이 책은 우리에게 "해야 할 일"과 "하지 말아야 할 일" 목록을 제시했지만, 누구도 그 모든 것을 한결같이 지킬 수는 없다. 게다가 그렇게 할 때조차 우리는 종종 지나치게 하는 과오를 범한다.

빌에게는 열세 살짜리 아들이 있었는데, 고집이 너무 세서 도무지 통제할 수 없었다. 빌이 나를 찾아왔을 때 그는 엄청난 죄책감에 시달리고 있었다. 몇 번은 자신이 이성을 잃었다고도 했다. 그는 화를 내며, 욕을 하고, 소리를 지르고, 가혹하게 아들을 혼냈다. 그는 자기가 아들에게 보이는 본이 얼마나 중요한지를 알고 있었다. 그래서 자신이 인내하면서 사랑으로 받아주지 못했다는 사실 때문에 자괴감에 빠져 있었다. 나는 빌에게 복음을 향하도록 조언했다. 복음이 그의 해결책이자 피난처임을 알려주었다. 예수님은 그의 분노를 대속하시려고 죽으신 것이다. 그는 그리스도의 의로 옷 입었다. 예수님은 우리를 완벽해야 한다는 강박에서 자유롭게 하셨다. 나는 빌에게 아들의 용서를 구하라고 권했다. 그리고 이미 그렇게 했다면 복음이 베푸는 영광스러운 자유 안에서 다시 걸어가라고 했다.

하나님은 거룩하시다. 그리고 우리의 죄는 심각하다. 십자가는 그 죄의 참상이 얼마나 처참한지를 보여주는 척도다. 그러나 여기에 기적이 있다. 즉, 하나님이 우리를 사랑하시고, 예수님이 우리를 대신해 하나님의 진노를 받으셨다는 사실이다.

큰딸은 열네 살 때 힘겨운 시기를 보냈다. 딸 옆에 있기도 어려웠다. 딸은 인내심이 많고, 친절하며, 언제나 다가갈 수 있는 그런 아버지를 필요로 했다. 그러나 어느 날 나는 실패했다. 나는 회초리를 (여덟 살 된 남동생에게 여전히 쓰고 있던) 들고서 딸을 부엌 조리대에 엎드리게 한 후 엉덩이를 때렸다. 나의 행동은 부적절했다. 딸은 이미 체벌받을 나이가 아니었는데, 내가 죄악된 분노로 반응했던 것이었다. 나는 엄청난 죄책감을 느꼈다. 나는 은혜가 간절했고, 그 해답은 바로 복음에 있었다. 나는 다시금 나 자신에게 복음을 선포했다. 그리고 딸에게 아빠를 용서해달라고 말했다. 그렇게 우리는 계속 앞으로 나아갔다(그리고 지금 우리는 행복한 관계를 누리고 있다).

여기에 핵심이 있다. 우리가 복음을 향할 때, 복음이 우리의 약함을 변화시킨다는 것이다. 예수님은 바울에게 이렇게 말씀하셨다. "내 은혜가 네게 족하도다 이는 내 능력이 약한 데서 온전하여짐이라"(고후 12:9). 하나님은 자신의 보배(그리스도 앞에서 누리는 하나님의 영광의 복음), 즉 우리 자녀를 변화시키는 그 빛을 "질그릇" 안에 두셨다. 그리고 우리가 그 그릇이다! 하나님은 "심히 큰 능력은 하나님께 있고 우리에게 있지 아니함을 알게 하려"(고후 4:7)고 그렇게 하셨다. 이 얼마나 놀라운 소식인가! 하나님은 복음 중심적 부모가 자녀에게 행하는 불완전한 노력을 사용하여, 자녀 내면 깊은 곳에서 영구적인 일을 행하신다. 그 와중에 복음은 완벽함이라는 짐에서 우리를 자유롭게 한다.

복음 안에서 계속 용서를 체험하는 부모는 자녀에게 그 용서를 베풀 수 있다. 당신의 자녀는 계속해서 당신이 십자가 발치에서 스스로의 죄책감과 두려움을 벗어 버리는 모습을 봐야 할 필요가 있다.

결론

이 책은 우리에게 해야 할 많은 일들을 제시했다. 우리는 자녀를 가르쳐야 한다. 우리가 그 책임을 가정에서 먼저 수행해야 하며 다른 이에게 위임해 버리는 것은 있을 수 없는 일이다.

주된 부모는 아버지이며, 어머니는 보조자로서 역할한다. 아버지들이여, 소파에서 일어나 자녀들과 밀접한 관계를 형성하는 일에 주도적으로 임하라.

부부의 결혼생활은 자녀에게 메시지를 전한다. 남편은 반드시 섬기는 리더가 되어야 한다. 그리고 아내는 반드시 기쁜 마음으로 남편의 리더십에 복종해야 한다.

우리는 자녀들의 마음의 죄를 일관성 있게 징계해야 한다. 복음을 가르치기 위해서는 인내하며 징계를 사용해야 한다. 그리고 가족은 정기적으로 함께 모여야 하며, 부모가 자녀에게 복음을 가르쳐야 한다.

그런데 여기에 문제가 있다. 당신과 나는 그렇게 하지 못한다는 사실이다. 그렇다면 포기하고 시도조차 하지 말라는 말인가? 그렇지 않다. 복음은 우리가 실패하더라도 계속해서 불가능한 기준을 다시 자신에게 적용하도록 만든다. 왜 그러한가? 하나님은 우리가 완벽할 수 없다는 사실을 아신다. 우리의 불완전함 때문에 그분의 아들이 대가를 치르셨다. 예수님은 우리 대신 완벽한 삶을 사셨다. 믿음을 통해 그분의 완벽함은 우리의 것으로 계산된다.

따라서 복음은 우리에게 양육방법만 가르치는 것은 아니다. 복음은 우리의 불완전함이 주는 상처를 치유하고, 실패를 거쳐 나가면서도 인내하도록 격려한다.

나 같은 죄인 살리신
주 은혜 놀라워
잃었던 생명 찾았고
광명을 얻었네.[21]

복음은 그저 은혜다. 그것은 참으로 놀라운 은혜에 관한 것이다. 연약하고 궁핍한 부모에게 복음은 정말로 좋은 소식이다. 날마다 복음을 당신의 양심에 적용하라! 그러면 당신의 자녀가 수혜자가 될 것이다.

미주

서문

1. George Barna, *Revolutionary Parenting* (Carol Stream, IL: Tyndale, 2007), xi.

1장 지적 잠수함

1. Francis Schaeffer, *How Should We Then Live?* (Westchester, IL:Crossway, 1976), 19.
2. Tim Kimmel, *Grace-Based Parenting* (Nashville: Thomas Nelson, 2004), 12 – 13.
3. Christian Smith and Melinda Lundquist Denton, *Soul Searching* (New York: Oxford University Press, 2005).
4. Gene Edward Veith, "A Nation of Deists," *WORLD*, June 25, 2005. "십 대 3,000명 이상을 인터뷰한 이후 사회과학자들은 그들의 신앙을 다음과 같이 요약했다. (1) 세상을 창조하고 질서를 부여한 신이 지구에 있는 인간의 삶을 지켜보신다. (2) 신은 사람이 서로에게 선하고, 착하고, 공정하기를 원한다. 이것은 성경과 대부분의 세상 종교가 이렇게 가르친다. (3) 삶의 목적은 행복해지고 자기 자신에 대해 좋은 감정을 느끼는 것이다. (4) 문제를 해결하기 위해 특별히 필요로 할 때 말고는 한 사람의 삶에 신이 특별히 관계될 필요는 없다. (5) 착한 사람이 죽으면 천국에 간다.
5. 같은 책.

6. Mark Regnerus *Forbidden Fruit* (New York: Oxford University Press, 2007).
7. Gene Edward Veith, "Sex and the Evangelical Teen," *WORLD*, August 11, 2007, 9.
8. Regnerus, *Forbidden Fruit*, 154.
9. Tom Bisset, *Why Christian Kids Leave the Faith* (Grand Rapids: Discovery House Publishers, 1992). Timothy Sisemore, *World-Proof Your Kids* (Fearn, UK: Christian Focus, 2007), 26에 인용됨.
10. A. W. Pink, *The Sovereignty of God* (1928; repr., Edinburgh: Banner of Truth, 1993), 79.
11. Stephen Smallman, *Spiritual Birthline* (Wheaton, IL: Crossway, 2006), 142.

2장 복음의 능력으로 하는 자녀양육

1. "Parenting," *Wikipedia, The Free Encyclopedia*, http://en.wikipedia.org/w/index.php?title=Parenting&oldid=300836102.
2. 이것이 하나님의 말씀이 성도덕에 관해 그렇게 많은 울타리를 치는 이유다. 남녀가 아이를 가지면 자녀를 의식하는 삶이 시작되고 이는 절대 끝나지 않는다. 구원이라는 측면에 영향력을 증대하기 위해, 하나님은 모든 유아가 아버지와 어머니 모두를 갖기 원하신다. 부모가 모두 아이에게 영향력을 미치고 아이를 격려할 때 구원이 일어날 가능성이 증가한다.
3. Tedd Tripp, *Shepherding a Child's Heart* (Wapwallopen, PA: Shepherd Press, 1995), 5.
4. 죄의 참상을 폭로한 그의 유익한 글을 참고하라. *Not the Way It's Supposed to Be* (Grand Rapids: Eerdmans, 1995).
5. R.C. Sproul, *Saved from What?* (Wheaton, IL: Crossway, 2002).

3장 복음적 경외

1. Edward T. Welch, *When People Are Big and God Is Small* (Phillipsburg, NJ: P&R Publishing, 1997), 96.
2. 같은 책, 98. 웰치의 책은 하나님 경외에 관한 탁월한 입문서다. 나는 이 책의 6장에 나오는 하나님 경외의 정의보다 더 나은 것을 보지 못했다.

4장 거룩한 아버지

1. Os Guinness, *Fit Bodies, Fat Minds* (Grand Rapids: Baker, 1994), 10.
2. Rodney Stark, *The Victory of Reason* (New York: Random House, 2005).
3. Philip Ryken, *Exodus* (Wheaton, IL: Crossway, 2005), 82, emphasis mine.
4. D.A. Carson et al, eds., *The New Bible Commentary* (Downers Grove,IL: InterVarsity Press, 1994). 레위기 11장 1절에 관한 주석을 참고할 것.
5. A. W. Tozer, *The Knowledge of the Holy* (New York: Harper and Row, 1961), 110.
6. 같은 책, 111.
7. Wayne Grudem, *Systematic Theology* (Grand Rapids: Zondervan, 1994), 568.
8. Bart Campolo, "The Limits of God's Grace," *Journal of Student Ministries* (Sept/Oct 2006). Also see http://pastorbrouwer.wordpress.com/2006/11/18/bad-theology-by-bart-campolo/.
9. Jerry Bridges, *The Gospel for Real Life* (Colorado Springs: NavPress, 2003), 52.
10. Leon Morris, *The Atonement* (Downers Grove, IL: InterVarsity Press, 1983), 153, 155.
11. A. W. Pink, *The Attributes of God* (Grand Rapids: Baker, 1975), 77.
12. Martyn Lloyd-Jones, *The Cross* (Wheaton, IL: Crossway, 1986), 76.
13. Jonathan Edwards, "The Wisdom of God Displayed in Salvation," in *The Works of Jonathan Edwards* (Edinburgh: Banner of Truth, 1995), 2:145.
14. Timothy Lane and Paul David Tripp, *How People Change* (Greensboro, NC:

New Growth Press, 2006), 5.

5장 은혜로운 아버지

1. John Frame, *The Doctrine of God* (Phillipsburg, NJ: P&R Publishing, 2002), 426.
2. William Hendriksen, *Commentary on I and II Timothy and Titus* (Edinburgh: Banner of Truth, 1957), 370.
3. Martyn Lloyd-Jones, *The Cross* (Wheaton, IL: Crossway, 1986), 75.
4. J. I. Packer, *Knowing God* (Downers Grove, IL: InterVarsity Press, 1973), 132. 이번 장의 내용에 회의적인 사람은 이 책 13장에서 하나님의 은혜에 관해 기술한 내용을 읽으면 큰 도움을 얻을 것이다.
5. John Piper, *Desiring God* (Sisters, OR: Multnomah, 2003). 하나님이 자신 안에서 누리시는 행복에 대해 더 알기 원한다면 이 책의 첫 장을 읽으라.
6. John Piper, *The Pleasures of God* (Portland: Multnomah, 1991), 48–49.
7. John Piper, *God's Passion for His Glory* (Wheaton, IL: Crossway, 1998). 이 책은 이 중요한 질문과 그 답에 관해 더 많은 내용을 담고 있는 거대한 자산이다. 여기에는 조나단 에드워즈의 독창적인 글, *A Dissertation on the End for Which God Created the World*의 전문이 실려 있다. 또 파이퍼가 작성한, 입문자들에게 매우 유용한 네 개의 장이 있다. 에드워즈의 글은 그리스도인으로서 내 생각과 경험의 방향을 완전히 바꾸어놓았다.
8. 이러한 결론을 확증하는 본문은 아주 많고, 대부분 예수님이 직접 말씀하신 구절이다. 예수님은 지옥을 꺼지지 않는 불에 의해 쭉정이가 불타는 곳이라고 말씀하셨다(말 4:1, 마 3:12, 눅 16:23-24, 요 15:6). 신약은 지옥을 거기 있는 자들이 끊임없이 슬피 울며 이를 가는 불타는 용광로로 묘사한다(시 21:8-9, 마 13:42,50, 22:13-14, 막 9:43-49, 눅 16:23-24, 계 14:10, 19:20, 20:10-15, 21:8). 예수님은 지옥을 마귀와 그 사자들을 위하여 예비된 영원한 불로 묘사하셨다(마 25:41, 막 9:48, 눅 16:23-24). 바울은 이를 하나님의 임재에서 차단된, 영원한 멸망으로 묘사한다(살후 1:9). 또 예수님은 이를 영원한 형벌로 묘사하신다(마 25:45-46).

9. Jerry Bridges and Bob Bevington, *The Great Exchange* (Wheaton, IL: Crossway, 2007), 118.
10. Iain Murray, *The Old Evangelicalism* (Edinburgh: Banner of Truth, 2005), 76.
11. Jerry Bridges, *The Joy of Fearing God* (Colorado Springs: Waterbrook, 1997), 이 책은 하나님 경외를 더 탐구하기 바라는 사람을 위한 탁월한 연구물이다. 또 소중하게 추천하는 책은 에드 웰치(Ed Welch)의 놀라운 연구인 *When People Are Big and God Is Small* (Phillipsburg, NJ: P&R Publishing, 1997)이다. 위 책의 6장에서 저자는 하나님 경외를 정의하는데, 그것은 내가 지금까지 본 정의 중에 최고다.

6장 자녀양육의 제1원칙

1. 그래서 가르침이 아닌 "행함"이 장로와 집사의 첫 번째 요건이 되는 것이다(딤전 3:2-5). 바울의 관심사는 그 사람의 타고난 웅변술이 아닌 삶으로 보이는 본이었다. 또 본이란 목회자에게도 최우선순위다. "네가 네 자신과 가르침을 살펴"(딤전 4:16). 순서에 주목하라. 바울은 우선 디모데에게 네 자신을 살핀 후에 가르침을 살피라고 한다. 마찬가지로 바울은 에베소의 장로들에게 이렇게 경고한다. "여러분은 자기 자신을 잘 살피고 양 떼를 잘 보살피십시오. 성령이 여러분을 양 떼 가운데에 감독으로 세우셔서"(행 20:28, 새번역). 여기서도 나열된 순서에 교훈이 담겨 있다. 즉 자기 자신을 우선 살펴야 한다는 점이다. 그것은 바로 자신의 거룩, 경건, 사랑, 겸손 등이다. 그런 후에 교회의 거룩과 경건을 살피는 것이다. 따라서 베드로는 장로들에게 "양 무리를 치되…양 무리의 본이 되라"(벧전 5:2-3)고 말했다.
2. Alexander Strauch, *Biblical Eldership* (Littleton, CO: Lewis and Roth, 1995), 70.
3. Dave Harvey, *Am I Called?*, Sovereign Grace Perspectives Series (Gaithersburg, MD: Sovereign Grace Ministries, 2005), 26–27.
4. J. C. Ryle, *The Duties of Parents* (1888; repr., Sand Springs, OK: Grace and Truth Books, 2002), 27–28.
5. Weldon Hardenbrook, *Missing in Action* (Ben Lomond, CA: Conciliar Press,

1996), 176.
6. G. A. Pritchard, *Willow Creek Seeker Services* (Grand Rapids: Baker, 1996), 290.
7. Paul David Tripp, *Age of Opportunity* (Phillipsburg, NJ: P&R Publishing, 2001), 67.

7장 복음 아버지

1. *Albert Mohler Program*, July 14, 2008.
2. George Gilder, *Men and Marriage* (Gretna, LA: Pelican, 1986), 처음에는 *Sexual Suicide* (New York: Quadrangle, 1973)로 출판되었다. 1970년대에 길더는, 아내가 공급자, 인도자, 부모의 역할을 담당하면, 남자는 점차 집과 가정을 떠나는 식으로 반응하게 될 것이라고 설득력 있게 논한다. 불행하게도, 그의 말은 예언처럼 성취되고 있다. 지난 30년 동안 정확히 그러한 현상이 벌어지고 있기 때문이다.
3. 같은 책.
4. 이 진술을 지지하는 자료는 어마어마하다. 예를 들어 필립 롱맨(Phillip Longman)의 최신 연구 "Why Men Rule—And Conservatives Will Inherit the Earth," *Foreign Policy* (March-April 2006)는 서구에서 일어나는 인구 감소의 근원을 아버지 됨이 붕괴한 현상에서 찾아볼 수 있다고 말한다. 한 문화가 아버지 됨을 높이 평가하지 않으면 남자는 배를 버리고, 결혼에 실패하고, 출산에 실패한다. 롱맨은 더 나아가 아버지 됨을 높이지 않는 사회의 기초 단위들은 재생산을 하지 못한다고 지적한다.
5. Nancy Gibbs, "Father," *Time*, June 28, 1993, 53.
6. 같은 책.
7. Robbie Low, "The Truth about Men & Church," *Touchstone*, June 2003, http://touchstonemag.com/archives/print.php?id=16-05-024-v.
8. 같은 책.
9. 다음의 구절들을 참고하라(시 10:14, 68:5, 146:9, 렘 49:11). 정의에 반하는 가장 큰

죄들 중 하나는 고아를 압제하는 일이다(사 1:17, 23, 10:2, 렘 5:28, 22:3, 슥 7:10). 하나님은 그런 죄를 심판하신다고 약속하셨다(말 3:5).

10. 코넬 대학의 유리 브론펜브레너(Urie Bronfenbrenner) 박사의 이 진술은 웨이드 혼(Wade Horn) 박사의 "Lunacy 101: Questioning the Need for Fathers,"에서 인용되고 있다. 원 출처는 다음을 참고하라. *The Jewish World Review*, July 7, 1999, http://www.jewishworldreview.com/cols/horn.html.

11. Stuart Birks, "Effects of Fatherlessness (US data)," *Fatherhood Initiative*, January 24, 1996, http://www.massey.ac.nz/~kbirks/gender/econ/nodad.htm.

12. David Popenoe, *Life without Father* (New York: The Free Press, 1996), 151 – 52, 이 책에서는 아버지의 사망으로 아버지를 잃은 아이, 그리고 생물학적 아버지와 함께 자란 아이 사이에는 차이가 거의 없다는 사실을 밝혀낸 연구를 인용한다. 부모의 이혼이나 어머니의 실패로 아버지가 없는 경우에는 확연히 다른 통계적 결과를 보여준다.

13. Chuck Colson, "Rebuilding the Foundations of Fatherhood," http://www.crosswalk.com/1350449/.

14. 에드워즈의 전기 작가는 말한다. "에드워즈의 세계관에서 핵심은 엄격하게 비감성적인 사랑관이다. 그의 태도는 그의 사후에 수십 년간 이어진 감상벽에 의해 형성된 감수성을 지닌 사람들은 그의 사랑관의 가치를 발견하기 어려웠다." 조지 마스덴의 글을 참고할 것. *Jonathan Edwards: A Life* (New Haven: Yale University Press, 2003), 137.

15. Ann Douglas, *The Feminization of American Culture* (1977; repr., London: Papermac, 1996). 특히 4장 "The Loss of Theology: From Dogma to Fiction"을 참고.

16. H. Richard Niebuhr, *The Kingdom of God in America* (Chicago: Willet, Clark & Company, 1937), 193. 위의 책 18쪽에서 인용.

17. Stephen J. Nichols, *Jesus Made in America* (Downers Grove, IL:InterVarsity Press, 2008).

18. Ann Douglas, "The Loss of Theology," in *The Feminization of American*

Culture (1977; repr., London: Papermac, 1996).

19. John Tierney, "As Barriers Disappear, Some Gender Gaps Widen," *New York Times*, September 8, 2008, http://www.nytimes.com/2008/09/09/science/09tier.html?scp=1&sq=johntierneymars venusstereotypes&st=cse.
20. Steve Maynard, "In God They Trust, Despite It All," *Tacoma News Tribune*, March 23, 2008.
21. David Murrow, *Why Men Hate Going to Church* (Nashville: Thomas Nelson, 2005), 8, 41, 43, 59.
22. 이 말은 C. S. 루이스가 한 말로 알려져 있다.
23. James Dobson, "Two Mommies Is One Too Many," Time, December 12, 2006, http://www.time.com/time/magazine/article/0,9171,1568485,00.html
24. See James Robison, *In Search of a Father* (Carol Stream, IL: Tyndale, 1979), 159. Also see Peter Wyden and Barbara Wyden, *Growing Up Straight* (Lanham, MD: Stein and Day, 1968), 60–61; Ross Campbell, *How to Really Love Your Child* (Wheaton, IL: Victor, 1985), 80–81.
25. David Wegener, review of *Fatherless America*, by David Blakenhorn, *Journal for Biblical Manhood and Womanhood 3* (Fall 1998):13.
26. Alan Barron, "Fatherless Families," *Manhood*, http://manhood.com.au/manhood.nsf/f5d5a3b4a7ee9a474a256a770046651d/a4f 30298b6a6fd72ca 256e77002ea78f!OpenDocument (accessed May 22, 2008).
27. Stuart Scott, *Think Biblically*, ed. John MacArthur (Wheaton, IL: Crossway, 2003), 161. 이 책은 성경적 남성성과 여성성을 탁월하게 논한 저작이다.
28. Gilder, *Men and Marriage*.

8장 징계의 토대

1. Timothy Sisemore, *World-Proof Your Kids* (Fearn, UK: Christian Focus, 2007), 6.
2. R.C. Sproul, "The Pelagian Captivity of the Church," *Modern Reformation*

10, no. 3 (May/June 2001): 22-29.
3. Paul David Tripp, *Age of Opportunity* (Phillipsburg, NJ: P&R Publishing, 1997), 45.
4. Leslie Margolin, "Child Abuse by Mothers' Boyfriends: Why the Overrepresentation?" *Child Abuse and Neglect* 16 (1992): 541-51. 영국의 한 연구에 따르면 생물학적 부모가 결혼해서 함께 사는 가정과 비교할 때 동거 가정에서 일어나는 아동 학대 사건이 20배 더 많고, 엄마와 엄마의 남자친구와 함께 사는 경우는 33배 더 많다. *Broken Homes and Battered Children: A Study of the Relationship between Child Abuse and Family Type* (London: Family Education Trust, 1993) 참고.
5. Steve Farrar, *King Me* (Chicago: Moody, 2005), 36.
6. George Barna, *Revolutionary Parenting* (Carol Stream, IL: Tyndale, 2007), 83.
7. Bruce Ware, *Father, Son, and Holy Spirit* (Wheaton, IL: Crossway, 2005), 137.
8. 권위에 순종할 것을 권고하는 신약 본문은 굉장히 많고 길이도 길다. 왜 그러한가? 이 주제가 하나님께 큰 의미가 있기 때문이다(롬 13:1-7, 엡 5:22-6:9, 골 3:18-4:1, 벧전 2:13-3:7).

9장 복음을 전하는 징계

1. Paul David Tripp, *Instruments in the Redeemer's Hands* (Phillipsburg, NJ: P&R Publishing, 2002), 62.
2. 자녀 징계를 아이 교육의 일환으로 삼는 것은 차치하고, 징계하는 것 자체가 점차 어려워지고 있다. 교회에서조차 신체 처벌은 공격을 받고 있다. 매사추세츠의 어느 그리스도인 여성은 유연한 나일론 재질의 회초리를 사용하는 것에 분개하여 "예수님의 발걸음을 따라 양육하기"(Parenting in Jesus' Footsteps)라는 웹사이트를 개설했다. 이 여인은 예수님이 아이를 전혀 때리지 않았다고 주장한다. 이 사이트는 성경에 대한 무지 내지 하나님에 대한 반역, 또는 둘 다에 해당하는 모형이다. 당신은 체벌을 사용하지 않고 예수님의 발걸음을 따라 양육할 수 없다. 예수님은 하나님의 말씀이다. 이는 성경의 모든 말씀이 예수님의 말씀이라는 뜻이다. 여

기 예수님의 명령이 있다. "상하게 때리는 것이 악을 없이하나니 매는 사람 속에 깊이 들어가느니라"(잠 20:30).
체벌을 하기 위해서는 점차 더욱 큰 믿음과 결단을 요할 것이다. 체벌이 곧 불법행위가 될 조짐이 보인다. 이미 유럽에서는 체벌이 불법이며, 캐나다는 체벌에 점차 적대적으로 되어가고 있다.
3. Pat Fabrizio, *Under Loving Command* (Cupertino, CA: DIME Publishers, 1969). 이 소책자는 우리 아이들이 어릴 때 주디와 나에게 엄청난 영향을 미쳤다. 은혜의 사고방식으로 읽는다면 강력하게 추천한다!
4. *The Works of John Wesley*, vol. 7, sermon no. 95 (Albany, OR: Ages Software, 1997).

10장 영적인 양식을 공급하라

1. Voddie Baucham Jr., *Family Driven Faith* (Wheaton: Crossway, 2007), 118.
2. George Barna, *Revolutionary Parenting* (Carol Stream, IL: Tyndale, 2007), 30–32.
3. 아버지에게 자녀를 가르치라고 명령하는 본문은 주목할 만하다. "내가 그(아브라함)로 그 자식과 권속에게 명하여 여호와의 도를 지켜 의와 공도를 행하게 하려고 그를 택하였나니 이는 나 여호와가 아브라함에게 대하여 말한 일을 이루려 함이니라"(창 18:19), "오직 너는 스스로 삼가며 네 마음을 힘써 지키라 그리하여 네가 눈으로 본 그 일을 잊어버리지 말라 네가 생존하는 날 동안에 그 일들이 네 마음에서 떠나지 않도록 조심하라 너는 그 일들을 네 아들들과 네 손자들에게 알게 하라 네가 호렙 산에서 네 하나님 여호와 앞에 섰던 날에 여호와께서 내게 이르시기를 나에게 백성을 모으라 내가 그들에게 내 말을 들려주어 그들이 세상에 사는 날 동안 나를 경외함을 배우게 하며 그 자녀에게 가르치게 하리라 하시매"(신 4:9-10), "이러므로 너희는 나의 이 말을 너희의 마음과 뜻에 두고…또 그것을 너희의 자녀에게 가르치며 집에 앉아 있을 때에든지, 길을 갈 때에든지, 누워 있을 때에든지, 일어날 때에든지 이 말씀을 강론하고"(신 11:18-19), "여호와께서 증거를 야곱에게 세우시며 법도를 이스라엘에게 정하시고 우리 조상들에게 명령하사 그들의 자손

에게 알리라 하셨으니 이는 그들로 후대 곧 태어날 자손에게 이를 알게 하고 그들은 일어나 그들의 자손에게 일러서"(시 78:5-6), "집은 지혜로 말미암아 건축되고 명철로 말미암아 견고하게 되며 또 방들은 지식으로 말미암아 각종 귀하고 아름다운 보배로 채우게 되느니라"(잠 24:3-4), "아비들아 너희 자녀를 노엽게 하지 말고 오직 주의 교훈과 훈계로 양육하라"(엡 6:4).

4. Steve Wright, *reThink* (Wake Forest, NC: InQuest Ministries, 2007), 83.
5. John Flavel, *The Mystery of Providence* (1678; repr., Edinburgh: Banner of Truth, 1995), 57.
6. Jeramy Clark and Jerusha Clark, *After You Drop Them Off* (Colorado Springs: Waterbrook Press, 2005), 192, quoted in Wright, *rethink*, 20.
7. John Piper, *The Pleasures of God* (Sisters, OR: Multnomah, 2000), 289.
8. Douglas Wilson, *Standing on the Promises* (Moscow, ID: Canon Press, 1997), 81.
9. 같은 책.
10. Madeline Levine, *The Price of Privilege* (New York: HarperCollins, 2006), 33.
11. Barna, *Revolutionary Parenting*, 31.
12. Robert M. M'Cheyne, *The Sermons of Robert M. M'Cheyne* (Edinburgh: Banner of Truth, 1961), 29.

11장 복음의 사랑

1. Dietrich Bonhoeffer, *Life Together* (New York: Harper and Row, 1954).
2. George Marsden, *Jonathan Edwards: A Life* (New Haven: Yale University Press, 2004), 188–89.
3. John Hannah, *To God Be the Glory* (Wheaton, IL: Crossway, 2000), 16–17.
4. Steve Farrar, *King Me* (Chicago: Moody, 2005).
5. 같은 책, 12.
6. Ross Campbell, *How to Really Love Your Child* (Wheaton, IL: Victor, 1985), 80–81. 이 책은 사랑과 애정을 전하는 방법을 다루는 탁월한 안내서다.

7. James Robison, *In Search of a Father* (Carol Stream, IL: Tyndale, 1979), 55.
8. David Popenoe, *Life without Father* (New York: The Free Press, 1996), 148 – 49.
9. 같은 책, 150.
10. Michael Lamb, ed., *The Role of the Father in Child Development* (New York: Wiley, 1976), 104.
11. Robison, *In Search of a Father*, 174 – 80.
12. Peter Wyden and Barbara Wyden, *Growing Up Straight* (Lanham, MD: Stein and Day, 1968), 60 – 61.
13. Lamb, *The Role of the Father in Child Development*, 127.
14. Tedd Tripp, *Shepherding a Child's Heart* (Wapwallopen, PA: Shepherd Press, 1995), xviii.
15. Campbell, *How to Really Love Your Child*; Ross Campbell, *How to Really Love Your Teenager* (Wheaton, IL: Victor, 1985).
16. Robison, *In Search of a Father*. 5장 참고, 특별히 55-56쪽.

12장 놀라운 은혜

1. 제리 브리지스(Jerry Bridges)는 이 유명한 구호를 친구인 잭 밀러(Jack Miller)에게서 차용했다.
2. John Newton, "Amazing Grace," 1779.

개혁된실천사 도서 소개

개혁된 실천 시리즈

1. 조엘 비키의 교회에서의 가정
설교 듣기와 기도 모임의 개혁된 실천
조엘 비키 지음 | 유정희 옮김

이 책은 가정생활의 두 가지 중요한 영역에 대한 실제적 지침을 포함하고 있다. 첫째, 공예배를 위해 가족들을 어떻게 준비시켜야 하는지, 설교 말씀을 어떻게 받아야 하는지, 그 말씀을 어떻게 실천해야 하는지 설명한다. 둘째, 기도 모임이 교회의 부흥과 얼마나 관련이 깊은지 역사적으로 고찰하면서, 기도 모임의 성경적 근거를 제시하고, 그 목적을 설명하며, 나아가 바람직한 실행 방법을 설명한다.

2. 존 오웬의 그리스도인의 교제 의무
그리스도인의 교제의 개혁된 실천
존 오웬 지음 | 김태곤 옮김

이 책은 그리스도인 상호 간의 교제에 대해 청교도 신학자이자 목회자였던 존 오웬이 저술한 매우 실천적인 책으로서, 이 책에서 우리는 청교도들이 그리스도인의 교제를 얼마나 중시했는지 엿볼 수 있다. 이 책은 그리스도인의 교제에 대한 핵심 원칙들을 담고 있다. 교회 안의 그룹 성경공부에 적합하도록 각 장 뒤에는 토의할 문제들이 부가되어 있다.

3. 개혁교회의 가정 심방
가정 심방의 개혁된 실천
피터 데 용 지음 | 조계광 옮김

목양은 각 멤버의 영적 상태를 개별적으로 확인하고 권면하고 돌보는 일을 포함한다. 이를 위해 교회는 역사적으로 가정 심방을 실시하였다. 이 책은 외국 개혁교회에서 꽃피웠던 가정 심방의 실제 모습을 보여주며, 한국 교회 안에서 행해지는 가정 심방의 개선점을 시사해준다.

4. 네덜란드 개혁교회의 자녀양육
자녀양육의 개혁된 실천
야코부스 꿀만 지음 | 유정희 옮김

이 책에서 우리는 17세기 네덜란드 개혁교회 배경에서 나온 자녀양육법을 살펴볼 수 있다. 경건한 17세기 목사인 야코부스 꿀만은 자녀양육과 관련된 당시의 지혜를 한데 모아서 구체적인 282개 지침으로 꾸며 놓았다. 부모들이 이 지침들을 읽고 실천하면 큰 도움을 받을 수 있게 하였다. 의도는 선하더라도 방법을 모르면 결과를 낼 수 없다. 우리 그리스도인 부모들은 구체적인 자녀양육 방법을 배우고 실천해야 한다.

5. 신규 목회자 핸드북
제이슨 헬로포율로스 지음 | 리곤 던컨 서문 | 김태곤 옮김

이 책은 새로 목회자가 된 사람을 향한 주옥같은 48가지 조언을 담고 있다. 리곤 던컨, 케빈 드영, 앨버트 몰러, 알리스테어 베그, 팀 챌리스 등이 이 책에 대해 극찬하였다. 이 책은 읽기 쉽고 매우 실천적이며 유익하다.

6. 신약 시대 신자가 왜 금식을 해야 하는가
금식의 개혁된 실천
대니얼 R. 하이드 지음 | 김태곤 옮김

금식은 과거 구약 시대에 국한된, 우리와 상관없는 실천사항인가? 신약 시대 신자가 정기적인 금식을 의무적으로 행해야 하는가? 자유롭게 금식할 수 있는가? 금식의 목적은 무엇인가? 이 책은 이런 여러 질문에 답하면서, 이 복된 실천사항을 성경대로 회복할 것을 촉구한다.

7. 개혁교회 공예배
공예배의 개혁된 실천
대니얼 R. 하이드 지음 | 이선숙 옮김

많은 신자들이 평생 수백 번, 수천 번의 공예배를 드리지만 정작 예배에 대해서 제대로 이해하지 못하는 경우가 많다. 당신은 예배가 왜 지금과 같은 구조와 순서로 되어 있는지 이해하고 예배하는가? 신앙고백은 왜 하는지, 목회자가 왜 대표로 기도하는지, 말씀은 왜 읽는지, 축도는 왜 하는지 이해하고 참여하는가? 이 책은 분량은 많지 않지만 공예배의 핵심 사항들에 대하여 알기 쉽게 알려준다.

8. 아이들이 공예배에 참석해야 하는가
아이들의 예배 참석의 개혁된 실천
대니얼 R. 하이드 지음 | 유정희 옮김

아이들만의 예배가 성경적인가? 아니면 아이들도 어른들의 공예배에 참석해야 하는가? 성경은 이에 대해 무엇을 말하는가? 아이들의 공예배 참석은 어떤 유익이 있으며 실천적인 면에서 주의할 점은 무엇인가? 이 책은 아이들의 공예배 참석 문제에 대해 성경을 토대로 돌아보게 한다.

9. 마음을 위한 하나님의 전투 계획
청교도가 실천한 성경적 묵상
데이비드 색스톤 지음 | 조엘 비키 서문 | 조계광 옮김

묵상하지 않으면 경건한 삶을 살 수 없다. 우리 시대에 일어나고 있는 일이 바로 이것이다. 오늘날은 명상에 대한 반감으로 묵상조차 거부한다. 그러면 무엇이 잘못된 명상이고 무엇이 성경적 묵상인가? 저자는 방대한 청교도 문헌을 조사하여 청교도들이 실천한 묵상을 정리하여 제시하면서, 성경적 묵상이란 무엇이고, 왜 묵상을 해야 하며, 어떻게 구체적으로 묵상을 실천하는지 알려준다. 우리는 다시금 이 필수적인 실천사항으로 돌아가야 한다.

10. 장로와 그의 사역
장로 직분의 개혁된 실천
데이비드 딕슨 지음 | 김태곤 옮김

장로는 무슨 일을 하는 사람인가? 스코틀랜드 개혁교회 장로에게서 장로의 일에 대한 조언을 듣자. 이 책은 장로의 사역에 대한 지침서인 동시에 남을 섬기는 삶의 모델을 보여주는 책이다. 이 책 안에는 비단 장로뿐만 아니라 모든 그리스도인이 본받아야 할, 섬기는 삶의 아름다운 모델이 담겨 있다. 이 책은 따뜻하고 영감을 주는 책이다.

11. 9Marks 마크 데버, 그렉 길버트의 설교
설교의 개혁된 실천
마크 데버, 그렉 길버트 지음 | 이대은 옮김

1부에서는 설교에 대한 신학을, 2부에서는 설교에 대한 실천을 담고 있고, 3부는 설교 원고의 예를 담고 있다. 이 책은 신학적으로 탄탄한 배경 위에서 설교에 대해 가장 실천적으로 코칭하는 책이다.

12. 북미 개혁교단의 교회개척 매뉴얼
URCNA 교단의 공식 문서를 통해 배우는 교회개척 원리와 실천

이 책은 북미연합개혁교회(URCNA)라는 개혁교단의 교회개척 매뉴얼로서, 교회개척의 첫 걸음부터 그 마지막 단계까지 성경의 원리에 입각한 교회개척 방법을 가르쳐준다. 모든 신자는 함께 교회를 개척하여 그리스도의 나라를 확장해야 한다.

13. 예배의 날
제4계명의 개혁된 실천
라이언 맥그로우 지음 | 조계광 옮김

제4계명은 십계명 중 하나로서 삶의 골간을 이루는 중요한 계명이다. 하나님의 뜻을 따르는 우리는 이를 모호하게 이해하고, 모호하게 실천하면 안 되며, 제대로 이해하고, 제대로 실천해야 한다. 이를 위해 우리는 이 계명의

참뜻을 신중하게 연구해야 한다. 이 책은 가장 분명한 논증을 통해 제4계명의 의미를 해석하고 밝혀준다. 하나님은 그날을 왜 제정하셨나? 그날은 얼마나 복된 날이며 무엇을 하면서 하나님의 복을 받는 날인가? 교회사에서 이 계명은 어떻게 이해되었고 어떤 학설이 있고 어느 관점이 성경적인가? 오늘날 우리는 이 계명을 어떻게 지킬 것인가?

14. 생기 넘치는 교회의 4가지 기초
건강한 교회 생활의 개혁된 실천
윌리엄 보에케스타인, 대니얼 하이드 공저

이 책은 두 명의 개혁파 목사가 교회에 대해 저술한 책이다. 이 책은 기존의 교회성장에 관한 책들과는 궤를 달리하며, 교회의 정체성, 권위, 일치, 활동 등 네 가지 영역에서 성경적 원칙이 확립되고 '질서가 잘 잡힌 교회'가 될 것을 촉구한다. 이 4가지 부분에서 성경적 실천이 조화롭게 형성되면 생기 넘치는 교회가 되기 위한 기초가 형성되는 셈이다. 이 네 영역 중 하나라도 잘못되고 무질서하면 그만큼 교회의 삶은 혼탁해지며 교회는 약해지게 된다.

15. 9Marks 힘든 곳의 지역 교회
가난하고 곤고한 곳에 교회가 어떻게 생명을 가져다 주는가
메즈 맥코넬, 마이크 맥킨리 지음 | 김태곤 옮김

이 책은 각각 브라질, 스코틀랜드, 미국 등의 빈궁한 지역에서 지역 교회 사역을 해 오고 있는 두 명의 저자가 그들의 실제 경험을 바탕으로 쓴 책이다. 이 책은 그런 지역에 가장 필요한 사역, 가장 효과적인 사역, 장기적인 변화를 가져오는 사역이 무엇인지 가르쳐준다. 힘든 곳에 사는 사람들을 긍휼히 여기는 마음이 있다면 꼭 참고할 만한 책이다.

16. 단순한 영성
영적 훈련의 개혁된 실천
도널드 휘트니 지음 | 이대은 옮김

본서는 단순한 영성을 구현하기 위한 영적 훈련 방법에 대한 소중한 조언으로 가득하다. 성경 읽기, 성경 묵상, 기도하기, 일지 쓰기, 주일 보내기, 가정 예배, 영적 위인들로부터 유익 얻기, 독서하기, 복음전도, 성도의 교제 등 거의 모든 분야의 영적 훈련에 대해 말하고 있다. 조엘 비키 박사는 이 책의 내용의 절반만 실천해도 우리의 영적 생활이 분명 나아질 것이라고 한다. 그리고 한 장씩 주의하며 읽고, 날마다 기도하며 실천하라고 조언한다.

17. 지상명령 바로알기
지상명령의 개혁된 실천
마크 데버 지음 | 김태곤 옮김

이 책은 지상명령의 바른 이해와 실천을 알려준다. 지상명령은 복음전도가 전부가 아니며 예수님이 분부하신 모든 것을 가르쳐 지키게 하는 것까지 포함하는 포괄적인 명령이다. 따라서 이 명령 아래 살아가고 있는 그리스도인들은 모든 것을 가르쳐 지키게 하는 그러한 시스템을 구축하고 이를 실천해야 한다. 이 책은 예수님이 이 명령을 교회에게 명령하셨다고 지적하며 지역 교회가 이 일을 수행할 수 있는 실천적 방법들을 구체적으로 다루고 있다. 삶으로 그리스도를 따르는 제자들로 가득 찬 교회를 꿈꾼다면 이 책이 큰 도움이 될 것이다.

18. 목사와 상담
목회 상담의 개혁된 실천
제레미 피에르, 디팍 레주 지음 | 차수정 옮김

이 책은 목회 상담이라는 어려운 책무를 어떻게 수행해야 하는지 차근차근 단계별로 쉽게 가르쳐준다. 상담의 목적은 복음의 적용이다. 이 책은 이 영광스러운 임무를 효과적으로 수행할 수 있도록 첫 상담부터 마지막 상담까지 상담 프로세스를 어떻게 꾸려가야 할지 가르쳐준다.

19. 장로 핸드북
모든 성도가 알아야 할 장로 직분
제랄드 벌고프, 레스터 데 코스터 공저 | 송광택 옮김

하나님은 복수의 장로를 통해 교회를 다스리신다. 복수의 장로가 자신의 역할을 잘 감당해야 교회 안에 하나님의 통치가 제대로 편만하게 미친다. 이 책은 그토록 중요한 장로 직분에 대한 성경의 가르침을 정리하여 제공한다. 이 책의 원칙에 의거하여 오늘날 교회 안에서 장로 후보들이 잘 양육되고 있고, 성경이 말하는 자격요건을 구비한 장로들이 성경적 원칙에 의거하여 선출되고, 장로들이 자신의 감독과 목양 책임을 잘 수행하고 있는가? 우리는 장로 직분을 바로 이해하고 새롭게 실천하여야 할 것이다. 이 책은 비단 장로만을 위한 책이 아니라 모든 성도를 위한 책이다. 성도는 장로를 선출하고 장로의 다스림에 복종하고 장로의 감독을 받고 장로를 위해 기도하고 장로의 직분 수행을 돕고 심지어 장로 직분을 사모해야 하기 때문에 장로 직분에 대한 깊은 이해가 필수적이다.

20. 집사 핸드북
모든 성도가 알아야 할 집사 직분
제랄드 벌고프, 레스터 데 코스터 공저 | 황영철 옮김

하나님의 율법은 교회 안에서 곤핍한 자들, 외로운 자들, 정서적 필요를 가진 자들을 따뜻하고 자애롭게 돌볼 것을 명한다. 거룩한 공동체 안에 한 명도 소외된 자가 없도록 이러한 돌봄이 잘 이루어져야 한다. 이 일은 기본적으로 모든 성도가 힘써야 할 책무이지만 교회는 특별히 이 일에 책임을 지고 감당하도록 집사 직분을 세운다. 오늘날 율법의 명령이 잘 실천되어 교회 안에 사랑과 섬김의 손길이 구석구석 미치고 있는가? 우리는 집사 직분을 바로 이해하고 새롭게 실천하여야 할 것이다. 그것은 교회 공동체를 향한 하나님의 거룩한 뜻이다.

21. 기독교적 삶의 아름다움과 영광
그리스도인의 삶의 개혁된 실천
조엘 R. 비키 편집 | 조계광 옮김

본서는 그리스도인의 삶에서 정말로 중요한 요소들을 압축적으로 담고 있다. 내면적 경건 생활부터 가정, 직장, 전도하는 삶, 그리고 이 땅이 적대적 환경에 대응하며 살아가는 삶에 대해 정확한 성경적 원칙을 들어 말하고 있다. 이 책은 주제들을 잘 선택해 주의 깊게 다루는데, 주로 청교도들의 글에서 중요한 포인트들을 최대한 끌어내서 핵심 주제들을 짚어준다. 영광스럽고 아름다운 그리스도인의 삶의 청사진을 맛보고 싶다면 이 책을 읽으면 된다.

22. 깨어 있음
깨어 있음의 개혁된 실천
브라이언 헤지스 지음 | 조계광 옮김

성경은 모든 그리스도인에게 신분이나 인생의 시기와 상관없이 항상 깨어 경계할 것을 권고한다. 브라이언 헤지스는 성경과 과거의 신자들의 가르침을 바탕으로 깨어 있음의 "무엇, 왜, 어떻게, 언제, 누가"에 대해 말한다. 이 책은 반성과 자기점검과 개인적인 적용을 돕기 위해 각 장의 끝에 "점검과 적용" 질문들을 첨부했다. 이 책은 더 큰 깨어 있음, 증가된 거룩함, 삼위일체 하나님과의 더 깊은 교제를 향한 길을 발견하고자 하는 사람을 위한 책이다.